文化教育导读

主　编　李有根

副主编　乐艳华　邹欣欣

　　　　杨日新　刘　涛

　　　　魏　来

团结出版社
UNITY PRESS

图书在版编目（CIP）数据

文化教育导读 / 李有根主编 . -- 北京 : 团结出版社 , 2022.7

ISBN 978-7-5126-9381-4

Ⅰ . ①文… Ⅱ . ①李… Ⅲ . ①文化教育—开放大学—教材 Ⅳ . ① G40-055

中国版本图书馆 CIP 数据核字（2022）第 067700 号

出　版：团结出版社
　　　　（北京市东城区东皇城根南街 84 号　邮编：100006）
电　话：（010）65228880　65244790
网　址：http://www.tjpress.com
E-mail：zb65244790@vip.163.com
经　销：全国新华书店
印　装：岳阳鑫容印刷有限公司　0730-8613770

开　本：170mm×240mm　16 开
印　张：18.25
字　数：296 千字
版　次：2022 年 7 月 第 1 版
印　次：2022 年 8 月 第 1 次印刷

书　号：978-7-5126-9381-4
定　价：58.00 元
　　　　（版权所属，盗版必究）

前　言

为了加强和推进岳阳开放大学校本教材的开发、编撰、出版、使用工作，进一步聚焦内涵建设，不断提高办学育人的质量和水平，经反复酝酿、多方协商、慎重研究，岳阳开放大学党委行政决定，组织校内有关专家和骨干力量，编撰出版使用校本教材《文化教育导读》，作为岳阳开放大学省开课程"地域文化"的替代课程"文化修养"的基本教材。

为此，学校成立了专门的编委会，由李有根书记、乐艳华校长任主任，其他校领导姜宗福、熊灏、李健、张媛、汤玲同志任副主任，李有根书记任主编，乐艳华、邹欣欣、杨日新、刘涛、魏来同志任副主编，黄湖滨、魏来、易蕾、荣媛、余莉、邹欣欣、刘涛（按任务顺序排名）同志分别承担书稿编撰任务。全书由老校长黄湖滨教授担任策划、编审。

通过本书编撰者、组织者、编审者近一年的不懈努力和精诚协作，《文化教育导读》终于顺利问世。全书由"导论""中华优秀传统文化的集萃与传承""中国革命红色文化的集锦与赓续""社会主义先进文化的凝练与弘扬""改革开放强国文化的凝聚与发扬""新时代民族复兴文化的彰显与传扬""岳阳地域特色文化的览要与发展""开放大学学习文化的集聚与践行"等八章和"附录"组成。

　　本书力求准确、简练、通俗、生动，具有较强的针对性、可读性、实用性，在简要阐述原理、简约介绍知识的同时，援引和分析了一些文化建设、文化修养的典型"案例"或"链接"，各章后面均设计编排了"思考与训练"题，供学员学习训练之用。全书最后还注明了编撰过程中所参考和借鉴的"主要参考文献"。

李有根

2022 年 8 月 28 日于岳阳开放大学

目 录

前 言 ·· 1

第一章 导 论 ··· 1

　第一节 文化的多维解读 ··· 1

　第二节 文化建设的多元探析 ··· 8

　第三节 文化教育的多向探求 ··· 15

　第四节 文化修养的多方解构 ··· 29

　第五节 《文化教育导读》的基本架构与学习方略 ············· 36

第二章 中华优秀传统文化的集萃与传承 ··················· 40

　第一节 中华优秀传统文化的涵义、特点与意义 ·············· 40

　第二节 中华优秀传统文化集萃的内蕴与形式 ················· 43

　第三节 中华优秀传统文化传承的政策与策略 ················· 48

　第四节 中华优秀传统文化集萃与传承的"开大任务" ······ 57

　第五节 中华优秀传统文化集萃与传承的"开大途径" ······ 70

第三章 中国革命红色文化的集锦与赓续 ··················· 77

　第一节 中国革命红色文化的涵义、特点与价值 ·············· 77

　第二节 中国革命红色文化的灵魂与谱系 ······················· 82

第三节　中国革命红色文化的集锦要素 ················ 87

第四节　中国革命红色文化的赓续维度 ················ 95

第五节　中国革命红色文化集锦与赓续的"开大目标" ··· 97

第六节　中国革命红色文化集锦与赓续的"开大活动" ··· 101

第四章　社会主义先进文化的凝练与弘扬 ················ 105

第一节　社会主义先进文化的涵义、特征与价值 ········ 105

第二节　社会主义先进文化的凝练精华 ················ 109

第三节　社会主义先进文化的弘扬路径 ················ 118

第四节　社会主义先进文化凝练与弘扬的"开大责任" ··· 124

第五节　社会主义先进文化凝练与弘扬的"开大贡献" ··· 127

第五章　改革开放强国文化的凝聚与发扬 ················ 131

第一节　改革开放强国文化的涵义、特征与价值 ········ 132

第二节　改革开放强国文化的凝聚结晶 ················ 135

第三节　改革开放强国文化的发扬方略 ················ 146

第四节　改革开放强国文化凝聚与发扬的"开大使命" ··· 151

第五节　改革开放强国文化凝聚与发扬的"开大行动" ··· 154

第六章　新时代民族复兴文化的彰显与传扬 ············ 157

第一节　新时代民族复兴文化的涵义、特征与价值 ······ 157

第二节　新时代民族复兴文化的彰显语态 ·············· 162

第三节　新时代民族复兴文化的传扬战略 ·············· 171

第四节　新时代民族复兴文化彰显与传扬的"开大智慧" · 177

第五节　新时代民族复兴文化彰显与传扬的"开大力量" · 180

第七章　岳阳地域特色文化的览要与发展················184

第一节　岳阳地域特色文化的涵义、特质与价值············184

第二节　岳阳地域特色文化的览要成果···················189

第三节　岳阳地域特色文化的发展举措···················201

第四节　岳阳地域特色文化览要与发展的"开大项目"······205

第五节　岳阳地域特色文化览要与发展的"开大品牌"······207

第八章　开放大学学习文化的集聚与践行················211

第一节　开放大学学习文化的涵义、特征与价值············211

第二节　开放大学学习文化的集聚成果···················216

第三节　开放大学学习文化的践行要领···················224

第四节　开放大学学习文化集聚与践行的"岳阳特色"······230

第五节　开放大学学习文化集聚与践行的"岳阳效应"······236

附　录

1. 中共中央办公厅关于培育和践行社会主义核心价值观的意见·······240

2. 中共中央办公厅　国务院办公厅《关于实施中华优秀传统文化
　　传承发展工程的意见》····························249

3. 中共中央办公厅　国务院办公厅关于深化新时代学校思想政治
　　理论课改革创新的若干意见························258

4. 中共中央宣传部　教育部关于印发《新时代学校思想政治理论
　　课改革创新实施方案》的通知·····················267

主要参考文献····································276

后　记··278

第一章 导 论

学习、领会、践行《文化教育导读》的基本精神和基本要求，是岳阳开放大学师生员工健康成长、加快成才、走向成功的一项重要任务和系统工程。学习好、领会好、践行好《文化教育导读》的基本精神和基本要求，是岳阳开放大学开设"文化修养"这门课程的重要宗旨和价值追求。为此，我们首先要从总体上了解和弄清楚什么是文化、文化建设、文化教育、文化修养，了解和弄清楚《文化教育导读》的基本架构、学习方略等。而这，正是本章要探讨和介绍的内容。

第一节 文化的多维解读

对"文化"，我们可以从以下六个维度进行解读：

一、文化的来源

"文化"，是中国语言系统中古已有之的词汇。

"文"的本义，是指各色交错的纹理。《易·系辞下》载："物相杂，故曰文。"《礼记·乐记》称："五色成文而不乱。"《说文解字》称"文，错画也，象交叉"，均指此义。在此基础上，"文"又有若干引申义。

——文化是包括语言文字内的各种象征符号，进而具体化为文物典籍、礼乐制度。《尚书·序》所载伏羲画八卦，造书契，"由是文籍生焉"，《论语·子罕》所载孔子说"文王既没，文不在兹乎"，是其实例。

——文化是由伦理之说导出彩画、装饰、人为修养之义，与"质"、"实"对称。所以，《尚书·舜典》疏曰"经纬天地曰文"，《论语·雍也》称"质胜文则野，文胜质则史，文质彬彬，然后君子"。

——文化是美、善、德行之义。在前两层意义之上，"文化"更导出美、善、德行之义。这便是《礼记·乐记》所谓"礼减而进，以进为文"，郑玄注"文犹美也，善也"，《尚书·大禹谟》所谓"文命敷于四海，祗承于帝"。

"化"，本义为改易、生成、造化。如《庄子·逍遥游》："化而为鸟，其名曰鹏。"《易·系辞下》："男女构精，万物化生。"《黄帝内经·素问》："化不可代，时不可违。"《礼记·中庸》："可以赞天地之化育。"等等。归纳以上诸说，"化"指事物形态或性质的改变，同时"化"又引申为教行迁善之义。

"文"与"化"并联使用，较早见之于战国末年儒生编辑的《易·贲卦·象传》："（刚柔交错），天文也。文明以止，人文也。观乎天文，以察时变；观乎人文，以化成天下。"这段话里的"文"，即从纹理之义演化而来。日月往来交错文饰于天，即"天文"，亦即天道自然规律。同样，"人文"，指人伦社会规律，即社会生活中人与人之间纵横交织的关系，如君臣、父子、夫妇、兄弟、朋友，构成复杂网络，具有纹理表象。这段话是说，治国者须观察天文，以明了时序之变化，又须观察人文，使天下之人均能遵从文明礼仪，行为止其所当止。在这里，"人文"与"化成天下"紧密联系，"以文教化"的思想已十分明确。

西汉以后，"文"与"化"方合成一个整词，如"圣人之治天下也，先文德而后武力。凡武之兴，为不服也。文化不改，然后加诛"（《说苑·指武》），"文化内辑，武功外悠"（《文选·补之诗》）。这里的"文化"，或与天造地设的自然对举，或与无教化的"质朴""野蛮"对举。因此，在汉语系统中，"文化"的本义就是"以文教化"，它表示对人的性情的陶冶，品德的教养，本属精神领域之范畴。随着时间的流变和空间的异动，"文化"逐渐成为一个内涵丰富、外延宽广的多维概念，成为众多学科探究、阐发、争鸣的对象。

二、文化的涵义

（一）文化的定义

文化（culture），是一个非常广泛的概念，要给它下一个严格和精确的定义是一件非常困难的事情。不少哲学家、社会学家、人类学家、历史学家和语言学家一直努力，试图从各自学科的角度来界定文化的概念。然而，迄今为止仍没有获得一个公认的、令人满意的定义。笼统地说，文化是一种社会现象，是人们长期创造形成的产物，同时又是一种历史现象，是社会历史的积淀物。确切地说，文化是凝结在物质之中又游离于物质之外，能够被传承的国家或民族的历史、地理、风土人情、传统习俗、生活方式、文学艺术、行为规范、思维方式、价值观念等，是人类之间进行交流的普遍认可的一种能够传承的意识形态。

文化是人类在不断认识自我、改造自我的过程中，在不断认识自然、改造自然的过程中，所创造的并获得人们共同认可和使用的符号（以文字为主、以图像为辅）与声音（语言为主，音韵、音符为辅）的体系总和。简言之，文化是语言和文字的总和。文化是一定社会政治和经济的反映，同时又影响和作用于一定社会的政治和经济，从旧石器时代的发明创造，到康梁的维新变法、何子渊的教育革新，再到孙中山的民主革命，都是推动社会向前发展的动力。

（二）文化的广义

文化的广义，即广义的文化。它是指人类在社会历史发展过程中所创造的物质财富和精神财富的总和。它包括物质文化、制度文化、行为文化、心理文化等方面。物质文化是指人类创造的种种物质文明，包括建筑、交通工具、服饰、日常用品等，是一种可见的显性文化；制度文化是指生活制度、家庭制度、社会制度；行为文化是指人际交往中约定俗成的以礼俗、民俗、风俗等形态表现出来的行为模式；心理文化是指思维方式、宗教信仰、审美情趣等。

广义的文化，着眼于人类与一般动物，人类社会与自然界的本质区别，着眼于人类卓立于自然的独特的生存方式，其涵盖面非常广泛，所以又被称为大文化。随着人类科学技术的发展，人类认识世界的方法和观点也在发生着根本改变。对文化的界定也越来越趋于开放性和合理性。

（三）文化的狭义

文化的狭义，即狭义的文化。它是指人们普遍的社会习惯，如衣食住行、风俗习惯、生活方式、行为规范等。

1871年，英国文化学家泰勒在《原始文化》一书中提出了狭义文化的早期经典学说，即文化是包括知识、信仰、艺术、道德、法律、习俗和任何人作为一名社会成员而获得的能力和习惯在内的复杂整体。

三、文化的特点

文化的特点大致有如下"五性"：

（一）内涵性

如上所说，文化是凝结在物质之中又游离于物质之外，能够被传承的国家或民族的历史、地理、风土人情、传统习俗、生活方式、文学艺术、行为规范、思维方式、价值观念等的总和，因而往往具有丰富的内涵性。

（二）多样性

文化的内容可谓十分丰富，举凡历史、地理、风土人情、传统习俗、生活方式、文学艺术、行为规范、规章制度、法律法规、思维方式、价值观念等；文化的载体可谓多姿多彩，举凡物态性载体、精神性载体、制度性载体、行为性载体、心态性载体等。

（三）传承性

凝结在物质之中又游离于物质之外的文化，包括国家或民族的历史、地理、风土人情、传统习俗、生活方式、文学艺术、行为规范、思维方式、价值观念等在内的文化，一定是能够被传承的，一定是能够绵绵不绝、世代相传的。

（四）地域性

就地球而言，有东方文化与西方文化等；就中国而言，有繁荣发达的东部地区文化、源远流长的中部地区文化、绿色多元的西部地区文化等；就湖南而言，有长沙的都市文化、岳阳的楼岛湖文化、衡阳的南岳衡山文化等；等等。

（五）民族性

在我国，"五十六个民族，五十六枝花"。各民族的文化，都有各民族的鲜明特色。特别是藏族、蒙古族、维吾尔族、回族、壮族等少数民族的文化，更是各有千秋、各具特色。

（六）时代性

文化的积淀、建设和发展，往往也会打下时代的烙印。当前，在"云（计算）物（联网）大（数据）智（慧工程）"时代，在落实"四个全面"战略布局、践行"创新、协调、绿色、开放、共享"新发展理念、推进"大众创业、万众创新"的时代，无论是全国的文化建设，还是地方文化建设，或者是单位文化建设，无疑都需要与时代共同进步，与时代共同发展。

四、文化的分类

这里，我们从某些角度切入，尝试着对文化进行一下分类：

（一）两分法："广义文化、狭义文化"与"生产文化、精神文化"

斯特恩H.H.Stern（1992）根据文化的结构和范畴，把文化分为广义文化和狭义文化两种类型。广义的文化即大写的文化（Culture with a big C），狭义的文化即小写的文化（culture with a small c）。

也有人把文化分为"生产文化"与"精神文化"两种类型。科技文化是生产文化，生活思想文化是精神文化。任何文化都为生活所用，没有不为生活所用的文化。任何一种文化都包含了一种生活生存的理论和方式、理念和认识。

（二）三分法："信息文化、行为文化、成就文化"与"高级文化、大众文化、深层文化"

汉科特·汉默里Hammerly（1982）把文化分为信息文化、行为文化和成就文化。信息文化指一般受教育本族语者所掌握的关于社会、地理、历史等知识；行为文化指人的生活方式、实际行为、态度、价值等，它是成功交际最重要的因素；成就文化是指艺术和文学成就，它是传统的文化概念。

有些人类学家将文化分为三个层次也即三种类型：高级文化（High culture），包括哲学、文学、艺术、宗教等；大众文化（Popular culture），指习俗、仪式以及包括衣食住行、人际关系各方面的生活方式；深层文化（Deep culture），主要指价值观的美丑定义，时间取向、生活节奏、解决问题的方式以及与性别、阶层、职业、亲属关系相关的个人角色。高级文化和大众文化均植根于深层文化，而深层文化的某一概念又以一种习俗或生活方式反映在大众文化中，以一种艺术形式或文学主题反映在高级文化中。

（三）四分法："物态文化、制度文化、行为文化、心态文化"

从文化的内部结构来看，可分为物态文化、制度文化、行为文化、心态文化等四种类型。

1.物态文化。它由物化的知识力量构成，是人的物质生产活动及其产品的总和，是可感知的、具有物质实体的文化事物。

2.制度文化。它由人类在社会实践中建立的各种社会规范构成，包括社会经济制度、婚姻制度、家族制度、政治法律制度、家族、民族、国家、经济、政治、宗教社团、教育、科技、艺术组织等。

3.行为文化。它是人际交往中约定俗成的以礼俗、民俗、风俗等形态表现出来的行为模式，见之于日常起居动作之中，见之于丰富多彩的活动中，具有鲜明的民族、地域特色。

4.心态文化。它由人类社会实践和意识活动中经过长期孕育而形成的价值观念、审美情趣、思维方式等主观因素构成，相当于通常所说的精神文化、社会意识等概念，是文化的核心。心态文化又可细分为社会心理和社会意识形态两种形态。

五、文化的载体

文化的载体大致有如下五种：

（一）物质载体

所谓物质载体，就是前人或今人创造、打造、建造的看得见、摸得着的物质形态，诸如房屋楼宇、道路桥梁、机场码头、景观绿化、大小汽车、各类电脑、日常用品等，用来运载特定的文化信息，凝练特定的文化内涵。比如，岳阳楼就凝结着厚重的"忧乐情怀"和浓郁的"文学神韵"，南岳衡山就凝聚着永恒的"佛教道教集合兼容"精神，洞庭湖就洋溢着人与自然和谐相处的文化气息，近年来铺展全国各地的高铁传递着开放快捷的文化信息……这就是物质文化载体发挥作用的有力佐证。

（二）语言（声音）载体

所谓语言（声音）载体，就是前人或今人借助讲话、讲课、演讲、唱歌、演戏、配音、演奏等方式媒介，用来运载、表达、传输、储存特定的文化信息，凝结、凝练、凝聚特定的文化内涵。比如，列宁、斯大林、毛泽东、周恩来、邓小平等领袖人物的演讲录音，梅兰芳、卓别林、王心刚、赵丽蓉等艺术大师的表演音像等，就给我们留下了丰硕的文化成果，传递了丰富的文化信息。这是语言（声音）载体发挥作用的典型例证。

（三）文字（符号）载体

所谓文字（符号）载体，就是前人或今人借助文字、线条、照片、镜头、雕塑、网络、微博微信等手段媒介，用来运载、表达、传输、储存特定的文化信息，凝结、凝练、凝聚特定的文化内涵。比如，各类报刊图书、书画作品、摄影作品、电影作品、电视作品、雕塑作品、网络文字、微博微信作品等文字（符号）载体，往往都可以传递丰富的文化信息，彰显多元的文化价值。

（四）行为载体

所谓行为载体，就是前人或今人通过特定的行为、活动、实践载体，用来表现、传输特定的文化信息，凸现、蕴涵特定的文化内涵。比如，许多年以来，许多英雄模范、道德模范、优秀共产党员、优秀领导干部、各类先进分子在学习、工作、生活、社会实践等活动中，自觉培育、着力践行社会主义核心价值观，大力弘扬社会公德、职业道德、家庭美德、个人品德；这就是在借助和通过行为载体，传递文化信息，彰显文化精神。

（五）心灵载体

所谓心灵载体，就是前人或今人通过特定的心灵活动、心理活动、心态调控活动等载体，用来凝结、凝练、凝聚文化内涵特别是心态文化内蕴。比如，前述许多英雄模范和各类先进分子自觉培育、着力践行社会主义核心价值观的过程，就既需要充分运用行为载体，也更需要充分运用心灵载体。因为，自觉培育、着力践行社会主义核心价值观的过程，在很大程度上，要靠主体多作心灵感悟、心理操练、心态调控等活动。只有这样，才能顺利完成，并取得实效。

六、文化的功能

文化的功能主要有以下四项：

（一）整合凝聚

文化的整合凝聚功能，是指它对于协调群体成员的行动所发挥的作用，就像蚂蚁过江。社会群体中不同的成员都是独特的行动者，他们基于自己的需要，根据对情景的判断和理解采取行动。文化是他们之间沟通的中介，如果他们能够共享文化，那么他们就能够有效沟通，消除隔阂，凝聚力量，促成合作，推动发展，享受幸福。

（二）引领导向

文化的引领导向功能，是指文化可以为人们的行动提供方向和可供选择的方式。通过共享文化，行动者可以知道自己的何种行为在对方看来是适宜的，是可以引起积极回应的，并倾向于选择有效的行动。这就是文化对行为的引领导向作用。

（三）维系维持

文化是人们以往共同生活经验的积累，是人们通过比较和选择认为是合理并被普遍接受的东西。某种文化的形成和确立，就意味着某种价值观和行为规范被认可和被遵从，这也意味着某种秩序的形成。而且只要这种文化在起作用，那么由这种文化所确立的社会秩序就会被维系维持下去。这就是文化维系维持社会秩序的功能。

（四）延续传承

从世代的角度看，如果文化能向新的世代流传，即下一代也认同、共享上一代的文化，那么，文化就有了延续传承功能。

第二节　文化建设的多元探析

在前面对"文化"进行多维解读的基础上，我们对"文化建设"进行多元探析。

一、文化建设的基本涵义

从一个国家、一个地方来说，文化建设就是发展教育、科学、文学艺术、新闻出版、广播电视、卫生体育、图书馆、博物馆等各项文化事业的活动。

从一个部门、一个单位来说，文化建设就是通过物态文化、精神文化、制度文化、活动文化、品牌文化、宣传文化等的建设和提升，促进全员综合素质提升，促进各项事业科学发展，让部门运转更顺畅，让单位事业更兴旺，让人民生活更幸福。

二、文化建设的重要价值

文化建设的重要价值体现为"五个工程"：

（一）文化建设是民族血脉涵养工程

文化是民族的血脉。中华民族有上下五千年历史，五千年历史创造了璀璨中华文化，而璀璨中华文化又维系着中华民族的绵延发展。中华文明是至今世界四大文明中唯一没有断流的文明。辩证继承传统文化，既是中华民族生生不息的精神动力，又是中华民族昂首走向世界、实现民族复兴的精神资源。因此，文化建设就是民族血脉涵养工程。

（二）文化建设是国家实力提升工程

文化是国家实力的象征与体现。文化既是软实力，又是硬实力。当它成为一种科学核心价值观时，它是精神动力、吸引力，是软实力；当它转变为文化产业时，它又是物质生产力，是硬实力。因此，文化建设就是国家实力提升工程。

（三）文化建设是精神家园建造工程

文化，是一个地方、一个部门、一个单位干部群众的共同精神家园。而文化建设，就是干部群众共同精神家园的建造工程，也可以叫作"灵魂铸造工程"。

（四）文化建设是科学发展推动工程

文化建设的策划、启动、推进，是一个地方、一个部门、一个单位各项事业科学发展的谋划、促进、推动工程，是事业发展更上台阶、更上水平、更上品位的"重点工程"。

（五）文化建设是人民幸福创造工程

策划、实施、加强文化建设，有助于引导、帮助和促进广大干部职工、人民群众增强认同感、归属感、安全感、获得感、幸福感，是地地道道的人民幸福创造工程。

三、文化建设的主要形态

文化建设的主要形态大致有以下三种：

（一）校园文化建设

校园文化建设，就是学校师生员工共同努力，以教师为主导，以学生为主体，以课外文化活动为主要内容，以校园为主要活动空间，以校园精神为主要特征而建设起来的一种群体文化。它主要包括：以青年学生为代表的文化观念以及由此所规范的学生特有的思维特征、行为特征和活动方式，学生课余生活中一切以群体形式出现的文化活动，如诗社、棋牌俱乐部、书社、文学社等社团活动。其中最能体现校园文化本质内容的是校园风气或校园精神。试看下面这个"链接"：

【链接1-1】 校园文化建设的目标与任务

一、校园文化建设的基本目标

1.物态文化改善。就是通过文化建设的策划、实施、推进，使学校的物态文化得到加强改善，包括综合楼建设改造、教学楼建设改造、学生宿舍建设改造、师生食堂建设改造、体育活动设施建设改造、师生服饰形象改善等。

2.精神文化提升。就是通过文化建设的策划、实施、推进，使学校的精神文化，包括校训校风、教风学风、校报校歌等的表达与呈现水平，包括教工共同价值观水平、教工职业道德水平、干部作风水平、学生素质水平、整个学校风气等，都分别得到改善提升。

3.制度文化健全。就是通过文化建设的策划、实施、推进，使学校的制度文化，包括德育管理制度、教学管理制度、教育科研制度、后勤服务制度、教师管理制度、学生管理制度、财务管理制度、党建工作制度等，都分别得到建立健全。

4.活动文化丰富。就是通过文化建设的策划、实施、推进，使学校的活动文化，包括专题讲座、学科竞赛、技能培训、岗位竞赛、节日庆祝、社会实践、文艺展演、体育竞技、志愿服务等，都分别得到充实丰富。

5.宣传文化强化。就是通过文化建设的策划、实施、推进，使学校的宣传文化，包括对内宣传、对上汇报、对外推介等，都分别得到优化强化。

二、校园文化建设的基本任务

1.物态文化建设与精神文化建设兼顾。学校抓文化建设，既要重视包括改善师生员工的办公条件、教学条件、课外环境、生活环境等硬件建设改造在内的物态文化建设，又要重视包括校训校风、教风学风、教工行为规范、学生行为规范等在内的精神文化建设，二者不可偏废、不可或缺，要统筹兼顾、有机结合。

2.活动文化建设与制度文化建设兼顾。学校抓文化建设，既要一手抓包括专题讲座、学科竞赛、技能培训、岗位竞赛、节日庆祝、社会实践、文艺展演、体育竞技、志愿服务等在内的活动文化建设，又要一手抓德育管理制度、教学管理制度、教育科研制度、后勤服务制度、教师管理制度、学生管理制度、财务管理制度、党建工作制度等在内的制度文化建设，二者不可倚轻倚重、时轻时重，应当统筹兼顾、有机结合。

3.物理文化建设与心理文化建设兼顾。学校抓文化建设，既要从客观物质机理层面着眼着力文化建设，又要从师生员工心理层面着眼着力文化建设，把二者兼顾起来、结合起来。

4.显性文化建设与隐性文化建设兼顾。谋划、加强和推进学校的文化建设，既要关注可以"吹糠见米""给点阳光就灿烂"的显性文化建设，又要关注打基础、利长远、"功成可能不在我"的隐性文化建设，把二者兼顾好、结合好。

5.近期文化建设与中长期文化建设兼顾。谋划、加强和推进学校的文化建设，既要抓实抓好一年左右可以完成任务、实现目标的近期文化建设，又要精心谋划3–5年甚至更长时间铺开布局、开花结果的中长期文化建设，实现二者的完美结合。

（二）机关文化建设

机关文化建设，主要是指特定党政机关及其成员在科学理论的指导下，在社会主流文化主导下，通过长期机关工作实践，逐步形成指导和约束机关整体行为和个人行为、为大多数成员所认同和共同遵守的基本信念、价值标准、业务技能以及从中体现出来的群体意识、行为规范、精神风貌等。试看下面这个"案例"：

【案例1-1】 **梧州市委常委、组织部部长谭丕创谈组工文化建设**

一是对于组工文化建设的认识提到"新高度",将加强组工文化建设的重要意义归纳为"三个内在要求",即"繁荣社会主义文化的内在要求、弘扬组织部门优良传统的内在要求、新时期推动组织工作创新发展的内在要求"。

二是对近年来全市组工文化建设的系列举措做出"新概括",将之归纳为"五个一",即"着力打造了一张名片、策划举办了一台晚会、创作唱响了一首歌曲、精心建设了一个长廊、评选表彰了一批先进"。

三是明确组工文化建设的"新抓手",即打造"阳光组工、公道组工、服务组工"是加强组工文化建设的有形载体和有力抓手。

四是对组工干部形象做出"新提炼",即认为"忠诚、公道、阳光、服务、改革、创新、和谐"等顺应时代潮流、富有时代气息的名词,已经逐渐成为组织部门的标志语和代名词。

五是提出组织工作与经济社会发展深度融合的"新课题",要求组织系统将提升"三服务"水平作为永恒追求,充分发挥职能优势,将组织资源转化为发展资源,从"幕后"走向"台前",主动投身经济社会建设,并为经济社会建设提供坚强有力的组织保障和人才支撑。

——摘自2012年11月26日《广西日报》

（三）企业文化建设

企业文化建设——或称公司文化建设,一般是指企业全员通过中长期努力,逐步形成共同理想、基本价值观、工作作风、生活习惯和行为规范的过程。企业文化是企业在经营管理过程中创造的具有本企业特色的精神财富的总和。它对企业成员有感召力和凝聚力,能把众多人的兴趣、目的、需要以及由此产生的行为统一起来。企业文化包含价值观、最高目标、行为准则、管理制度、道德风尚等内容。它以全体员工为工作对象,通过宣传、教育、培训和文化娱乐、交心联谊等方式,以最大限度地统一员工意志,规范员工行为,凝聚员工力量,为企业发展总目标服务。试看下面这个"案例":

【案例1-2】 格力独特的企业文化

1.企业精神：忠诚、友善、勤奋、进取。

2.经营理念：制造最好的空调奉献给广大消费者。

3.管理理念：创新永无止境。

4.管理特色：合理化、科学化、标准化、网络化。

5.服务理念：您的每一件小事都是格力的大事。

6.人力资源理念：以人为本。

7.企业愿景：缔造全球领先的空调企业，成就格力百年的世界品牌。

8.企业使命：弘扬工业精神，追求完美质量，提供专业服务，创造舒适环境。

9.企业灵魂：给消费者以精品和满意，给创业者以机会和发展，给投资者以业绩和回报。

10.企业战略：运用双赢智慧寻求发展空间，实施规范管理激活创新机制，容纳多种声音构筑和谐环境，追求个人梦想创造格力奇迹。

11.核心价值观：实、廉、信、新、礼。

四、文化建设的基本要旨

加强和推进地方、部门、单位文化建设的基本要旨，可以概括为以下六点：

（一）端正指导思想

无论是一个地方的文化建设，还是一个部门的文化建设，或者是一个单位的文化建设，都应当也必须端正指导思想，始终坚持以马列主义、毛泽东思想、邓小平理论、"三个代表"重要思想、科学发展观和习近平新时代中国特色社会主义思想为指导，同时积极与社会主义精神文明相协调。只有这样，才能确保本地区、本部门、本单位文化建设朝着正确的方向，沿着正确的道路，不断向前推进。

（二）立足客观实际

任何地方、部门、单位的文化建设，都要立足世情、国情、党情、地情、局（校、厂）情等客观实际，并把传统的文化精华与最先进的时代特征紧密地结合起来，坚持问题导向，做到有的放矢。只有这样，才能切实增强本地区、本部门、本单位文化建设的针对性、科学性、有效性。

（三）紧扣发展目标

任何地方、部门、单位的文化建设，都要紧紧扣住、竭诚服务于本地区、本部门、本单位的发展战略和奋斗目标，并逐步形成、着力挖掘、充分体现自身特色。

（四）突出文化核心

任何地方、部门、单位的文化建设，要始终突出"精神文化"这一核心，进而逐步形成核心突出、结构健全的文化体系。比如，【案例1-2】所展示的"格力独特的企业文化"就是对格力公司精神文化的简要描述，值得我们好好学习借鉴。

（五）坚持创新驱动

经济发展有赖于创新驱动，文化建设也有赖于创新驱动。作为地方、部门、单位文化建设的领导者、管理者、参与者，都要坚持理论创新、技术创新、方法创新、机制创新，从而强劲驱动本地区、本部门、本单位文化建设。

（六）整合多种方法

谋划、实施、加强和推进地方、部门、单位的文化建设，还需要综合运用多种科学有效的方法，包括正面灌输法、行为规范法、多元激励法、示范示例法、真情感染法、实践推进法等方法，并不断取得实效。

五、文化建设的基本方略

加强和推进地方、部门、单位的文化建设，还须运用以下五种基本方略：

（一）注重目标引领

目标是前进的方向，目标是发展的动力。地方、部门、单位的党政领导班子及其成员应当从树立目标、分解目标、盯住目标、紧扣目标、实现目标、评价目标等方面狠下功夫，始终注重目标引领，积极引领本地区、本部门、本单位文化建设的实施与推进。

（二）注重项目驱动

项目是地方、部门、单位文化建设的重要载体，项目是地方、部门、单位事业发展的重要驱力。地方、部门、单位的党员干部特别是党政领导班子及其成员应当通过高度重视项目、竭力争取项目、及时启动项目、多方支持项目、强力推进项目等努力，始终注重项目驱动，着力驱动本地区、本部门、本单位文化建设不断向前。

（三）注重团队建设

团队是地方、部门、单位文化建设的根本支撑，团队是地方、部门、单位事业兴旺的力量基础。地方、部门、单位的党员干部特别是党政领导班子及其成员应当通过优化党政管理团队、凝聚文化建设团队、借助技术服务团队等努力，始终注重团队建设，充分发挥团队作用，着力推动本地区、本部门、本单位文化建设。

（四）注重强劲激励

激励是地方、部门、单位文化建设的积极反馈，激励是地方、部门、单位事业振兴的重要推力。地方、部门、单位的党员干部特别是党政领导班子及其成员应当通过校准激励取向、找准激励对象、把握激励时机、创新激励方法、健全激励机制等努力，始终注重强劲激励，充分发挥激励功能，着力推动本地区、本部门、本单位文化建设。

（五）注重着力调控

调控是地方、部门、单位文化建设的重要手段，调控是地方、部门、单位事业成功的重要阀门。地方、部门、单位的党员干部特别是党政领导班子及其成员应当通过强化调控意识、选准调控时机、增强调控力度、讲究调控艺术、完善调控机制等努力，始终注重着力调控，充分发挥调控作用，不断促进本地区、本部门、本单位文化建设。

第三节 文化教育的多向探求

现在，我们尝试着对"文化教育"进行多向探求：

一、文化教育的基本涵义

正如"文化""教育"都有广义与狭义之分一样，"文化教育"也有广义与狭义之分。

"文化教育"的广义，是指党政组织、企事业机构、领导干部、文化工作者、教育工作者等各类主体，运用文化原理、文化史实、文化案例、文化作品、文化教材、文化资源等各种媒介，对所属共产党员、共青团员、领导干部、单位员工、在校学生、社会人等各类客体，实施和推进"引导、指导、辅导、诱导、支持、促进"等教育影响，帮助各类客体学习文化知识、培养文化意识、充实文化积累、加强文化修养、提高文化水平的过程和结果。

"文化教育"的狭义，则是指特定教育机构和教育工作者，运用文化原理、文化史实、文化案例、文化作品、文化教材、文化资源等，引导、指导、辅导、诱导、支持、促进学生、学员学习文化知识、培养文化意识、充实文化积累、加强文化修养、提高文化水平的过程和结果。

本书所指"文化教育"取的是狭义。具体地说，它是指开放大学特别是市州开放大学系统各级组织和广大教职员工，运用文化原理、文化史实、文化案例、文化作品、文化教材、文化资源等，引导、指导、辅导、诱导、支持、促进各类学员学习文化知识、培养文化意识、充实文化积累、加强文化修养、提高文化水平的过程和结果。

二、文化教育的基本特征

文化教育的基本特征大致有六：

（一）稳定性

文化教育的主体往往具有相对稳定性。从开放大学特别是市州开放大学系统的视角看，文化教育的实施主体主要是开放大学特别是市州开放大学的各级组织和广大教职员工；同时，在一段时间内，无论是组织性教育主体，还是职员性教育主体，都具有相对的稳定性。

（二）动态性

文化教育的客体总是具有动态性。即使是接受开放大学学历教育的学员在读在校时间一般也只有三年左右，至于接受开放大学系统职业培训、干部网络教育、社区教育、老年教育、终身教育等非学历教育的学员，在校时间就更短了。这就意味着出现于开放大学系统的文化教育接受客体总是动态变化的。

（三）融合性

文化教育的内容应当呈现融合性。按照党中央的决策部署，结合市州开放大学的实际，岳阳开放大学当前和一个时期文化教育的基本内容，就是"中华优秀传统文化、中国革命红色文化、社会主义先进文化、改革开放强国文化、新时代民族复兴文化、岳阳地域特色文化、开放大学学习文化、人才造就文化、职业发展文化、现代科技文化"等元素的高度融合和有机熔铸。

（四）综合性

文化教育的方法应当体现综合性。市州开放大学在谋划、实施和推进文化教育的过程中，应当综合运用系统教育法、专题教育法、案例分析法、比较分析法、作业演练法、现场考察法、活动沉浸法、项目驱动法、实践体察法、总结反思法等多种教育方法，从而顺利达成、圆满实现预定的文化教育目标。

（五）持续性

文化教育的行动应当注重持续性。市州开放大学谋划、实施和推进文化教育的行动，不能寄希望于"专题教育""主题活动"等突击式行动，也不能满足于"集中开课""项目驱动"等阶段性努力，而应当发扬钉钉子精神，一锤接着一锤敲，一步接着一步走，注重持续性，保持连续性，持之以恒，久久为功。

（六）有效性

文化教育的结果应当凸现有效性。市州开放大学谋划、实施和推进文化教育的结果，不能是"江山依旧""面貌如常"，也不能是"雨过地皮湿""风过叶片飞"，而应当是富有实效性，凸现有效性，甚至展现高效性。

三、文化教育的基本原则

市州开放大学谋划、实施和推进文化教育，必须始终坚持以下六项基本原则：

（一）以人为本

市州开放大学谋划、实施和推进文化教育，必须始终坚持"以人为本"这一核心原则，始终把学生（学员）这一群人的成长、进步、发展、幸福，作为文化教育的根本出发点和着眼点。要始终着眼于学生（学员）这一群人成长、进步、发展、幸福的需要，精心谋划市州开放大学的文化教育；始终立足于学生（学员）这一群人成长、进步、发展、幸福的实际，积极实施市州开放大学的文化教育；始终服务于学生（学员）这一群人成长、进步、发展、幸福的目标，着力推进市州开放大学的文化教育。

（二）以文化人

市州开放大学谋划、实施和推进文化教育，必须始终坚持"以文化人"这一根本原则，始终坚持以优秀、科学、守正、高尚、创新的文化，教育、引领、引导、塑造、驱动学生（学员）这一群人。要始终坚持以优秀的文化教育学生（学员）这一群人，始终坚持以科学的文化引领学生（学员）这一群人，始终坚持以守正的文化引导学生（学员）这一群人，始终坚持以高尚的文化塑造学生（学员）这一群人，始终坚持以创新的文化驱动学生（学员）这一群人，进而谋划、实施和推进市州开放大学的文化教育。

（三）培根铸魂

市州开放大学谋划、实施和推进文化教育，必须始终坚持"培根铸魂"这一重要原则，始终遵循和践行"培育根基、铸就灵魂"这一文化教育的根本宗旨和核心要义。在谋划、实施和推进文化教育的过程中，市州开放大学要注重培育学生（学员）的民族精神、爱国情怀、道德情操、心理素质、知识素养、职业技能，尤其要注重学生（学员）世界观、人生观、价值观的培育和矫正，注重学生（学员）社会主义核心价值观的培育和弘扬。

（四）循序渐进

市州开放大学谋划、实施和推进文化教育，必须始终坚持"循序渐进"这一基本原则，做到一步接着一步走、一茬接着一茬推。在谋划文化教育时，市州开放大学要坚持"循序渐进"原则，把"有序思考""按序布局""依序展开"有机结合起来；在实施文化教育时，市州开放大学要坚持"循序渐进"原则，把"有序安排""按序操作""依序落实"有机结合起来；在推进文化教育时，市州开放大学要坚持"循序渐进"原则，把"有序检查""按序考核""依序调控"有机结合起来。

（五）创新驱动

市州开放大学谋划、实施和推进文化教育，必须始终坚持"创新驱动"这一基本原则，不断以理念创新、思路创新、内容创新、方法创新、技术创新、机制创新，驱动和推动文化教育的持续创新。试看下面这个"链接"：

【链接1-2】 创新驱动发展战略

党的十八大明确提出："科技创新是提高社会生产力和综合国力的战略支撑，必须摆在国家发展全局的核心位置。"强调要坚持走中国特色自主创新道路、实施创新驱动发展战略。这是我们党放眼世界、立足全局、面向未来作出的重大决策。

实施创新驱动发展战略，对我国形成国际竞争新优势、增强发展的长期动力具有战略意义。改革开放40多年来，我国经济快速发展主要源于发挥了劳动力和资源环境的低成本优势。进入发展新阶段，我国在国际上的低成本优势逐渐消失。与低成本优势相比，技术创新具有不易模仿、附加值高等突出特点，由此建立的创新优势持续时间长、竞争力强。实施创新驱动发展战略，加快实现由低成本优势向创新优势的转换，可以为我国持续发展提供强大动力。

实施创新驱动发展战略，对我国提高经济增长的质量和效益、加快转变经济发展方式具有现实意义。科技创新具有乘数效应，不仅可以直接转化为现实生产力，而且可以通过科技的渗透作用放大各生产要素的生产力，提高社会整体生产力水平。实施创新驱动发展战略，可以全面提升我国经济增长的质量和效益，有力推动经济发展方式转变。

实施创新驱动发展战略，对降低资源能源消耗、改善生态环境、建设美丽中国具有长远意义。实施创新驱动发展战略，加快产业技术创新，用高新技术和先进适用技术改造提升传统产业，既可以降低消耗、减少污染，改变过度消耗资源、污染环境的发展模式，又可以提升产业竞争力。

（六）久久为功

市州开放大学谋划、实施和推进文化教育，必须始终坚持"久久为功"这一基本原则。要始终驰而不息抓文化教育，不断激发师生员工奋发进取的力量；要始终持之以恒抓文化教育，不断解决师生员工成长进步的问题；要始终坚定不移抓文化教育，不断增强师生员工发展成才的成效。

四、文化教育的内容要素

市州开放大学文化教育的内容要素，涉及到多方面、多方位、多方向。从岳阳开放大学可及可行处看，集中概括起来说，文化教育的内容要素大体可以归纳为以下八个方面：

（一）文化教育导论

为了引导市州开放大学学员学习阅读《文化教育导读》，需要展开"文化的多维解读"，进行"文化建设的多元探析"，开展"文化教育的多向探求"，论述"文化修养的多方解构"，呈现"《文化教育导读》的基本架构与学习方略"等（详见本书"第一章 导论"）。

（二）中华优秀传统文化的集萃与传承

为了引导和帮助市州开放大学学员学习与领会"中华优秀传统文化的集萃与传承"这一专题，需要论述"中华优秀传统文化的涵义、特点与意义"，介绍"中华优秀传统文化集萃的内蕴与形式"，阐述"中华优秀传统文化传承的政策与策略"，研判"中华优秀传统文化集萃与传承的'开大任务'"，探讨"中华优秀传统文化集萃与传承的'开大途径'"等（详见本书"第二章 中华优秀传统文化的集萃与传承"）。

（三）中国革命红色文化的集锦与赓续

为了引导和帮助市州开放大学学员学习与领会"中国革命红色文化的集锦与赓续"这一专题，需要论述"中国革命红色文化的涵义、特点与价值"，探究"中国革命红色文化的灵魂与谱系"，阐述"中国革命红色文化的集锦要素"，揭示"中国革命红色文化的赓续维度"，明确"中国革命红色文化集锦与赓续的'开大目标'"，研讨"中国革命红色文化集锦与赓续的'开大活动'"等（详见本书"第三章 中国革命红色文化的集锦与赓续"）。

（四）社会主义先进文化的凝练与弘扬

为了引导和帮助市州开放大学学员学习与领会"社会主义先进文化的凝练与弘扬"这一专题，需要论述"社会主义先进文化的涵义、特征与价值"，探析"社会主义先进文化的凝练精华"，阐述"社会主义先进文化的弘扬路径"，探讨"社会主义先进文化凝练与弘扬的'开大责任'"，研讨"社会主义先进文化凝练与弘扬的'开大贡献'"等（详见本书"第四章 社会主义先进文化的凝练与弘扬"）。

（五）改革开放强国文化的凝聚与发扬

为了引导和帮助市州开放大学学员学习与领会"改革开放强国文化的凝聚与发扬"这一专题，需要论述"改革开放强国文化的涵义、特征与价值"，探究"改革开放强国文化的凝聚结晶"，阐述"改革开放强国文化的发扬方略"，研究"改革开放强国文化凝聚与发扬的'开大使命'"，研讨"改革开放强国文化凝聚与发扬的'开大行动'"等（详见本书"第五章 改革开放强国文化的凝聚与发扬"）。

（六）新时代民族复兴文化的彰显与传扬

为了引导和帮助市州开放大学学员学习与领会"新时代民族复兴文化的彰显与传扬"这一专题，需要论述"新时代民族复兴文化的涵义、意义与特征"，探究"新时代民族复兴文化的彰显语态"，阐述"新时代民族复兴文化的传扬战略"，探讨"新时代民族复兴文化彰显与传扬的'开大智慧'"，展现"新时代民族复兴文化彰显与传扬的'开大力量'"等（详见本书"第六章 新时代民族复兴文化的彰显与传扬"）。

（七）岳阳地域特色文化的览要与发展

为了引导和帮助市州开放大学学员学习与领会"岳阳地域特色文化的览要与发展"这一专题，需要论述"岳阳地域特色文化的涵义、特质与价值"，探究"岳阳地域特色文化的览要成果"，探讨"岳阳地域特色文化的发展举措"，策划"岳阳地域特色文化览要与发展的'开大项目'"，呈现"岳阳地域特色文化览要与发展的'开大品牌'"等（详见本书"第七章 岳阳地域特色文化的览要与发展"）。

（八）开放大学学习文化的集聚与践行

为了引导和帮助市州开放大学学员学习与领会"开放大学学习文化的集聚与践行"这一专题，需要论述"开放大学学习文化的涵义、特征与价值"，阐述"开放大学学习文化的集聚成果"，探究"开放大学学习文化的践行要领"，发掘"开放大学学习文化集聚与践行的'岳阳特色'"，彰显"开放大学学习文化集聚与践行的'岳阳效应'"等（详见本书"第八章 开放大学学习文化的集聚与践行"）。

五、文化教育的实施途径

市州开放大学文化教育的实施途径大致有以下八项:

（一）面授导学

由特定专业责任教师或课程辅导教师对特定学员组织实施面授导学,是市州开放大学教育教学实施的一种基本途径,当然也是市州开放大学文化教育实施的一种基本途径。在实施文化教育的面授导学时,特定教师应当在准确吃透诸如《文化教育导读》之类文化教育教材的内容要点、精神实质、逻辑脉络、结构布局、语言表达、典型案例等的基础上,精心设计和制作面授导学教案、PPT、思考与训练等资源要素,倾心组织实施面授导学活动,匠心处理面授导学过程中的意外情况,充分调动学员学习的积极性和主动性,确保面授导学活动取得圆满成功。

（二）专题讲座

邀请、安排、组织校内外领导、专家、教师等主体,对某个班级、某个年级、某个专业的学员甚至跨班级、跨年级、跨专业举办专题讲座,是市州开放大学教育教学实施的一种基本途径,也是市州开放大学文化教育实施的一种基本途径。市州开放大学组织举办文化教育专题讲座,务必在专题策划、主讲人遴选、讲座组织、信息反馈等环节用力使劲。

1.精心策划讲座专题。可以从特定文化教育教材中发掘和策划讲座专题诸如"岳阳传统文化经典欣赏""湖湘红色基因传承与弘扬""新时代开放大学文化建设探索"等;也可以从更广阔的文化视域搜寻和策划讲座专题诸如"新时代人才造就文化的学习和践行""职业生涯规划与职业发展文化""人工智能与科技创新文化"等。

2.认真遴选专题讲座主讲人。要在一定范围、一定层次、一定存量的领导、专家、教师中认真遴选最适合担任特定文化教育专题讲座的主讲人。大凡担任文化教育专题讲座的主讲人,务必是在文化教育特定专题、特定方向、特定领域里造诣较深、研究较透、成果较多、影响较大的人。选准了主讲人,专题讲座就成功了一大半。

3.周密组织专题讲座活动。要从协调主讲人准备专题讲稿和课件、衔接专题讲座的时间和空间、组织听取讲座的学员和听众、做好专题讲座现场服务等处着力,周密组织专题讲座活动。

4.及时获取讲座反馈信息。要及时捕捉文化教育专题讲座的即时反馈信息,适时获取文化教育专题讲座完成后的综合反馈信息,切实消化所吸收到的文化教育专题讲座各种反馈信息,并充分运用于以后文化教育专题讲座的组织实施过程中。

（三）网上学习

引导、支持、帮助学员开展、加强和坚持网上学习,是市州开放大学教育教学实施的一种主体途径,也是市州开放大学文化教育实施的一种基本途径。市州开放大学及其领导者、管理者、相关教师应当高度重视、切实加强、持续推进文化教育的网上学习,特别要引导和帮助学员切实解决"为什么要注重文化教育的网上学习?""文化教育的网上学习学什么?""文化教育的网上学习怎么学?"这样三个基本问题,从而确保文化教育的网上学习学有所动、学有所定、学有所获、学有所成。

（四）交互学习

引导、支持、帮助学员开展、加强和坚持交互学习,是市州开放大学教育教学实施的一种常见途径,也是市州开放大学文化教育实施的一种基本途径。所谓交互学习,大致包括师生之间、生生之间、生友之间三个层面,"交流互动""交往互通""交相互助"三项动作。在文化教育实施过程中,市州开放大学领导者、管理者和相关教师务必引导、支持、帮助学员开展、加强和坚持三个层面、三项动作的交互学习,实现资源共享、优势互补、扬长补短、共同发展。

（五）实践教学

指导、策划、组织学员开展、推进和创新实践教学,是市州开放大学教育教学实施的一种特色途径,也是市州开放大学文化教育实施的一种基本途径。抓好实践教学,离不开"基地选择、方案策划、现场组织、活动总结"等方面的努力。在文化教育实施过程中,市州开放大学领导者、管理者和相关教师务必指导、策划、组织学员做好基地选择、做精方案策划、做细现场组织、做实活动总结，从而扎实开展、着力推进和锐意创新文化教育的实践教学，促进学员虚实结合、学做结合、知行合一、表里如一。

（六）主题活动

策划、指导、组织学员开展、推进和创新积极有益、多彩多姿的主题活动，往往是市州开放大学文化教育实施的一种基本而重要的途径。抓好主题活动，必须抓住"方案策划、程序履行、现场组织、成效控制"四个环节着力。在文化教育实施过程中，市州开放大学领导者、管理者和相关教师务必策划、指导、组织学员创新策划方案、认真履行程序、严实组织现场、着力控制成效，从而扎实开展、着力推进和锐意创新文化教育的主题活动，让学员在丰富多彩、持续不断的主题活动中受教育、学知识、开眼界、增智慧。

（七）社会实践

引导、指导、支持、帮助学员开展、加强和提升社会实践，包括工作实践、生活实践、公益实践等，往往是市州开放大学文化教育实施的一种基本而重要的途径。在文化教育实施过程中，市州开放大学领导者、管理者和相关教师引导、指导、支持、帮助学员开展、加强和提升社会实践，务必在"更多、更实、更新、更高"这八个字上狠下功夫、持续使劲；就是要力求社会实践活动"更多"、社会实践举措"更实"、社会实践思路"更新"、社会实践质量"更高"，从而扎实开展、着力推进和锐意创新文化教育的社会实践，让学员在积极主动、充实丰富的社会实践中经风雨、积经验、长才干、健心智。

（八）自主研学

倡导、指导和促进学员开展、加强和推进自主研学，也是市州开放大学文化教育实施的一种基本而重要的途径。所谓自主研学，就是学员带着某个问题或某项课题，自主谋划、自主实施、自主推进研究性学习、探索性学习的过程及结果。在文化教育实施过程中，市州开放大学领导者、管理者和相关教师应当积极倡导、热情指导、多方促进学员开展、加强和推进自主研学，务求自主研学谋划有心、实施有力、推进有效，让学员真正研有所获、学有所得。

六、文化教育的推进策略

市州开放大学文化教育的推进策略主要有以下六种：

（一）聚焦强核

所谓聚焦强核，就是在文化教育实施和推进过程中，市州开放大学及其领导者、管理者和相关教师等主体要高度聚焦"以人为本""以文化人"的根本要旨，不断增强"培根铸魂""厚德赋能"的核心功能。注重聚焦强核，是市州开放大学实施和推进文化教育的首要策略。

无论是实施和推进"中华优秀传统文化"教育、"中国革命红色文化"教育，还是实施和推进"社会主义先进文化"教育、"改革开放强国文化"教育，或者是实施和推进"新时代民族复兴文化"教育、"岳阳地域特色文化"教育，市州开放大学及其领导者、管理者和相关教师都要始终注重聚焦强核，高度聚焦"以人为本""以文化人"的根本要旨，不断增强"培根铸魂""厚德赋能"的核心功能，从而不断提高文化教育的质量和水平。

（二）融合整合

所谓融合整合，就是在文化教育实施和推进过程中，市州开放大学及其领导者、管理者和相关教师等主体要谋求和实现不同历史阶段、不同类别、不同形态、不同容量、不同平台、不同载体等的文化资源、文化信息、文化元素的高度融合和有机整合。注重融合整合，是市州开放大学实施和推进文化教育的重要策略之一。

从文化教育实施和推进的整体上看，作为市州开放大学及其领导者、管理者和相关教师等主体，应当积极谋求和着力实现"优秀传统文化、中国革命文化、社会主义先进文化、改革开放文化、民族复兴文化、地域特色文化、开大学习文化、人才造就文化、职业发展文化、现代科技文化"等文化教育元素、文化教育资源的高度融合和有机整合。

从文化教育实施和推进的局部或专题上看，作为市州开放大学及其领导者、管理者和相关教师等主体，则应当积极谋求和着力实现"古代与当代、中国与外国、东方与西方、经典与素常、研究与例证、线上与线下、教案与训练"等文化教育元素、文化教育资源的高度融合和有机整合。

（三）合时顺势

所谓合时顺势，就是在文化教育实施和推进过程中，市州开放大学及其领导者、管理者和相关教师等主体要适合时代格局，切合时代需要，顺应变革大势，合乎发展大潮。注重合时顺势，是市州开放大学实施和推进文化教育的重要策略之一。

比如，在实施和推进"中华优秀传统文化教育"过程中，市州开放大学及其领导者、管理者和相关教师等主体应当准确解读、认真领会、贯彻落实中共中央办公厅国务院办公厅《关于实施中华优秀传统文化传承发展工程的意见》（中办发〔2017〕3号）的基本精神，通过多途并举的努力，萃取和传承中华优秀传统文化精华，大力弘扬讲仁爱、重民本、守诚信、崇正义、尚和合、求大同等核心思想理念，大力弘扬自强不息、敬业乐群、扶危济困、见义勇为、孝老爱亲等中华传统美德，大力弘扬有利于促进社会和谐、鼓励人们向上向善的思想文化内容，从而切实不断地增强文化教育的效果。

（四）务实求真

所谓务实求真，就是在文化教育实施和推进过程中，市州开放大学及其领导者、管理者和相关教师等主体要始终坚持崇实务实，一切从实际出发，明实情，出实招，办实事，求实效；始终坚持求真求是，一切从认真开始，用真心，动真情，下真功，见真晓。注重务实求真，是市州开放大学实施和推进文化教育的重要策略之一。

在本书特别是第二章至第八章的论述和探讨中，编撰者注重务实求真，除了对特定专题进行理论研讨、原理阐述、精华提炼、要义陈述之外，都切合市州开放大学包括岳阳开放大学的实际，选择独特的切入口和角度，求真求新而又灵巧机智地探讨了特定文化教育专题落地落实的目标任务和实践路径等。试看下面这个"链接"：

【链接1-3】 《文化教育导读》相关节次目录

第二章 中华优秀传统文化的集萃与传承
　　第四节 中华优秀传统文化集萃与传承的"开大任务"
　　第五节 中华优秀传统文化集萃与传承的"开大途径"
第三章 中国革命红色文化的集锦与赓续

　　　　第五节　中国革命红色文化集锦与赓续的"开大目标"
　　　　第六节　中国革命红色文化集锦与赓续的"开大活动"
　　第四章　社会主义先进文化的凝练与弘扬
　　　　第四节　社会主义先进文化凝练与弘扬的"开大责任"
　　　　第五节　社会主义先进文化凝练与弘扬的"开大贡献"
　　第五章　改革开放强国文化的凝聚与发扬
　　　　第四节　改革开放强国文化凝聚与发扬的"开大使命"
　　　　第五节　改革开放强国文化凝聚与发扬的"开大行动"
　　第六章　新时代民族复兴文化的彰显与传扬
　　　　第四节　新时代民族复兴文化彰显与传扬的"开大智慧"
　　　　第五节　新时代民族复兴文化彰显与传扬的"开大力量"
　　第七章　岳阳地域特色文化的览要与发展
　　　　第四节　岳阳地域特色文化览要与发展的"开大项目"
　　　　第五节　岳阳地域特色文化览要与发展的"开大品牌"
　　第八章　开放大学学习文化的集聚与践行
　　　　第四节　开放大学学习文化集聚与践行的"岳阳特色"
　　　　第五节　开放大学学习文化集聚与践行的"岳阳效应"

（五）尚精创优

所谓尚精创优，就是在文化教育实施和推进过程中，市州开放大学及其领导者、管理者和相关教师等主体要始终崇尚精粹，坚持精益求精，矢志追求优秀，坚持提质创优；确保供给学员的课程资源、教学资源、教育资源是精品、是优品，为学员提供最精化和最优化的教育、导学、助学、支持、服务，使学员学有所获、思有所得、练有所达、悟有所通。注重尚精创优，是市州开放大学实施和推进文化教育的重要策略之一。

（六）创新超越

所谓创新超越，就是在文化教育实施和推进过程中，市州开放大学及其领导者、管理者和相关教师等主体要持续勇于创新，包括创新理念、创新思路、创新内容、创新方法、创新模式、创新技术、创新机制等；持续奋力超越，包括超越自我、超越同人、超越名流、超越前人、超越历史。注重创新超越，也是市州开放大学实施和推进文化教育的重要策略之一。试看下面这个案例，你或许会有所感悟：

【案例1-3】 犹太人超越自己的故事

《塔木德》上说：超越别人，不如超越自我。

在犹太人看来，人的生命由两部分组成，父母给予的以及自己赋予的，其实也就是先天和后天。先天只是出身，后天才是生命的实质，生命的实质必然要由超越来维持和升华——超越自我，超越出身，超越局限。

有一对父子俩都是拉比。父亲性格温和，考虑周到；而儿子却孤僻、傲慢，所以他一直没有成功。

有一天，儿子对父亲抱怨，老拉比说："我的孩子，作为拉比我们之间的区别是：当有人向我请教律法上的困难问题时，我给他回答。他提的问题以及我的回答，我的提问人和我都满意；但是若有人问你问题，则双方都不满意——你的提问人不满意，是因为你说他的问题不是问题；你不满意是因为你不能给他一个答案。所以，你不能怪别人而必须放下架子鼓励自己，才能成功。"

"父亲，你是说我必须超越自己？"

"是的，"父亲回答，"真正超越从前自我的人，才是真正成功的人。"超越自己的历史传统融入了犹太人的血液之中，所以，犹太民族成为最勤奋的民族之一。

道理很简单，如果勤劳自勉，借以超越自己，那么总有一天，就会自然而然地超越了别人。人一定要把握住自己的内在动力。超越自己，才能不断地鞭策自己前进，而不因为一时的懈怠或者暂时的成功而失去继续努力向前的动力。

若想超越自我，就要打破现有的状态，敢于向未知的领域挺进，具有冒险精神。正如犹太科学家爱因斯坦所说："人必须经常思考新事物，否则和机器没什么两样。"

犹太人认为，超越自己的事情一天都不能放松，尽量地学些不同的事物，将它们组合起来，才会有新的智能和洞察力产生，这些不同的事物相互影响之后，往往会有许多新的创见。每个人都有与生俱来的创造力，只是有些人通过坚持不懈的学习，把它发挥了出来。更多的人则因为懈怠让这种才能荒废掉了。

第四节　文化修养的多方解构

下面，我们尝试着对"文化修养"进行多方解构：

一、文化修养的基本涵义

所谓修养，是指人的综合素质；道家的修炼养性等。语出唐代吕岩《忆江南》词："学道客，修养莫迟迟，光景斯须如梦里。"修养是修行后的表象，修行是对内心思想和行为的改造，通过修行后表现出来的一种状态。修为是修行的程度，而修养只是表象。

所谓文化修养，是指人的文化综合素质，是人通过对内心思想和行为表现进行文化性改造、调控、优化后形成的一种自在状态。本书中所讲文化修养，则是指市州开放大学学员的文化综合素质，它是市州开放大学学员在学校领导者、管理者和相关教师的引领、指导、支持和帮助下，通过自己积极主动、坚持不懈的文化性努力，对自己内心思想和行为表现进行改造、调控、优化后形成的一种自在状态。

二、文化修养的基本特征

文化修养具有以下六项基本特征：

（一）自主性

任何个体的文化修养，都来源于个体在文化方面，与生俱进的自主谋划、自主努力、自主修炼、自主追求。可见，自主性是文化修养的首要特征。

（二）表象性

文化修养是个体通过文化修行而达到的文化修为，往往具有表象性、可观性、可测性。因此，表象性是文化修养的基本特征之一。

（三）根本性

文化修养对个体的思想意识、理念思维、语言表达、行为表现等能发挥根本性作用，提供根本性支撑。因此，根本性是文化修养的基本特征之一。

（四）可变性

个体尤其是青年个体的文化修养，受外界信息、客观环境、主观行为等因素的影响，往往呈现出可变性、可塑性。因此，可变性是文化修养的基本特征之一。

（五）关联性

文化修养不是孤立存在于个体身上的东西，它总是与理论修养、政治修养、思想修养、道德修养、思维修养、语言修养、法律修养、心理修养等息息相关、紧密相连，而存在于个体身上，展现于人们面前。因此，关联性是文化修养的基本特征之一。

（六）长期性

任何个体的文化修养特别是高品质、高境界文化修养，无一不是通过个体长期以来坚持不懈、持续不断的文化修行而达到的文化修为。毫无疑问，长期性也是文化修养的基本特征之一。

三、文化修养的构成要素

从不同的视角看，人生主体文化修养具有不同的构成要素。从党的教育方针视角看，学生文化修养的构成要素可以分解为"德育文化修养、智育文化修养、体育文化修养、美育文化修养、劳育文化修养"；从文化相关学科视角看，职业人文化修养的构成要素可以分解为"哲学文化修养、历史文化修养、文学文化修养、语言文化修养、音乐文化修养、美术文化修养、书法文化修养、舞蹈文化修养、影视文化修养、心理文化修养"等；从市州开放大学文化教育资源视角看，学员文化修养的构成要素可以分解为"优秀传统文化修养、中国革命文化修养、社会主义文化修养、改革开放文化修养、民族复兴文化修养、地域特色文化修养、开大学习文化修养"等；等等。

这里，仅从市州开放大学文化教育资源视角，对学员文化修养的构成要素作如下简要介绍：

（一）优秀传统文化修养

市州开放大学学员应当加强中华优秀传统文化修养，特别是要大力弘扬"讲仁爱、重民本、守诚信、崇正义、尚和合、求大同"这18字核心思想理念，大力弘扬"自强不息、敬业乐群、扶危济困、见义勇为、孝老爱亲"这20字中华传统美德，大力弘扬"求同存异、和而不同，文以载道、以文化人，形神兼备、情景交融，俭约自守、中和泰和"这32字中华人文精神。

（二）中国革命文化修养

市州开放大学学员应当加强中国革命红色文化修养，特别是要大力弘扬"坚持真理、坚守理想，践行初心、担当使命，不怕牺牲、英勇斗争，机智灵活、争取胜利，自力更生、艰苦奋斗，对党忠诚、不负人民"的中国革命红色文化精神。

（三）社会主义文化修养

市州开放大学学员应当加强社会主义先进文化修养，特别是要大力弘扬"树牢理想、坚定信念，开拓创新、建设发展，人民至上、服务人民，富强民主、文明和谐，自由平等、公正法治，坚持领导、永葆本色，培养人才、接续奋斗，团结合作、造福人类"的社会主义先进文化精神。

（四）改革开放文化修养

市州开放大学学员应当加强改革开放强国文化修养，特别是要大力弘扬"解放思想、更新理念，实事求是、务实求真，与时俱进、顺势而上，勇于开拓、锐意创新，攻坚克难、破冰突围，整体联动、系统集成，全面深化、持续推进，坚韧变革、精准重构"的改革开放强国文化精神。

（五）民族复兴文化修养

市州开放大学学员应当加强新时代民族复兴文化修养，特别是要努力践行"高瞻远瞩、清醒勇毅，深沉睿智、坚定自信，以史鉴今、资政治国，以文培元、凝神铸魂，文脉传承、历久弥新，交流互鉴、命运与共，融汇古今、联通中外，坚持不懈、久久为功"的新时代民族复兴文化精神。

（六）地域特色文化修养

市州开放大学学员应当加强地域特色文化修养，培育与地域特色文化精神相协调的文化品质。作为岳阳开放大学学员，则应当加强岳阳地域特色文化修养，特别是要大力弘扬和努力践行屈原的"路漫漫其修远兮，吾将上下而求索"的求索精神，范仲淹"先天下之忧而忧，后天下之乐而乐"的忧乐精神，任弼时"负重奋进，乐于奉献"的骆驼精神，"英勇斗争，不怕牺牲"的平江起义革命精神。

（七）开大学习文化修养

市州开放大学学员应当加强开放大学学习文化修养，特别是要准确解读、深刻领会、着力践行"修德开智融合、线上线下融合、自学导学融合、自助互助融合、视听思研融合、学习训练融合、求知力行融合、增知强能融合、读书考试融合、拿证升级融合"的开放大学学习文化精神要义。

四、文化修养的达成途径

市州开放大学学员达成文化修养，须要遵循和运用以下六条基本途径：

（一）勤奋学习

勤奋学习，永远是任何个体达成修养的首要途径，自然也是市州开放大学学员达成文化修养的首要途径。勤奋学习，包括学哲学、学历史、学政治、学经济、学科技、学文化、学管理、学心理等内容，包括读书学习、上课学习、上网学习、考察学习、求教学习、交友学习等环节。作为市州开放大学学员，应当勤奋学习、广泛吸收、充分占有与"文化"密切相关的理论、知识、信息、案例等，从而逐步达成一定的乃至更高更好的文化修养。

（二）多加思考

多加思考，绝对是任何个体达成修养的基本途径之一，当然也是市州开放大学学员达成文化修养的基本途径之一。作为市州开放大学学员，应当在读书学习时勤于思考，在上课学习时独立思考，在上网学习时守正思考，在考察学习时切实思考，在求教学习时定向思考，在交友学习时审慎思考，从而逐步达成一定的乃至更高更好的文化修养。

（三）倾情操练

俗话说得好："拳不离手""曲不离口"。市州开放大学学员要达成一定的乃至更高更好的文化修养，就应当像拳手"拳不离手"和艺人"曲不离口"一样，始终坚持倾情操练、勤于练功，认真而圆满地完成课程作业、专业训练、教学实践、社会调查、论文写作等训练任务，切实提高自己的知识素养、专业素养、文化素养。可见，倾情操练是市州开放大学学员达成文化修养的基本途径之一。

（四）真诚交流

真诚交流，以心换心，往往是市州开放大学学员达成一定的乃至更高更好的文化修养的一条基本途径。在接受文化教育、达成文化修养的过程中，市州开放大学学员应当本着真诚和谐的精神，经常与老师、学友、同事、亲人等对象开展双向乃至多向交流活动，从中学习知识、获取信息、接受教益、获得感悟、增进情谊，从而促进良好乃至更好文化修养的达成。

（五）全力实践

全力实践，深入体验，更是市州开放大学学员达成一定的乃至更高更好的文化修养的一条基本途径。在接受文化教育、达成文化修养的过程中，市州开放大学学员应当全身心投入、全力从事社会实践，包括工作实践、生活实践、公益实践等实践活动，实际运用所学理论，严格检验所学知识，深入体验实践滋味，逐步积累实践经验，从而促进良好乃至更好文化修养的达成。

（六）悉心总结

悉心总结，拾级而上，也是市州开放大学学员达成一定的乃至更高更好的文化修养的一条基本途径。在接受文化教育、达成文化修养的过程中，市州开放大学学员应当不断回顾、悉心总结、及时反思自己学习、工作、生活等实践的所为所历、所得所失，总结经验，汲取教训，摸索规律，掌握要领，像攀登台阶一样拾级而上，从而促进良好乃至更好文化修养的达成。

五、文化修养的呈现方式

市州开放大学学员呈现文化修养，须要采取和运用以下六种基本方式：

（一）神情

一个人对人对事的喜怒哀乐等情感，往往可以借助和通过他（她）眼睛、鼻孔、嘴唇、面部等的神情表现而呈现出来。同理，在特定的环境中，面对特定人物或特定事物时，一个人的文化修养，也往往借助和通过他（她）眼睛、鼻孔、嘴唇、面部等的神情表现而呈现出来。

（二）态势

一个人的身体包括手、脚、腰、腿等部位动作形成的态势，往往也是一种语言，即"态势语"。一个人的"态势语"总是向其他人表达着特定的情感，传递着特定的信息，当然也会呈现出他（她）文化修养的层次和水平。比如，从某女士得体而优雅的"态势语"中，人们能够获知她文化修养的优良；从某男士放肆而张狂的"态势语"中，人们却会获知他文化修养的不良。

（三）言语

言语即口头语言。一个人言语的类型、风格、层次、水平等，无不反映和呈现出他（她）文化修养的类型、风格、层次、水平。为什么有的人即兴发言、讲话、交流那么准确、流畅、精彩？为什么有的人却遇事急不择言、语无伦次、颠三倒四？乍看是他们说话水平有高低，其实真正的差别在于背后支撑的文化修养有高下、有良莠。

（四）行为

"行胜于言"。一个人的行为包括为学、做人、办事、当"官"等在内，更能反映和呈现出他（她）的文化修养。有的人为学勤奋、做人诚恳、办事尽力、当"官"清廉，无疑反映和呈现出他们良好的文化修养；反之，有的人为学不勤、做人不诚、办事不力、当"官"不廉，无疑反映和呈现出他们不良的文化修养。

（五）作品

这里的"作品"，不是指像文学艺术工作者那样创作的作品，而是指特定个体书写和留下的文字包括纸质文字和电子文字，或者叫"笔迹""痕迹"之类。认真察看、透视和分析这些"笔迹"和"痕迹"，作者一定层次、一定水平的文化修养终会"跃然于纸上"，终会呈现在人们的面前。

（六）业绩

这里的"业绩"，是指特定的个体通过持续不断的学习、工作、科研、管理等活动，所创造和积累的产品、成果、资产等东西。这些"业绩"，自然会向我们叙述和呈现特定个体一定层次、一定水平的文化修养。

六、文化修养的提升方略

市州开放大学学员加强和提升文化修养，须要借助和运用以下六项基本方略：

（一）树立高远志向

"志当存高远"。"目标当前瞻"。树立积极、前瞻、高远的志向即奋斗目标，是任何个体提升素质和修养的首要方略，也是市州开放大学学员加强和提升文化修养的首要方略。作为市州开放大学学员，应当从自己学习基础、工作要求、生活环境、综合素质、文化修养等的实际出发，为自己树立积极、前瞻、高远的志向即奋斗目标，包括长远目标、中期目标和近期目标，从而引领和驱动自己向着更好更高的文化修养境界奋进与攀登。

（二）倾注满腔热情

任何事业的发展和成功，都有赖于主体热情投入和倾心付出；任何个体文化修养的加强和提升，都有赖于个体倾注满腔热情、付出所有心力。倾注满腔热情，付出所有心力，是市州开放大学学员加强和提升文化修养的一种重要方略。作为市州开放大学学员，应当对加强和提升文化修养，始终满怀热情、倾注热情、保持热情于学习、思考、实践、探索等环节的努力之中。

（三）注重精准发力

注重有的放矢，注重精准发力，是新时代职业人加强和提升修养的一种重要方略，也是市州开放大学学员加强和提升文化修养的一种重要方略。作为市州开放大学学员，应当根据自己文化修养的现实基础、现有起点和提升规划，在学习、思考、实践、探索等环节持续发力、持续使劲，从而切实加强和努力提升自己的文化修养。

（四）着力攻坚克难

着力攻坚克难，多方补短补缺，往往是职业人加强和提升修养的一种重要方略，也不失为市州开放大学学员加强和提升文化修养的一种重要方略。作为市州开放大学学员，应当认真而理性地分析自己文化修养方面的短处、弱处、难处、缺口，采取各种有力措施攻坚克难，运用多种有效方法补短补缺，从而切实加强和努力提升自己的文化修养。

（五）严格自我管理

严格自我管理，开发自我潜能，是市州开放大学学员加强和提升文化修养的重要方略之一。作为市州开放大学学员，应当高度重视、切实加强、严格实施自我管理包括自我时间管理、自我空间管理、自我精力管理、自我资金管理、自我物资管理等，积极、大力、持续开发自我潜能包括自我决策潜能、自我执行潜能、自我操作潜能、自我创新潜能等，从而切实加强和努力提升自己的文化修养。

（六）坚持不懈努力

"锲而不舍，金石可镂"。"滴水流成河，粒米凑成箩"。成功来源于日复一日的坚守与坚韧不拔的努力；"胜利来源于再坚持一下的努力之中"。坚持不懈努力，坚持持续奋力，也是市州开放大学学员加强和提升文化修养的重要方略之一。作为市州开放大学学员，应当始终坚持不懈努力，始终坚持持续奋力，不断战胜消极的自我、惰性的自我、懦弱的自我，切实加强和努力提升自己的文化修养。

第五节 《文化教育导读》的基本架构与学习方略

一、《文化教育导读》的基本架构

《文化教育导读》的基本架构由导论和七个专题篇章组成。具体构成如下：

第一章 导 论
　　第一节　文化的多维解读
　　第二节　文化建设的多元探析
　　第三节　文化教育的多向探求
　　第四节　文化修养的多方解构
　　第五节　《文化教育导读》的基本架构与学习方略
第二章 中华优秀传统文化的集萃与传承
　　第一节　中华优秀传统文化的涵义、特点与意义
　　第二节　中华优秀传统文化集萃的内蕴与形式
　　第三节　中华优秀传统文化传承的政策与策略
　　第四节　中华优秀传统文化集萃与传承的"开大任务"
　　第五节　中华优秀传统文化集萃与传承的"开大途径"
第三章 中国革命红色文化的集锦与赓续
　　第一节　中国革命红色文化的涵义、特点与价值
　　第二节　中国革命红色文化的灵魂与谱系

第三节 中国革命红色文化的集锦要素
第四节 中国革命红色文化的赓续维度
第五节 中国革命红色文化集锦与赓续的"开大目标"
第六节 中国革命红色文化集锦与赓续的"开大活动"
第四章 社会主义先进文化的凝练与弘扬
第一节 社会主义先进文化的涵义、特征与价值
第二节 社会主义先进文化的凝练精华
第三节 社会主义先进文化的弘扬路径
第四节 社会主义先进文化凝练与弘扬的"开大责任"
第五节 社会主义先进文化凝练与弘扬的"开大贡献"
第五章 改革开放强国文化的凝聚与发扬
第一节 改革开放强国文化的涵义、特征与价值
第二节 改革开放强国文化的凝聚结晶
第三节 改革开放强国文化的发扬方略
第四节 改革开放强国文化凝聚与发扬的"开大使命"
第五节 改革开放强国文化凝聚与发扬的"开大行动"
第六章 新时代民族复兴文化的彰显与传扬
第一节 新时代民族复兴文化的涵义、特征与价值
第二节 新时代民族复兴文化的彰显语态
第三节 新时代民族复兴文化的传扬战略
第四节 新时代民族复兴文化彰显与传扬的"开大智慧"
第五节 新时代民族复兴文化彰显与传扬的"开大力量"
第七章 岳阳地域特色文化的览要与发展
第一节 岳阳地域特色文化的涵义、特质与价值
第二节 岳阳地域特色文化的览要成果
第三节 岳阳地域特色文化的发展举措
第四节 岳阳地域特色文化览要与发展的"开大项目"
第五节 岳阳地域特色文化览要与发展的"开大品牌"
第八章 开放大学学习文化的集聚与践行
第一节 开放大学学习文化的涵义、特征与价值
第二节 开放大学学习文化的集聚成果
第三节 开放大学学习文化的践行要领
第四节 开放大学学习文化集聚与践行的"岳阳特色"

第五节　开放大学学习文化集聚与践行的"岳阳效应"
　附　录

二、《文化教育导读》的学习方略

市州开放大学学员特别是岳阳开放大学学员学习《文化教育导读》一书及其课程，须要运用以下六种基本方略：

（一）读好一书与读好群书相结合

读好一书，就是要用心读好《文化教育导读》这一本书；读好群书，就是要认真读好《中国历史》《中华优秀传统文化》《中国共产党简史》《中华人民共和国简史》《社会主义发展简史》《改革开放简史》《习近平新时代中国特色社会主义思想学习纲要》等更多的书。作为市州开放大学学员特别是岳阳开放大学学员，应当把"读好一书"与"读好群书"有机结合起来，以"读好一书"带动"读好群书"，以"读好群书"扩展"读好一书"，从而不断丰富自己的知识积累，为达成、加强和提升文化修养打牢知识基础。

（二）上好一课与上好多课相结合

上好一课，就是要扎实上好《文化修养》这门地方课程；上好多课，就是要扎实上好开放大学所开各项课程。作为市州开放大学学员特别是岳阳开放大学学员，应当把"上好一课"与"上好多课"有机结合起来，以"上好一课"链接"上好多课"，以"上好多课"支持"上好一课"，从而不断优化自己的课业结构，为达成、加强和提升文化修养提供学业支撑。

（三）专注上课与多加思考相结合

专注上课，就是要集中精力，专注上好开放大学所开各项课程；多加思考，就是在上课学习过程中要开动脑筋，勇于思考，多加思考。作为市州开放大学学员特别是岳阳开放大学学员，应当把"专注上课"与"多加思考"有机结合起来，以"专注上课"牵引"多加思考"，以"多加思考"促进"专注上课"，从而不断提高自己的课业水平，为达成、加强和提升文化修养强化学业支持。

（四）勤奋吸收与刻苦训练相结合

勤奋吸收，就是要勤奋自学教材内容，勤奋上网学习课业知识，勤奋接受老师面授辅导，勤奋开展交互学习等；刻苦训练，就是要按照老师的教学安排和自主安排，认真而刻苦地完成各项课业训练、专业训练任务。作为市州开放大学学员特别是岳阳开放大学学员，应当把"勤奋吸收"与"刻苦训练"有机结合起来，以"勤奋吸收"铺垫"刻苦训练"，以"刻苦训练"反馈"勤奋吸收"，持续提高自己的学习能力和专业能力，从而切实加强和不断提升自己的文化修养。

（五）发愤学习与智慧学习相结合

发愤学习，就是要发扬发愤图强的精神，扎实开展线上学习，尽力参与线下学习，始终注重自主学习，不断加强交互学习等；智慧学习，就是要积极顺应时代潮流，妥善处理工学矛盾，有力凭借科技手段，精心整合各种资源，着力改进学习方法，不断提高学习水平和学习效益。作为市州开放大学学员特别是岳阳开放大学学员，应当把"发愤学习"与"智慧学习"有机结合起来，以"发愤学习"牵手"智慧学习"，以"智慧学习"助力"发愤学习"，持续提高自己的学习水平和学习效益，从而切实加强和不断提升自己的文化修养。

（六）学好理论与提质实践相结合

学好理论，就是要在市州开放大学认真、扎实学好科学理论和文化知识，顺利完成学业；提质实践，就是要把在市州开放大学所学的科学理论和文化知识，充分有效地运用于工作实践、生活实践、社会实践，并努力谋求和成功实现各类实践的提质升级。作为市州开放大学学员特别是岳阳开放大学学员，应当把"学好理论"与"提质实践"有机结合起来，以"学好理论"服务于"提质实践"，以"提质实践"回报于"学好理论"，持续提高自己的专业素养和综合素质，从而切实加强和不断提升自己的文化修养。

【思考与训练】

一、什么叫文化？文化载体有哪些？

二、文化建设的基本要旨是什么？文化建设的基本方略有哪些？

三、文化教育实施应当坚持哪些基本原则？文化教育推进应当采用哪些主要策略？

四、文化修养的构成要素有哪些？开放大学学员怎样提升自己的文化修养？

五、《文化教育导读》的学习方略有哪些？你打算怎样学习好《文化教育导读》这本教材这门课程？

第二章 中华优秀传统文化的集萃与传承

    中国有着五千年的文明史，传统文化源远流长，博大精深。中华优秀传统文化以其独有的民族特性深深影响着中华民族的发展。但是，由于种种原因，传统文化的集萃与传承面临着许多困难和严重危机。因此，无论是建设中国特色社会主义文化，还是建设各具特色的地域文化、组织文化、行业文化、事业文化、企业文化、校园文化，或者是加强市州开放大学师生员工的文化修养，无不须要大力推进中华优秀传统文化的集萃与传承。有鉴于此，《文化教育导读》把"中华优秀传统文化的集萃与传承"列为基本而重要的一章。作为市州开放大学学员，应当认真学习、准确领会、着力践行"中华优秀传统文化的集萃与传承"这一章内容，自觉而努力地为"中华优秀传统文化的集萃与传承"贡献智慧和力量。

第一节 中华优秀传统文化的涵义、特点与意义

一、中华优秀传统文化的基本涵义

    从狭义上说，传统文化是指文明演化而汇集成的一种反映民族特质和风貌的文化，是民族历史上各种思想文化、观念形态的总体表征。世界各地，各民族都有自己的传统文化。中国的传统文化以儒道互补为内核，还有墨家、法家、名家、释教类、回教类、西学格致类、近代西方文化等文化形态，包括古文、诗、词、曲、赋、民族音乐、民族戏剧、曲艺、国画、书法、对联、灯

谜、射覆、酒令、歇后语等。

从广义上说，传统文化是指历代存在过的种种物质的、制度的和精神的文化实体和文化意识，包括民族服饰、生活习俗、古典诗文、忠孝观念之类，也就是通常所谓的文化遗产。

中华优秀传统文化，就是中华文明演化而汇集成的一种反映民族特质和风貌的民族文化，是历史上各种思想文化、观念形态的总体表征，是居住在中国地域内的中华民族创造的、为中华民族世代所继承和发展的、具有鲜明民族特色的文化。

二、中华优秀传统文化的显著特点

中华优秀传统文化具有以下四个显著特点：

（一）世代相传

中华优秀传统文化，虽然在某些短暂的历史时期内有所中断，在不同的历史时期或多或少的有所改变，但是整体上从来没有中断过，总的来说变化不大，保持了世代相传的特点。

（二）民族特色

中华优秀传统文化是中国特有的，与世界上其他民族文化不同，具有鲜明的中华民族特色。

（三）历史悠久

中华优秀传统文化有着绵延五千年的悠久历史，是世界上历史最悠久而且迄今为止得以完整保留、仍然生生不息的唯一民族文化和历史文明。

（四）博大精深

"博大"是说中华优秀传统文化的广度——丰富多彩，"精深"是说中华优秀传统文化的深度——高深莫测。传统文化博大精深，它让国人引以为豪，是中华民族的重要凝聚力所在。

三、中华优秀传统文化的重要意义

传承发展中华优秀传统文化，具有以下三方面的重要意义：

（一）传承发展中华优秀传统文化，有助于延续和发展中华文明、促进人类文明进步中华文化源远流长、灿烂辉煌。在5000多年文明发展中孕育的中华优秀传统文化，积淀着中华民族最深沉的精神追求，代表着中华民族独特的精神标识，是中华民族生生不息、发展壮大的丰厚滋养，是中国特色社会主义植根的文化沃土，是当代中国发展的突出优势，对延续和发展中华文明、促进人类文明进步，发挥着重要作用。

（二）传承发展中华优秀传统文化，有助于中国共产党自觉肩负起历史责任，当好中华优秀传统文化的忠实继承者、弘扬者和建设者

中国共产党在领导人民进行革命、建设、改革伟大实践中，自觉肩负起传承发展中华优秀传统文化的历史责任，是中华优秀传统文化的忠实继承者、弘扬者和建设者。党的十八大以来，在以习近平同志为核心的党中央领导下，各级党委和政府更加自觉、更加主动推动中华优秀传统文化的传承与发展，开展了一系列富有创新、富有成效的工作，有力增强了中华优秀传统文化的凝聚力、影响力、创造力。同时，也要看到，随着我国经济社会深刻变革、对外开放日益扩大、互联网技术和新媒体快速发展，各种思想文化交流交融交锋更加频繁，迫切需要深化对中华优秀传统文化重要性的认识，进一步增强文化自觉和文化自信；迫切需要深入挖掘中华优秀传统文化价值内涵，进一步激发中华优秀传统文化的生机与活力；迫切需要加强政策支持，着力构建中华优秀传统文化传承发展体系。

（三）传承发展中华优秀传统文化，有助于落实和完成建设社会主义文化强国的重大战略任务

实施中华优秀传统文化传承发展工程，是建设社会主义文化强国的重大战略任务，对于传承中华文脉、全面提升人民群众文化素养、维护国家文化安全、增强国家文化软实力、推进国家治理体系和治理能力现代化，具有重要意义。试看下面这个"链接"：

【链接2-1】 中国文化生成与演进的环境

　　探究传统文化，应该全面考察中国文化生成与演进的环境。中国位于亚洲东部、太平洋西岸，西北深入亚洲内陆，是一个海路兼备的国家。中国传统观念上的"天下"是由四海之内的诸夏和"四夷"共同构成。中国古代社会东部为农业区，西北部主要是游牧区，也由此使中国传统文化中农耕文化与游牧文化并存又相互补充。东部的农耕经济占优势，这是中国传统文化赖以生存和发展的主要经济基础。中国古代农业经济占主导地位，在宏观上主要强调"以农为本""重农抑商"，从而也形成了辉煌的农业文明。

第二节　中华优秀传统文化集萃的内蕴与形式

一、中华优秀传统文化集萃的内蕴精神

中华优秀传统文化集萃的内蕴精神主要体现为以下六个方面：

（一）自强不息、厚德载物的奋斗精神

中华优秀传统文化历来关注现实人生。孔子说："未知生，焉知死。"《易经》云："天行健，君子以自强不息；地势坤，君子以厚德载物。"正是这种入世的人生哲学，培育了中华民族敢于向一切自然与社会的危害和不平进行顽强抗争的精神品质。

（二）知行合一观

中国儒家文化所讲的"力行近于仁"，在一定程度上体现了"行重知轻"的认识论思想，体现了"实践是认识的源泉"，这与实践品格具有某种一致性。

（三）重视人的精神生活

中华优秀传统文化非常重视人的内在修养这一精神世界，鄙视那种贪婪与粗俗的物欲。孟子提出"充实之谓美"，并认为"富贵不能淫，贫贱不能移，威武不能屈"，这是对人格的根本要求。

（四）爱国主义精神

中华优秀传统文化历来提倡"天下兴亡，匹夫有责"的爱国主义精神。下

面这个案例中列出的一批历史上的爱国主义人物，他们身上就充分展现了伟大的爱国主义精神！

【案例2-1】 历史上爱国主义人物名录（节选）

1.爱国大诗人——屈原

2.不屈的使者——苏武

3.杰出爱国词人辛弃疾

4.民族英雄文天祥

5.林则徐虎门销烟

6.关天培血洒虎门炮台

7.爱国诗人龚自珍

8.洪秀全创建太平天国

9.爱国外交家黄遵宪

10.爱国思想家魏源

11.左宗棠收复新疆

12.以身报国的邓世昌

13.刘永福和他的黑旗军

（五）追求真理、勇于奉献的精神

中华优秀传统文化蔑视那种贪生怕死、忘恩负义、追逐名利的小人。古人在谈到对真理的追求时，认为"朝闻道，夕死可矣"，倡导"路漫漫其修远兮，吾将上下而求索"的精神。

（六）团结互助、尊老爱幼的伦理规范

古人说："老吾老以及人之老，幼吾幼以及人之幼。"一个社会只有严于律己，宽以待人，形成团结互助、尊老爱幼的社会风气，才能充满温馨与和谐，才能给人带来希望与力量。

除了以上方面，中华优秀传统文化的基本内涵还包括："经世致用"的务实作风；"和谐持中"的思想境界；"天下为公"的社会理想；鞠躬尽瘁、死而后已的责任意识；淡泊明志、君子慎独的自警意识；超越功利、黜奢崇俭的生活态度等。这些具有精神价值的东西，经过数千年的积淀，成为我们民族的风骨和气度，培育了我们民族的品格和精神，既是历史发展的内在动力，也是我们建设中国特色社会主义文化的宝贵资源。

二、中华优秀传统文化集萃的表现形式

中华优秀传统文化集萃的表现形式大致有以下五种：

（一）理论形式

1.传统纵览：仁、义、礼、智、信、忠、孝、悌、节、恕、勇、让；琴棋书画、三教九流、三百六十行、四大发明、民间禁忌、民间习俗、精忠报国、竹、民谣、黄土、红、月亮等。

2.农业文化：如农家、农民起义、锄头等。

3.皇宫官府：如宫廷文化、帝王学等。

4.诸子百家：儒家（孔子、《论语》、孟子、《孟子》、《荀子》，仁、义、礼、智、信，《中庸》等）；佛家（《心经》《地藏经》《佛说阿弥陀经》等）；道家（老子、列子、庄子，道德、无为、逍遥等）；墨家（墨子、《墨子》、兼爱等）；法家（韩非、李斯、《韩非子》等）；名家（邓析、惠施、兰名钧等）；阴阳家（邹衍、五行、金木水火土等）；纵横家（鬼谷子、苏秦、张仪、《战国策》等）；杂家（吕不韦）；农家（《吕氏春秋》）；兵家；医家。

（二）技艺形式

1.琴：如笙、笛子、二胡、古筝、萧、鼓、古琴、琵琶。《茉莉花》、十大名曲（《高山流水》《广陵散》《平沙落雁》《梅花三弄》《十面埋伏》《夕阳箫鼓》《渔樵问答》《胡笳十八拍》《汉宫秋月》《阳春白雪》）等。

2.棋：如中国象棋、中国围棋，对弈、棋子、棋盘、五子棋等。

3.书：包括中国书法、篆刻印章、文房四宝（毛笔、墨、砚台、宣纸）、木版水印、甲骨文、钟鼎文、汉代竹简、竖排线装书等。

4.画：包括国画、山水画、写意画；敦煌壁画；八骏图、太极图（太极）等。

5.名：包括字号、印鉴、符标；姓名；名称（称号）等。

（三）传统形式

1.十二生肖：鼠、牛、虎、兔、龙、蛇、马、羊、猴、鸡、狗、猪。

2.传统文学：主要是指诗词曲赋，包括先秦诗歌（《诗经》《楚辞》等）、汉乐府、民歌（南北朝时期）、唐诗、宋词、元曲、明清小说（四大名著《西游记》《红楼梦》《三国演义》《水浒传》与《聊斋志异》）等。

3.传统音乐：民歌、民族器乐、曲艺（即"说唱"）音乐、戏曲音乐。

4.传统戏曲：如昆曲、湘剧、粤剧、徽剧（庐剧）、汉剧、京剧、皮影戏、越剧、川剧、黄梅戏；昆曲脸谱、湘剧脸谱、川剧脸谱、京戏脸谱等。

5.传统节日：包括元宵节、寒食节、清明节（祭祖）、端午节（粽子、赛龙舟、屈原）、中秋节、重阳节（敬老）、腊八节（大年三十、红包、守岁、团圆饭）、除夕、春节（正旦、元旦、元日）等。

6.中国建筑：如长城、牌坊、园林、寺院、钟、塔、庙宇、亭台楼阁、井、石狮、民宅、徽派建筑、陕西窑洞、秦砖汉瓦、兵马俑等。

7.汉字汉语：包括汉字、汉语、对联、谜语（灯谜）、歇后语、熟语、成语、射覆、酒令等等。

8.传统中医：包括中医、中药、《黄帝内经》《伤寒杂病论》《本草纲目》等。

9.宗教哲学：包括中国传统宗法性宗教、佛教、耶教、天主教、回教、道教、长生天（天崇拜如昊天上帝）、萨满等。

（四）民俗形式

1.民间工艺：如剪纸、风筝、中国织绣（刺绣等）、中国结、泥人面塑、龙凤纹样（饕餮纹、如意纹、雷纹、回纹、巴纹）、祥云图案、凤眼、千层底、檐、鹜等。

2.中华武术：包括南拳北腿、少林、武当，内家外家，太极八卦等。

3.地域文化：如中原文化、江南文化、江南水乡、塞北岭南、大漠风情、蒙古草原、天涯海角、西域文化等。

4.民风民俗：如礼节、婚嫁（红娘、月老）、丧葬（孝服、纸钱）、祭祀（祖）；门神、年画、鞭炮、饺子、舞狮等。

5.衣冠服饰：如汉服、深衣、襦裙、唐装（盘领袍）、唐巾（幞头）、直裰（道袍）、舄、云端履、千层底、绣花鞋、老虎头鞋、维服、俄服、哈服、京服、朝鲜服、藏服、苗服、银饰（苗族）、肚兜、斗笠、帝王的皇冠、皇后的凤冠、丝绸等。

（五）其他形式

1.四大雅戏：包括花鸟虫鱼、牡丹、梅花、桂花、莲花、鸟笼、盆景、斗蛐蛐、鲤鱼等。

2.动物植物：如龙、凤、狼、麒麟、虎、豹、鹤、龟、大熊猫；梅兰竹菊——梅花、兰花、竹子、菊花；松、柏等。

3.器物随身：包括玉（玉佩、玉雕等）瓷器、景泰蓝、中国漆器、彩陶、紫砂壶、蜡染、古代兵器（盔甲、大刀、宝剑等）、青铜器、古玩（铜钱等）、鼎、金元宝、如意、烛台、红灯笼（宫灯、纱灯）、黄包车、鼻烟壶、鸟笼、长命锁、糖葫芦、铜镜、大花轿、水烟袋、芭蕉扇、桃花扇、裹脚布等。

4.饮食厨艺：出门七件事——柴、米、油、盐、酱、醋、茶；酒、茶道；吃文化、中国菜、八大菜系（鲁、川、粤、闽、苏、浙、湘、徽）、饺子、团圆饭、年夜饭、年糕、中秋月饼、筷子；鱼翅、熊掌等。

5.传说神话：如女娲补天、盘古开天地、后羿射日、嫦娥飞天、夸父逐日等。

6.神妖鬼怪：如神仙、妖怪、鬼怪、幽冥；玉帝、阎罗王、黑白无常、孟婆、奈何桥等。

7.名山大川：如中国五岳——华山、恒山、衡山、嵩山、泰山；上古道家修仙圣地——山西五台山、四川峨眉山、安徽九华山、浙江普陀山等；道教现四大名山——青城山、龙虎山、武当山、齐云山；长江、黄河、珠江、黑龙江、松花江、辽河、海河等。

同时，也请看看下面这个"链接"：

【链接2-2】　中华传统文化包含的消极因素

用辩证唯物主义和历史唯物主义观点分析，中国传统文化中还包含着一些消极因素。它主要表现在以下四个方面：

1. 宗法观念和专制思想导致人们缺乏民主精神。中国长期处于封建社会，封建意识对人们影响极深，封建专制思想一方面严重压抑和束缚个性发展，另一方面造成了特权思想。直到今天，仍有部分人包括一些普通公民和某些公职人员总是缺乏民主意识。

2. "家国同构"的社会结构导致人们法制观念淡薄。中华传统文化不重视法制，实行的是人治，如实行的是皇权至高无上，因而君言就是法。在今天社会主义社会里，人民群众已经成为国家主人，国家的一切法律反映了人民群众的根本利益，但在一些人的思想观念里封建特权思想仍然严重，导致权大于法、情大于法的事时有发生。

3. "重农轻商"思想对促进生产力的发展起着一定的阻碍作用。中国是个农业大国，重农轻商倾向十分严重。过去，经商是被人看不起的，不知商业是产品流通的重要环节，对促进社会生产力的发展、繁荣经济、方便人民群众生活，起着重要的作用；尤其在现代社会，没有市场经济的高度发展，也就无法走向现代化。

4. 农业文化的"小农意识"导致人们守旧意识极为严重。千百年来，人们总是习惯于"日出而作，日落而息"，很容易满足于现状，非到万不得已，是不会起来造反和主动接受新东西的。

第三节　中华优秀传统文化传承的政策与策略

2017年5月，中共中央办公厅、国务院办公厅印发了《关于实施中华优秀传统文化传承发展工程的意见》（以下简称《意见》），并发出通知，要求全国各地区各部门结合实际认真贯彻落实。习近平总书记在党的十九大报告中强调指出："文化是一个国家、一个民族的灵魂。文化兴国运兴，文化强民族强。没有高度的文化自信，没有文化的繁荣兴盛，就没有中华民族伟大复兴。"并指出："中国特色社会主义文化，源自于中华民族五千多年文明历史所孕育的中华优秀传统文化，熔铸于党领导人民在革命、建设、改革中创造的革命文化和社会主义先进文化，植根于中国特色社会主义伟大实践。"《意见》和十九大报告有关论述为我们宣示和阐述了中华优秀传统文化传承发展的基本政策和基本策略，值得我们认真学习、深入领会、准确把握、逐步落实。

下面，我们以《意见》和十九大报告的有关论述为遵循，对中华优秀传统文化传承发展的基本政策和基本策略作如下解读：

一、中华优秀传统文化传承的总体要求

（一）中华优秀传统文化传承的指导思想

传承发展中华优秀传统文化的指导思想是：高举中国特色社会主义伟大旗帜，全面贯彻党的十九大精神，坚持以马克思列宁主义、毛泽东思想、邓小平理论、"三个代表"重要思想、科学发展观和习近平新时代中国特色社会主义思想为指导，紧紧围绕实现中华民族伟大复兴的中国梦，深入贯彻新发展理念，坚持以人民为中心的工作导向，坚持以社会主义核心价值观为引领，坚持创造性转化、创新性发展，坚守中华文化立场、传承中华文化基因，不忘本来、吸收外来、面向未来，汲取中国智慧、弘扬中国精神、传播中国价值，不断增强中华优秀传统文化的生命力和影响力，创造中华文化新辉煌。

（二）中华优秀传统文化传承的基本原则

传承发展中华优秀传统文化，要始终遵循和坚持以下五项基本原则：

1.牢牢把握社会主义先进文化前进方向。坚持中国特色社会主义文化发展道路，立足于巩固马克思主义在意识形态领域的指导地位、巩固全党全国人民团结奋斗的共同思想基础，弘扬社会主义核心价值观，培育民族精神和时代精神，解决现实问题、助推社会发展。

2.坚持以人民为中心的工作导向。坚持为了人民、依靠人民、共建共享，注重文化熏陶和实践养成，把跨越时空的思想理念、价值标准、审美风范转化为人们的精神追求和行为习惯，不断增强人民群众的文化参与感、获得感和认同感，形成向上向善的社会风尚。

3.坚持创造性转化和创新性发展。坚持辩证唯物主义和历史唯物主义，秉持客观、科学、礼敬的态度，取其精华、去其糟粕，扬弃继承、转化创新，不复古泥古，不简单否定，不断赋予新的时代内涵和现代表达形式，不断补充、拓展、完善，使中华民族最基本的文化基因与当代文化相适应、与现代社会相协调。

4.坚持交流互鉴、开放包容。以我为主、为我所用，取长补短、择善而从，既不简单拿来，也不盲目排外，吸收借鉴国外优秀文明成果，积极参与世界文化的对话交流，不断丰富和发展中华文化。

5.坚持统筹协调、形成合力。加强党的领导，充分发挥政府主导作用和市场积极作用，鼓励和引导社会力量广泛参与，推动形成有利于传承发展中华优秀传统文化的体制机制和社会环境。

（三）中华优秀传统文化传承的总体目标

传承发展中华优秀传统文化工程的总体目标是：到2025年，中华优秀传统文化传承发展体系基本形成，研究阐发、教育普及、保护传承、创新发展、传播交流等方面协同推进并取得重要成果，具有中国特色、中国风格、中国气派的文化产品更加丰富，文化自觉和文化自信显著增强，国家文化软实力的根基更为坚实，中华文化的国际影响力明显提升。

二、中华优秀传统文化传承的主要内容

传承发展中华优秀传统文化的主要内容有以下三项：

（一）核心思想理念

中华民族和中国人民在修齐治平、尊时守位、知常达变、开物成务、建功立业过程中培育和形成的基本思想理念，如革故鼎新、与时俱进的思想，脚踏实地、实事求是的思想，惠民利民、安民富民的思想，道法自然、天人合一的思想等，可以为人们认识和改造世界提供有益启迪，可以为治国理政提供有益借鉴。传承发展中华优秀传统文化，就要大力弘扬讲仁爱、重民本、守诚信、崇正义、尚和合、求大同等核心思想理念。

（二）中华传统美德

中华优秀传统文化蕴含着丰富的道德理念和规范，如天下兴亡、匹夫有责的担当意识，精忠报国、振兴中华的爱国情怀，崇德向善、见贤思齐的社会风尚，孝悌忠信、礼义廉耻的荣辱观念，体现着评判是非曲直的价值标准，潜移默化地影响着中国人的行为方式。传承发展中华优秀传统文化，就要大力弘扬自强不息、敬业乐群、扶危济困、见义勇为、孝老爱亲等中华传统美德。

（三）中华人文精神

中华优秀传统文化积淀着多样、珍贵的精神财富，如求同存异、和而不同

的处世方法，文以载道、以文化人的教化思想，形神兼备、情景交融的美学追求，俭约自守、中和泰和的生活理念等，是中国人民思想观念、风俗习惯、生活方式、情感样式的集中表达，滋养了独特丰富的文学艺术、科学技术、人文学术，至今仍然具有深刻影响。传承发展中华优秀传统文化，就要大力弘扬有利于促进社会和谐、鼓励人们向上向善的思想文化内容。

三、中华优秀传统文化传承的重点任务

传承发展中华优秀传统文化的重点任务有以下七项：

（一）深入阐发文化精髓

加强中华文化研究阐释工作，深入研究阐释中华文化的历史渊源、发展脉络、基本走向，深刻阐明中华优秀传统文化是发展当代中国马克思主义的丰厚滋养，深刻阐明传承发展中华优秀传统文化是建设中国特色社会主义事业的实践之需，深刻阐明丰富多彩的多民族文化是中华文化的基本构成，深刻阐明中华文明是在与其他文明不断交流互鉴中丰富发展的，着力构建有中国底蕴、中国特色的思想体系、学术体系和话语体系。加强党史国史及相关档案编修，做好地方史志编纂工作，巩固中华文明探源成果，正确反映中华民族文明史，推出一批研究成果。实施中华文化资源普查工程，构建准确权威、开放共享的中华文化资源公共数据平台。建立国家文物登录制度。建设国家文献战略储备库、革命文物资源目录和大数据库。实施国家古籍保护工程，完善国家珍贵古籍名录和全国古籍重点保护单位评定制度，加强中华文化典籍整理编纂出版工作。完善非物质文化遗产、馆藏革命文物普查建档制度。

（二）贯穿国民教育始终

围绕立德树人根本任务，遵循学生认知规律和教育教学规律，按照一体化、分学段、有序推进的原则，把中华优秀传统文化全方位融入思想道德教育、文化知识教育、艺术体育教育、社会实践教育各环节，贯穿于启蒙教育、基础教育、职业教育、高等教育、继续教育各领域。以幼儿、小学、中学教材为重点，构建中华文化课程和教材体系。编写中华文化幼儿读物，开展"少年传承中华传统美德"系列教育活动，创作系列绘本、童谣、儿歌、动画等。修订中小学道德与法治、语文、历史等课程教材。推动高校开设中华优秀传统文

化必修课，在哲学社会科学及相关学科专业和课程中增加中华优秀传统文化的内容。加强中华优秀传统文化相关学科建设，重视保护和发展具有重要文化价值和传承意义的"绝学"、冷门学科。推进职业院校民族文化传承与创新示范专业点建设。丰富拓展校园文化，推进戏曲、书法、高雅艺术、传统体育等进校园，实施中华经典诵读工程，开设中华文化公开课，抓好传统文化教育成果展示活动。研究制定国民语言教育大纲，开展好国民语言教育。加强面向全体教师的中华文化教育培训，全面提升师资队伍水平。

（三）保护传承文化遗产

坚持保护为主、抢救第一、合理利用、加强管理的方针，做好文物保护工作，抢救保护濒危文物，实施馆藏文物修复计划，加强新型城镇化和新农村建设中的文物保护。加强历史文化名城名镇名村、历史文化街区、名人故居保护和城市特色风貌管理，实施中国传统村落保护工程，做好传统民居、历史建筑、革命文化纪念地、农业遗产、工业遗产保护工作。规划建设一批国家文化公园，成为中华文化重要标识。推进地名文化遗产保护。实施非物质文化遗产传承发展工程，进一步完善非物质文化遗产保护制度。实施传统工艺振兴计划。大力推广和规范使用国家通用语言文字，保护传承方言文化。开展少数民族特色文化保护工作，加强少数民族语言文字和经典文献的保护和传播，做好少数民族经典文献和汉族经典文献互译出版工作。实施中华民族音乐传承出版工程、中国民间文学大系出版工程。推动民族传统体育项目的整理研究和保护传承。

（四）滋养文艺创作

善于从中华文化资源宝库中提炼题材、获取灵感、汲取养分，把中华优秀传统文化的有益思想、艺术价值与时代特点和要求相结合，运用丰富多样的艺术形式进行当代表达，推出一大批底蕴深厚、涵育人心的优秀文艺作品。科学编制重大革命和历史题材、现实题材、爱国主义题材、青少年题材等专项创作规划，提高创作生产组织化程度，彰显中华文化的精神内涵和审美风范。加强对中华诗词、音乐舞蹈、书法绘画、曲艺杂技和历史文化纪录片、动画片、出版物等的扶持。实施戏曲振兴工程，做好戏曲"像音像"工作，挖掘整理优秀传统剧目，推进数字化保存和传播。实施网络文艺创作传播计划，推动网络文学、网络音乐、网络剧、微电影等传承发展中华优秀传统文化。实施中国经典民间故事动漫创作工程、中华文化电视传播工程，组织创作生产一批传承中华文化基因、具有大众亲和力的动画片、纪录片和节目栏目。大力加强文艺评论，改革完善文艺评奖，建立有中国特色的文艺研究评论体系，倡导中华美学精神，推动美学、美德、美文相结合。

（五）融入生产生活

注重实践与养成、需求与供给、形式与内容相结合，把中华优秀传统文化内涵更好更多地融入生产生活各方面。深入挖掘城市历史文化价值，提炼精选一批凸显文化特色的经典性元素和标志性符号，纳入城镇化建设、城市规划设计，合理应用于城市雕塑、广场园林等公共空间，避免千篇一律、千城一面。挖掘整理传统建筑文化，鼓励建筑设计继承创新，推进城市修补、生态修复工作，延续城市文脉。加强"美丽乡村"文化建设，发掘和保护一批处处有历史、步步有文化的小镇和村庄。用中华优秀传统文化的精髓涵养企业精神，培育现代企业文化。实施中华老字号保护发展工程，支持一批文化特色浓、品牌信誉高、有市场竞争力的中华老字号做精做强。深入开展"我们的节日"主题活动，实施中国传统节日振兴工程，丰富春节、元宵、清明、端午、七夕、中秋、重阳等传统节日文化内涵，形成新的节日习俗。加强对传统历法、节气、生肖和饮食、医药等的研究阐释、活态利用，使其有益的文化价值深度嵌入百姓生活。实施中华节庆礼仪服装服饰计划，设计制作展现中华民族独特文化魅力的系列服装服饰。大力发展文化旅游，充分利用历史文化资源优势，规划设计推出一批专题研学旅游线路，引导游客在文化旅游中感知中华文化。推动休闲生活与传统文化融合发展，培育符合现代人需求的传统休闲文化。发展传统体育，抢救濒危传统体育项目，把传统体育项目纳入全民健身工程。

（六）加大宣传教育力度

综合运用报纸、书刊、电台、电视台、互联网站等各类载体，融通多媒体资源，统筹宣传、文化、文物等各方力量，创新表达方式，大力彰显中华文化魅力。实施中华文化新媒体传播工程。充分发挥图书馆、文化馆、博物馆、群艺馆、美术馆等公共文化机构在传承发展中华优秀传统文化中的作用。编纂出版系列文化经典。加强革命文物工作，实施革命文物保护利用工程，做好革命遗址、遗迹、烈士纪念设施的保护和利用。推动红色旅游持续健康发展。深入开展"爱我中华"主题教育活动，充分利用重大历史事件和中华历史名人纪念活动、国家公祭仪式、烈士纪念日，充分利用各类爱国主义教育基地、历史遗迹等，展示爱国主义深刻内涵，培育爱国主义精神。加强国民礼仪教育。加大对国家重要礼仪的普及教育与宣传力度，在国家重大节庆活动中体现仪式感、庄重感、荣誉感，彰显中华传统礼仪文化的时代价值，树立文明古国、礼仪之邦的良好形象。研究提出承接传统习俗、符合现代文明要求的社会礼仪、服装服饰、文明用语规范，建立健全各类公共场所和网络公共空间的礼仪、礼节、礼貌规范，推动形成良好的言行举止和礼让宽容的社会风尚。把优秀传统文化思想理念体现在社会规范中，与制定市民公约、乡规民约、学生守则、行业规章、团体章程相结合。弘扬孝敬文化、慈善文化、诚信文化等，开展节俭养德全民行动和学雷锋志愿服务。广泛开展文明家庭创建活动，挖掘和整理家训、家书文化，用优良的家风家教培育青少年。挖掘和保护乡土文化资源，建设新乡贤文化，培育和扶持乡村文化骨干，提升乡土文化内涵，形成良性乡村文化生态，让子孙后代记得住乡愁。加强港澳台中华文化普及和交流，积极举办以中华文化为主题的青少年夏令营、冬令营以及诵读和书写中华经典等交流活动，鼓励港澳台艺术家参与国家在海外举办的感知中国、中国文化年（节）、欢乐春节等品牌活动，增强国家认同、民族认同、文化认同。

（七）推动中外文化交流互鉴

加强对外文化交流合作，创新人文交流方式，丰富文化交流内容，不断提高文化交流水平。充分运用海外中国文化中心、孔子学院，文化节展、文物展览、博览会、书展、电影节、体育活动、旅游推介和各类品牌活动，助推中华优秀传统文化的国际传播。支持中华医药、中华烹饪、中华武术、中华典籍、中国文物、中国园林、中国节日等中华传统文化代表性项目走出去。积极宣传推介戏曲、民乐、书法、国画等我国优秀传统文化艺术，让国外民众在审美过程中获得愉悦、感受魅力。加强"一带一路"沿线国家文化交流合作。鼓励发展对外文化贸易，让更多体现中华文化特色、具有较强竞争力的文化产品走向国际市场。探索中华文化国际传播与交流新模式，综合运用大众传播、群体传播、人际传播等方式，构建全方位、多层次、宽领域的中华文化传播格局。推进国际汉学交流和中外智库合作，加强中国出版物国际推广与传播，扶持汉学家和海外出版机构翻译出版中国图书，通过华侨华人、文化体育名人、各方面出境人员，依托我国驻外机构、中资企业、与我友好合作机构和世界各地的中餐馆等，讲好中国故事、传播好中国声音、阐释好中国特色、展示好中国形象。

四、中华优秀传统文化传承的组织保障

传承发展中华优秀传统文化的组织实施和保障措施有以下四项：

（一）加强组织领导

各级党委和政府要从坚定文化自信、坚持和发展中国特色社会主义、实现中华民族伟大复兴的高度，切实把中华优秀传统文化传承发展工作摆上重要日程，加强宏观指导，提高组织化程度，纳入经济社会发展总体规划，纳入考核评价体系，纳入各级党校、行政学院教学的重要内容。各级党委宣传部门要发挥综合协调作用，整合各类资源，调动各方力量，推动形成党委统一领导、党政群协同推进、有关部门各负其责、全社会共同参与的中华优秀传统文化传承发展工作新格局。各有关部门和群团组织要按照责任分工，制定实施方案，完善工作机制，把各项任务落到实处。

（二）加强政策保障

加强中华优秀传统文化传承发展相关扶持政策的制定与实施，注重政策措施的系统性协同性操作性。加大中央和地方各级财政支持力度，同时统筹整合现有相关资金，支持中华优秀传统文化传承发展重点项目。制定和完善惠及中华优秀传统文化传承发展工程项目的金融支持政策。加大对国家重要文化和自然遗产、国家级非物质文化遗产等珍贵遗产资源保护利用设施建设的支持力度。建立中华优秀传统文化传承发展相关领域和部门合作共建机制。制定文物保护和非物质文化遗产保护专项规划。制定和完善历史文化名城名镇名村和历史文化街区保护的相关政策。完善相关奖励、补贴政策，落实税收优惠政策，引导和鼓励企业、社会组织及个人捐赠或共建相关文化项目。建立健全中华优秀传统文化传承发展重大项目首席专家制度，培养造就一批人民喜爱、有国际影响的中华文化代表人物。完善中华优秀传统文化传承发展的激励表彰制度，对为中华优秀传统文化传承发展和传播交流作出贡献、建立功勋、享有盛誉的杰出海内外人士按规定授予功勋荣誉或进行表彰奖励。有关部门要研究出台入学、住房保障等方面的倾斜政策和措施，用以倡导和鼓励自强不息、敬业乐群、扶正扬善、扶危济困、见义勇为、孝老爱亲等传统美德。

（三）加强文化法治环境建设

修订文物保护法。制定文化产业促进法、公共图书馆法等相关法律，对中华优秀传统文化传承发展有关工作作出制度性安排。在教育、科技、卫生、体育、城乡建设、互联网、交通、旅游、语言文字等领域相关法律法规的制定修订中，增加中华优秀传统文化传承发展内容。加大涉及保护传承弘扬中华优秀传统文化法律法规施行力度，加强对法律法规实施情况的监督检查。充分发挥各行政主管部门在传承发展中华优秀传统文化中的重要作用，建立完善联动机制，严厉打击违法经营行为。加强法治宣传教育，增强全社会依法传承发展中华优秀传统文化的自觉意识，形成礼敬守护和传承发展中华优秀传统文化的良好法治环境。各地要根据本地传统文化传承保护的现状，制定完善地方性法规和政府规章。

（四）充分调动全社会积极性创造性

传承发展中华优秀传统文化是全体中华儿女的共同责任。坚持全党动手、全社会参与，把中华优秀传统文化传承发展的各项任务落实到农村、企业、社区、机关、学校等城乡基层。各类文化单位机构、各级文化阵地平台，都要担负起守护、传播和弘扬中华优秀传统文化的职责。各类企业和社会组织要积极参与文化资源的开发、保护与利用，生产丰富多样、社会价值和市场价值相统一、人民喜闻乐见的优质文化产品，扩大中高端文化产品和服务的供给。充分尊重工人、农民、知识分子的主体地位，发挥领导干部的带头作用，发挥公众人物的示范作用，发挥青少年的生力军作用，发挥先进模范的表率作用，发挥非公有制经济组织和社会组织从业人员的积极作用，发挥文化志愿者、文化辅导员、文艺骨干、文化经营者的重要作用，形成人人传承发展中华优秀传统文化的生动局面。

第四节　中华优秀传统文化集萃与传承的"开大任务"

对市州开放大学来说，当前和今后一个时期，在文化建设和文化教育上的重要任务之一，就是认真扎实抓好中华优秀传统文化的集萃与传承。要认真贯彻落实中共中央办公厅国务院办公厅《关于实施中华优秀传统文化传承发展工程的意见》（中办发〔2017〕3号）的基本精神，通过多途并举的努力，萃取和传承中华优秀传统文化精华，大力弘扬讲仁爱、重民本、守诚信、崇正义、尚和合、求大同等核心思想理念，大力弘扬自强不息、敬业乐群、扶危济困、见义勇为、孝老爱亲等中华传统美德，大力弘扬有利于促进社会和谐、鼓励人们向上向善的思想文化内容，从而切实不断地增强学校文化建设的底蕴和文化教育的效果。简言之，中华优秀传统文化集萃与传承的"开大任务"集中体现为"三全三扬"。

一、在办学治校的全方位弘扬18字核心思想理念

作为市州开放大学，要在办学治校的全方位，大力弘扬"讲仁爱、重民本、守诚信、崇正义、尚和合、求大同"这18字核心思想理念。这是市州开放大学集萃与传承中华优秀传统文化的主要任务之一。

（一）讲仁爱

讲仁爱，是中华传统美德的精神根源，是仁政、和合、大同的政治理想和中华民族精神的价值基础。讲仁爱，就是要有爱人之心，要替别人着想，将心比心。试看下面这个"链接"：

【链接2-3】　仁爱：中国人固有的根本
武汉大学国学院教授、院长　郭齐勇

"仁爱"是中华民族最核心的价值理念。孔子之前已有了"仁"的概念与"仁爱"的思想，孔子第一次明确地把"仁爱"作为礼乐文明的核心精神，把

"仁"界定为"爱人"。孔子高度肯定了"博施于民而能济众"的行为，强调"修己以安人"，"修己以安百姓"。唐代韩愈的"博爱之谓仁"即来自孔子的"泛爱众"、爱人民、保护老百姓的思想，可见"仁爱"是普遍性的爱。朱子说："仁者，爱之理，心之德也。"

历史上，在中华各民族融合的过程中，"仁爱"逐渐成为传统价值体系的内核。广义的"仁"包括仁、义、礼、智、信"五常"，狭义的"仁"则是五常之一。"仁爱"也是"孝悌忠信，礼义廉耻"等四维八德的基本精神。"仁爱"思想具有草根性，是各民族老百姓的基本诉求。"仁爱"也是历朝历代官德的中心内容，为官之道首先要讲爱心，关心百姓疾苦，仁民爱物。"仁爱"在今天公民社会的公德重建中有着巨大的生命力。

在中外各文明对话、交融的过程中，"仁爱"思想及其"忠"与"恕"的价值原则，一直起着积极的作用。

"仁爱"是社会主义核心价值观的重要源泉，现代社会、国家、个人的发展，必须以"爱人""成己成人成物"为前提与目的。我们可以毫不夸张地说，"仁爱"是24个字的总的基础，尤其是"和谐""公正""敬业""友善"的发祥地。

——摘引自2014年7月22日《光明日报》16版

（二）重民本

重民本，是中华传统美德的思想根源，是中华民族精神的思想基础。重民本，就是要注重以民为本，树立和践行民本思想。试看下面这个"链接"：

【链接2-4】 民本：源远流长的思想明珠
湖南大学岳麓书院教授、院长 朱汉民

民本思想在中华文化史上源远流长，代表着中华民族独特的精神标识。在几千年的中国政治思想传统中，民本是其中最耀眼的思想明珠，蕴含着丰富的优秀传统文化资源。西汉贾谊在《新书·大政上》中提出："闻之于政也，民无不为本也。"这是古代民本思想的一个概述。

进一步分析，中国传统民本思想包含着下列几个最重要的观念。第一，"立君为民"的权力来源观念。第二，"民为邦本"的国家基础观念。第三，

"爱民养民"的执政目标观念。

总之，"民本"的基本价值理念主要表现为"立君为民""民惟邦本""民贵君轻""敬天保民""仁民爱民"等重要古训，表现出人民在国家政治体系中的重要地位。"民本"思想揭示了深刻的执政规律，约束了政治权力和顺应了民意，维护了社会秩序和国家稳定。

——摘引自2014年7月22日《光明日报》16版

（三）守诚信

守诚信，是中华传统美德的道德根源，是中华民族精神的道德基础。守诚信，就是要坚守诚实信用，遵守诚信美德。试看下面这个"链接"：

【链接2-5】　诚信：一脉承传的立人之本
山东齐鲁文化研究院教授、院长　王志民

其一，诚信有丰富内涵。它由诚与信两个既有差异，又相互联通的道德范畴融为一体。大致说来，诚，既有外在的"真实无妄"（朱熹语），又有内心的真诚、忠实、专一，重在内心修养。信，既讲外在的"言忠信"（孔子语），又有内心的信任、守信、不欺，重在为人准则。而诚信相通，"诚则信矣，信则诚矣"（程颐语），诚是信的前提，信是诚的保证；诚是信的内在自觉，信是诚的外在展现。诚是神，信是形，诚信合一，立德立人，形神兼备。

其二，诚信是为人之本、立国之本。孔子有言："人而无信，不知其可也。"与人交往，要"言而有信"（孔子语），"守之以信，守之以礼"（《左传》）。作为个人的道德修养，要"身致其诚信"，"意诚而后心正，心正而后身修"（《礼记》）。为政者，要明白"民无信不立"（孔子语），"信，国之本也"（《左传》）。

建设诚信社会、诚信政府、诚信企业、诚信家庭，人人诚信是实现中华民族文化伟大复兴的根本所在。

——摘引自2014年7月22日《光明日报》16版

（四）崇正义

崇正义，是中华传统美德的构成要素。崇正义，就是要崇尚社会公平正义，让全社会充满正气、正义。试看下面这个"链接"：

【链接2-6】 正义：核心价值观的牢固根基
中国孔子研究院教授、院长 杨朝明

近代以来，我国学人多以西文"justice"一词为基础谈论"正义"问题，大量引进西方的"正义"理论，许多社会问题的论述也以此为依据而展开。殊不知，我国的"正义"学说更加源远流长、内涵丰富。更重要的是，它是我们核心价值观念的深厚土壤和牢固根基。

首先，正义是天下和谐、和顺的前提。人类文明的普遍法则与基本价值在于公平和正义，它首先表现为社会秩序上的和谐与和顺。孔子、儒家追求"天下为公"。"义"意味着"公"，我们今天追求的自由、平等、公正、法治都以"公义"和"正义"为前提。

第二，正义是人之为人的社会性要求。中国传统文化尤其儒家学说，其突出特色在于思索人性与人的价值，思索"人之所以为人"的问题。所谓为人之"义"，无非是要求人们行为合乎道义，遵守礼义，即所谓"强而义"（《尚书·皋陶谟》）、"以义制事，以礼制心"（《尚书·仲虺之诰》）。

第三，正义是社会伦理中的责任担当。"义"的内涵规定性要求社会成员"轨于正义"（《史记·游侠列传》），遵守人伦秩序。解决了基本的"人之为人"的问题，还需要有更高的要求，这就是要履行社会责任和道德义务。

一个富强、民主、文明、和谐的国家，一定是崇尚正义的国度。正义是诚信之本、友善之根，在弘扬民族精神和重塑价值体系的过程中，人们要遵循正义性原则，富于奉献精神，自觉履行社会义务，使义利有机统一，只有这样，才能找到自己的人生价值，使社会公平与公正得以维护。

——摘引自2014年7月29日《光明日报》

（五）尚和合

尚和合，是中华传统美德的构成要素。尚和合，就是要崇尚和合理念，崇尚和合行为。正如习近平总书记2014年5月15日在中国国际友好大会暨中国人民对外友好协会成立60周年纪念活动上的讲话中所指出的："中华文化崇尚和谐，中国'和'文化源远流长，蕴涵着天人合一的宇宙观、协和万邦的国际观、和而不同的社会观、人心和善的道德观。在5000多年的文明发展中，中华民族一直追求和传承着和平、和睦、和谐的坚定理念。以和为贵，与人为善，己所不欲、勿施于人等理念在中国代代相传，深深植根于中国人的精神中，深深体现在中国人的行为上。"试看下面这个"链接"：

【链接2-7】　和合：中华心　民族魂
中国人民大学孔子研究院教授、院长　张立文

　　和合是中华优秀传统文化的思想精华，是中华民族人文精神的基本理念与首要价值，是中华文化的时代精神与生命智慧，她是中华心、民族魂的体现，是当代核心价值观的重要源泉。

　　和合一词最早见于先秦典籍《国语·郑语》："商契能和合五教，以保于百姓者也。"和合的现代意义是指自然、社会、人际、心灵、文明间诸多形相、无形相冲突融合，与在冲突融合的动态变化过程中诸多形相、无形相和合为新事物、新生命的总和。

　　"尚和合"所尚者有：一是和生并育的宇宙观。二是和立不朽的人生观。三是和达共赢的发展观。四是和心中节的心灵观。五是和爱公正的道德观。六是和处合作的国际观。

　　和平、发展、合作、共赢是时代潮流，有和平环境才能发展，动乱战争只能是破坏倒退；合作共赢才能发展，对抗、冲突是破坏发展，导致落后危机。

　　　　　　　　　　　　　　——摘引自2014年7月29日《光明日报》

（六）求大同

　　求大同，是中华传统美德的构成要素。求大同，就是要倡导"世界大同"理念，强化"天下一家"意识，构建人类命运共同体。习近平总书记2018年4月11日集体会见博鳌亚洲论坛现任和候任理事时指出："世界大同，和合共生，这些都是中国几千年文明一直秉持的理念。"他2017年12月1日在中国共产党与世界政党高层对话会上的主旨讲话中指出："中华民族历来讲求'天下一家'，主张民胞物与、协和万邦、天下大同，憧憬'大道之行，天下为公'的美好世界。"试看下面这个"链接"：

【链接2-8】 大同：中国人自古以来的梦想

北京大学哲学系教授、主任，儒学研究院院长 王 博

自古至今，大同一直是中国人关于理想社会的梦想，并不断地被注入新的内容和精神。《尚书·洪范》最早提到了"大同"一词，用来描述王、卿士、庶民和天地鬼神同心同德的状态。但真正用大同来指称某种社会理想的则是《礼记·礼运》。

在近代到现代的政治实践和思想探索中，大同思想都发挥了重要的作用。一方面成为接引西方先进思想的传统资源，另一方面是批判和超越传统专制政治、社会和伦理的工具。总结起来说，大同和小康的区别，使得儒家传统保持了更大的思想张力，包含着超越某种具体政治制度和价值观念的可能性。如在大同观念之下，仁的价值就更可能超越亲亲的维度，转向对天地万物一体的强调；历史上儒家对于君权的维护也更可以转变为当代社会对于民权的重视。相对于其他一些观念，"大同"可以更好地接纳自由、民主、平等、公平、正义等现代价值，在"旧邦新命"中实现中华民族的伟大复兴。

——摘引自2014年7月29日《光明日报》

二、在人才培养的全过程弘扬 20 字中华传统美德

作为市州开放大学，要在人才培养的全过程，大力弘扬"自强不息、敬业乐群、扶危济困、见义勇为、孝老爱亲"这20字中华传统美德。这是市州开放大学集萃与传承中华优秀传统文化的主要任务之一。

（一）自强不息

《周易·乾》："天行健，君子以自强不息。"自强，自己努力向上；息，停止。自强不息，就是自觉地努力向上、永不松懈的意思。自强不息，是中华民族传统美德之一。试看下面这个"案例"：

【案例2-2】 范仲淹与陆羽自强不息的故事

1.范仲淹勤奋读书。幼时家贫，没有饭吃，只能喝粥。冬天煮好粥，让它

结冰，再用刀切成一小块一小块，每天只能吃一块。他朋友知道后，给他送来吃的，他就随食物腐坏，也不碰。他跟朋友说，不能让自己学会享受，最后终于有所作为。

2.陆羽弃佛从文。陆羽，从小是个孤儿，被智积禅师抚养长大。他虽身在庙中，却不愿终日诵经念佛，而是喜欢吟读诗书。他执意下山求学，遭到了禅师的反对。禅师为了给陆羽出难题，同时也是为了更好地教育他，便叫他学习冲茶。在钻研茶艺的过程中，他碰到了一位好心的老婆婆，不仅学会了复杂的冲茶技巧，更学会了不少读书和做人的道理。当陆羽最终将一杯热气腾腾的苦丁茶端到禅师面前时，禅师终于答应了他下山读书的要求。后来，陆羽撰写了广为流传的《茶经》，把祖国的茶艺文化发扬光大，成为唐朝著名学者！

（二）敬业乐群

西汉·戴圣《礼记·学记》："一年视离经辨志，三年视敬业乐群。" 梁启超《敬业与乐业》："我这题目，是把《礼记》里头'敬业乐群'和《老子》里头'安其居，乐其业'那两句话，断章取义造出来的。我所说的是否与《礼记》《老子》原意相合；但我确信'敬业乐业'四个字，是人类生活的不二法门。"敬业乐群，是指对自己的事业很尽职，和朋友相处很融洽。敬业乐群，是中华民族传统美德之一，是人类生活舒心顺畅的不二法门，是职业人不断成长、加快成才、走向成功的根本要领。

（三）扶危济困

扶危济困，是指扶助有危难的人，救济困苦的人。扶危济困，是中华民族传统美德之一，也是新时代大力倡导的社会公德的重要内容之一。试看下面这个"案例"：

【案例2-3】　李玉兰的故事

平民慈善家、优秀共产党员李玉兰满怀爱心帮助困难群体，奉献社会，是我们学习的楷模。

1996年的夏天，一位卖冰棍的大娘拉住李玉兰叹息：公平巷那个给人洗衣服、洗被子的朱杨氏生活困难，孙子又在劳改，家里没有其他人了。老人为了积点钱，把自家的房子租给别人，自己另租一间便宜房子。由于种种原因，老人租用的房子不能再住了，想回家住，可房子已租出去，弄得老人几乎无家可归了。

李玉兰听说后，即出面找租房人协商，看能不能给老人腾出房子。租房人说："我已经预付了1700多块钱的房租，让我搬走，得把钱退给我吧。"但老人哪里还拿得出钱。

古道热肠的李玉兰做出决定：自己代朱杨氏还那1700块钱，总不能让老人流落街头吧！钱付出后，居委会的同志帮朱杨氏写了一张欠条，以便日后她孙子劳改出来后还钱。李玉兰却一把撕了欠条，说就算自己帮老人家一把。

此后，李玉兰经常去看望朱杨氏，送些吃的喝的。老人病倒了，李玉兰就用架车拉着老人去医院，就像照顾自己亲娘一样。老人在自己家里走完了人生最后的旅程，李玉兰又忙前忙后，为这位非亲非故的老人料理后事。

挽起找上门来感激的朱杨氏的孙子，李玉兰劝他："回来了就好，这以后可要好好干，别再干那些傻事了。"说着，她又给了小伙子1000块钱，劝他在二马路先做个小生意，做个自食其力的人。目睹了这一幕，周围人无不感叹。

（四）见义勇为

《论语·为政》："见义不为，无勇也。"见义勇为，就是看到正义的事，就勇敢地去做的意思。古往今来，无数英雄豪杰在别人遇到歹徒或其他因素危及生命安全的紧要关头，挺身而出，见义勇为，谱写了一曲曲动人的英雄赞歌！见义勇为，是中华民族传统美德之一，也是新时代大力倡导的社会公德的重要内容之一。试看下面这个"案例"：

【案例2-4】　湖北十堰五旬民警徒手接住轻生女孩

2018年1月15日上午，一名17岁的少女爬上六堰河道边的一根约7米高的暖气管道上意欲轻生，十堰市东岳公安分局五旬民警鲁志学接到报警后徒手翻下河道，对女孩进行劝说。在毫无征兆的情况下，女孩突然纵身跳下；危急之中，鲁志学来不及多想，本能地用双手抱住了下坠中的女孩，把自己的身体当成肉垫，确保了女孩的安全。由于下坠的力量过大，鲁志学被当场砸得短暂晕厥，并造成右腿胫骨骨折。

鲁志学同志在关键时刻挺身而出，毫不犹豫舍己救人，宁愿自己受伤，也要维护他人的生命安全，这既弘扬了中华民族见义勇为的传统美德，是本能之举；又体现了人民警察全心为民的高尚品质，是责任之举。

（五）孝老爱亲

孝老爱亲，就是孝敬老人、爱护亲人的意思。也叫孝老敬亲，就是孝敬老人、尊敬亲人的意思。孝老爱亲，或曰孝老敬亲，是中华民族传统美德之一，也是新时代大力倡导的社会公德和家庭美德的重要内容之一。

三、在师生发展的全生涯弘扬32字中华人文精神

作为市州开放大学，要在师生发展的全生涯旅程，大力弘扬"求同存异、和而不同，文以载道、以文化人，形神兼备、情景交融，俭约自守、中和泰和"这32字中华人文精神。这也是市州开放大学集萃与传承中华优秀传统文化的主要任务之一。

（一）求同存异、和而不同的处世方法

《易经·睽卦》云："上火下泽，睽；君子以同而异。"意思是说："《睽卦》的卦象是兑（泽）下离（火）上，为水火相遇之表象，象征对立。所以，君子应该在求大同的前提下，保留彼此的差异。"《睽卦》告诉我们：万事成于协力合作，败于众志相异。因此，我们为人处世应怀着心平气和的态度，加强团结，求同存异，才能促进事业的发展。否则，内部相互猜疑，纠纷不断，必然引起灾祸。

孔子曰："君子和而不同，小人同而不和。"所谓和而不同，就是对上不盲目附和，敢于提出不同意见，群策群力；对下能虚心听取不同的意见，与持不同意见的人和睦相处，齐心协力。所谓同而不和，则是对上逢迎附和，不敢发表不同意见；对下搞一言堂，顺我者昌，逆我者亡，对持有不同意见的人进行排斥打击。显而易见，和而不同才是正确的致和之道，同而不和则是取乱之道。能否做到和而不同，是衡量一个人道德修养高低的重要标准之一。

和而不同思想在现代社会实践中的一个创造性发展，就是"求同存异"原则的提出和运用。求同存异的目的，是要综合不同的力量，达到和谐共处的局面，进而组成一定的联合体。求同，就是寻找共同点，追求共同的利益；这是不同力量之间能够和谐共处和相互合作的基础与目的。存异，就是保留不同的意见和不同的利益，不求同一，不求齐一；这是不同力量能够和睦共处的重要条件。

求同存异不仅仅是处理国与国之间政治关系的基本原则，也是我们处理人际关系的重要方法。就社会化分工越来越细的当代社会而言，恪守"物以类聚，人以群分"，必然会使自己陷入非常孤立的境地。

天下没有两片完全相同的树叶，也没有两个完全相同的人。正所谓"尺有所短，寸有所长"，每个人的性格、思想和特长都不一样，在处理人际关系时也不能强求一致。人与人之间要想和睦相处，就要有求同存异的豁达胸怀，而不能事事求全责备。既然我们自身都不是十全十美的，又有什么理由来苛求别人完美无缺呢？

在人际交往中，我们不能强求于人，而应该能让人时且让人，得饶人处且饶人。人非圣贤，孰能无过？一旦对方犯了错误，我们也不要嫌弃，应给对方提供改过的机会，原谅他的过失，帮助他改正错误。"海纳百川，有容乃大"。古语又说，"水至清则无鱼，人至察则无徒"。在现实生活中，人们总是喜欢和那些宽厚豁达的人交朋友，正所谓"宽则得众"。试看下面这个"案例"：

【案例2-5】 曹操与袁绍的不同

三国时期，曹操北征乌桓，很多将领都认为孤军深入过于冒险，因此纷纷劝阻。然而，曹操坚持己见，率军出击，结果大胜而归。原来持反对意见的将领们都担心曹操会惩罚他们，然而，曹操不但没有惩罚他们，反而给予嘉奖。

曹操对将领们说："孤前者乘危远征，侥幸成功。虽得胜，天所佑也，不可以为法。诸君之谏，乃万安之计，是以相赏。后勿难言。"曹操担心的是，大家以后再也不敢讲真话，自己从此听不到不同的意见，因此用这些话来稳定人心，充分体现了他作为政治家的杰出智慧。

与此相反的是，袁绍却把与自己意见不一致的田丰、沮授两个重要谋士打入大牢，还逼得许攸投奔曹操，使自己众叛亲离，成为孤家寡人，导致决策连连失误，最终在官渡之战中一败涂地。

对于同一件事，不同的人总会有不同的看法，但只要大家目标一致，齐心协力，求同存异，就能够达到内部的和谐，最终对事物作出科学的判断和正确的决策。相反，如果在任何事情上都搞长官意志，不愿听到不同的声音，导致大家不敢讲真话，从表面上掩盖深层次的矛盾，这样迟早要出问题。

坚持求同存异的原则，首先，要尊重对方的人格、尊严与权利，这是建立良好人际关系的基础与前提。一个人受到了应有的尊重，就会因自我价值得到肯定，得到信任和理解，从而增强合作的积极性。其次，要注意存小异。要有大将风度，千万不要斤斤计较，患得患失。增进相互之间的交流和沟通，真正在思想和心灵上拉近距离，减少和消除相互之间的摩擦与误解，让大家在一种和谐的氛围之中工作、学习和生活。（以上资料来源：王爽《易经回答人生的108个感悟》）

（二）文以载道、以文化人的教化思想

中华优秀传统文化是以"人"为主体的文化，这决定了它必然蕴含着丰富的文以载道、以文化人的教化思想。中国很早就建立了学校，在古代教育发展过程中产生了丰富的教化思想，特别是春秋末期孔子的教化思想一直影响着后代。儒家的教化思想特别重视德育，将德育与智育相结合。

"文以载道"的提法源于唐代韩愈，对文章之"道"的追求，成为古文运动的核心理念，也成就了韩愈在文学史上的重要地位，所谓"文起八代之衰，而道济天下之溺"。韩愈所提的"文"，主要指有思想性的文章之学。今天的"文"，泛指一切文化作品，既包括官方文化、精英文化，也包括大众文化、流行文化；既包括文学艺术等传统文化门类，也包括广播影视报刊等现代文化门类；既包括经营性的文化产品，也包括公益性的公共文化服务。因此，"文"所包含的范围非常宽泛，目的是满足人民群众不同层次的需求。韩愈所提的"道"，指以儒家文化为主要载体的一整套价值体系，以文统来传承道统、捍卫文统，讲求内圣外王，自上而下，由内而外，一以贯之。今天所论之"道"，主要指以社会主义核心价值观为内核的社会主义先进文化，传播主流意识形态，其中包括对传统文化的继承和对人类优秀文化遗产的吸收借鉴，注重思想性、深刻性，指向人间正道，代表人类的最高道德诉求，占据道义制高点。"道"是一个国家、一个社会、一个时代最具深远内涵的价值目标和信念依归，对于提升国民的思想境界和道德高度有着极其重要的作用。今天重提"文以载道"，意义重大。它反对内容空洞、情感贫乏，强调思想性和价值立场；反对浮躁功利的创作态度，强调踏实专注；反对浮夸绮丽的文风，强调平实雄伟。对于当前文化生产领域存在的诸多问题，这无疑是一味良药。

"由人化文，以文化人"的本意是，人在创造道理的同时也能通过讲道理的方法来感化别人！人和世界的"文化"，包括自然的"向人而化"与人自己"向文而化"，都要由人来实现，总起来就是人"在改造外部世界的同时改造自身"，"在改造客观世界的同时改造主观世界"。这意味着：文化是"人化"与"化人"相统一的一体化进程。人通过实践改变自然界和自身，使自然和人自己走向"人化"的过程，是以人在自然界的产生开始的；而人的产生，则又以造就或形成了人所特有的生存发展形态——文化为标志。如果说，进化中的类人猿是人的最初形态，那么劳动就是人类文化的最初表现形态，并且后来它也是人类文化最本质、最重要、最基本的表现形态。"从类人猿到人"与"从最初的劳动到发展起来的劳动"之间，就是人与文化之间"人化"和"化人"之间关系的最好证明。这一双向生成、双向展开的辩证运动，就是如此开始、如此发生的。

（三）形神兼备、情景交融的美学追求

"天人合一"是中华美学精神的哲学起点。中国人一直将自然界与自身视为一体。儒家学说很早就把"尽善尽美"作为一种审美评价标准。"尽善尽美"实际上指的就是形神兼备，指的是外在形式和内在状态的统一。"道"是实与虚、情与理、有限与无限、外形与精神相结合的统一体。

情景交融，反映的是中华美学所追求的一种境界。情景交融的起点是"触物起情"，随后以超功利态度的审美对既有的体验进行再次体验，与审美主体进行再次的碰撞和交流。由此而形成的"心物交感"才是审美感兴，才能导致审美意象和审美意境的生成。

在形与神、情与景的一致性上，中西哲学也有相似之处。西方哲学认为不在场是在场、隐蔽是显现的原因。中国古典诗词的独特审美蕴含就是从"字词"的（在场）事物联想到"字词之外"的（不在场）事物。不同的是，中华美学较西方美学更为强调形神一致和情景交融。

（四）俭约自守、中和泰和的生活理念

勤俭历来是中华民族的优秀传统。在儒家文化中，孔子就将"俭"作为评判君子的重要标准。在道家的生活理念中，俭不仅具有节俭的意思，还具有简易、简化的意思。

"俭约自守、中和泰和"与农业社会的生产方式根本相关。在古代农业社会，人们生产力水平较低，没有过多的剩余产品可以分配，因而逐渐形成了俭约自守的生活理念。人们在从自然中索取生产、生活资料时，形成人对自然的敬畏，人与他人协同合作的文化传统。

喜、怒、哀、乐之未发，谓之中；发而皆中节谓之和。"中"是大本，"和"是达道，二者相互统一。泰和，本指天地间的自然冲和之气，亦有太平之意。中和泰和，指的也是人与外部世界的和谐共处、互相助益的生活理念。试看下面这个"案例"：

【案例2-6】　可敬的"傻子"

1960年8月，驻地抚顺发洪水，运输连接到了抗洪抢险命令。雷锋忍着刚刚参加救火被烧伤的手的疼痛，又和战友们在上寺水库大坝连续奋战了七天七夜，被记了一次二等功。

望花区召开了大生产号召动员大会，声势很大，雷锋上街办事正好看到这个场面。他取出存折上在工厂和部队攒的200元钱（存折上203元）跑到望花区党委办公室要捐献出来，为建设祖国做点贡献。接待他的同志实在无法拒绝他的这份情谊，只好收下一半。另100元，他在辽阳遭受百年不遇洪水的时候又捐献给了辽阳人民。在国家受到严重的自然灾害的情况下，他为国家建设，为灾区捐献出自己的全部积蓄，却舍不得喝一瓶汽水。

再让我们看看这个"链接":

【链接2-9】 中华人文精神的概括

如果对中华人文精神作一概括,我们可以归纳为下列几点:

第一,中华人文精神,以伦理道德为核心价值,追求真、善、美的完整统一,注重事物的整体思考和万事万物的密切联系,强调人与人、人与社会、人与自然的和谐共生。

第二,中华人文精神向来强调责任意识、奉献精神、合作理念。

第三,中华人文精神向来重视善良的秉持、孝悌的恪守和礼义的遵从;向来鼓励勤勉、求实与创新;向来崇尚"己所不欲,勿施于人"的道德原则;向来尊敬"天下兴亡,匹夫有责"的爱国情怀等。

第五节 中华优秀传统文化集萃与传承的"开大途径"

在集萃与传承中华优秀传统文化的过程中,市州开放大学应当认真遵循和充分运用以下八条基本途径:

一、打造校园物态文化精品

策划、打造和展示蕴含着、凝聚着中华优秀传统文化元素的校园物态精品,是集萃与传承中华优秀传统文化的一条基本途径。为此,市州开放大学应当着力打造以下六种物态文化精品:

(一)打造房屋装饰精品

要借助办公楼、教学楼、食堂、学员宿舍等改造提质乃至新校园建设之机,对其外墙、厅堂、楼道、房间内部等部位适当进行精心装饰,并添加适量的中华优秀传统文化元素。

(二)打造校园造型精品

将具有鲜明特色的中华优秀传统文化元素,通过特定的形式或载体呈现于校园特别是新校园当中,打造校园造型精品,打造校园雕塑精品。同时,进一步推进绿色校园、智慧校园、书香校园的建设。

（三）打造道路标示精品

在学校道路标牌标示上，要精选内容、优选材质、凝练文字、制作精品，使之具有强烈的中华优秀传统文化含量。

（四）打造徽标设计精品

要在校徽、校旗、校服等徽标设计、修订、制作中，融入更多的中华优秀传统文化元素，提升其文化品质，使之具有更强的针对性、传承性、合时性、创新性、艺术性。

（五）打造办公常用精品

要在学校办公桌椅、电脑、空调、信封、资料袋等办公用品的采购、制作、安置中，注入和呈现更多的中华优秀传统文化元素和徽标、价值观、理念、精神等文化符号。

（六）打造可移动物件精品

要充分利用学校大小车辆、各类机具、制式服装等可移动物件，表现、宣示有关中华优秀传统文化元素和学校文化建设的有关要素、理念、内涵。

二、升华校园精神文化语汇

精选、汇聚并呈现凝聚着中华优秀传统文化精髓的格言警句，以及表达集萃和传承中华优秀传统文化思想理念的校园精神文化语汇，是市州开放大学集萃与传承中华优秀传统文化的一条基本途径。

为此，市州开放大学可以也应当从浩瀚的中华优秀传统文化成果中，精选、汇聚并在校园的显眼处呈现一批凝聚着中华优秀传统文化精髓的格言警句。譬如，可以从下面这个"链接"中的格言警句精选部分并加以呈现。

【链接2-10】　中华优秀传统文化格言警句集锦

1.天行健，君子以自强不息。——《周易·乾·象》

2.礼之用，和为贵。——《论语·学而》

3.敏而好学，不耻下问。——《论语》

4.士不可以不弘毅，任重而道远。——《论语·秦伯》

5.学而时习之，不亦说乎？——《论语·学而》

6.知之为知之，不知为不知，是知也。——《论语·为政》

7.不以规矩，不能成方圆。——《孟子》

8.爱人者，人恒爱之；敬人者，人恒敬之。——《孟子》

9.老吾老，以及人之老；幼吾幼，以及人之幼。——《孟子·梁惠王上》

10.学不可以已。——荀子《劝学》

11.祸兮福之所倚，福兮祸之所伏。——《老子》

12.知耻近乎勇。——《礼记·中庸》

13.苟利国家，不求富贵。——《礼记·儒行》

14.苟日新，日日新，又日新。——《礼记·大学》

15.志当存高远——《诸葛亮集·诫外生书》

16.欲穷千里目，更上一层楼。——王之涣《登黄鹤楼》

17.长风破浪会有时，直挂云帆济沧海。——李白《行路难三首》

18.乐人之乐，人亦乐其乐；忧人之忧，人亦忧其忧。——白居易

19.业精于勤，荒于嬉。——韩愈《进学解》

20.谁言寸草心，报得三春晖。——孟郊《游子吟》

21.先天下之忧而忧，后天下之乐而乐。——范仲淹《岳阳楼记》

22.风声雨声读书声，声声入耳；家事国事天下事，事事关心。——顾宪成

与此同时，市州开放大学可以也应当从集萃和传承中华优秀传统文化的需要出发，切合本校实际，精选、汇聚并在校园的显眼处呈现一批类似下面这个"链接"中的宣传标语。

【链接2-11】　中华优秀传统文化传承标语集锦

1.博览五千年，塑造当代贤。

2.传学及古今，经略贯华夏。

3.为往圣继绝学，为万世开太平。

4.用心传承文明，用行成就未来。

5.文化点亮心灯，文明美好人生。

6.博古而通金，挥手在云端。

7.弘扬传统文化，共建幸福校园。

8.传承华夏文明，引领立志修身。

9.博学助君明志，笃行助力致远。

10.借助先贤成就，打造现代经典。

三、提升开大网络文化品质

在中华优秀传统文化的传播和弘扬方面，市州开放大学有自己的独特优势，如有现代化的网络技术装备、开放型的网络教育资源、复合型的网络教育师资等。同时，进入新媒体时代以来，网络媒体、手机媒体等一系列文化传播的新载体，改变和建构着大众新的阅读习惯。新媒体时代，将中华优秀传统文化转化为数字化存储方式是革命性的变化。

市州开放大学应当充分发挥学校传统优势和互联网平台的传播优势，立足本地本校实际，对中华优秀传统文化精华进行广泛传播，大力推进中华优秀传统文化进校园、进教材、进课堂、进师生头脑等传播工作，不断提升市州开放大学网络文化和网络教育品质。这是中华优秀传统文化在开放大学实现创造性转化的最佳途径，也是市州开放大学在集萃与传承中华优秀传统文化中，要认真遵循、充分运用的基本而有效的途径之一。

四、诵读中华传统文化经典

中华优秀传统文化经典作品，是指中华优秀传统文化中最优秀、最精华、最有价值的典范性著作，举凡《诗经》《楚辞》、诸子百家、汉乐府、魏晋南北朝民歌、唐诗、宋词、元曲、明清小说、革命先烈诗文等等。在中华文明发展史中，用文字铸就、流传下来的各种历史文化典籍浩如烟海，积淀着中华民族最深层的精神追求和价值意义，蕴含着丰富的思想道德资源，为以文化人、化成天下提供了丰厚滋养。

坚持组织和引导师生员工特别是青年学生（学员）诵读中华优秀传统文化经典作品，让经典在传承发展中华优秀传统文化中发挥根本性、支撑性作用，使广大学生（学员）在诵读中华优秀传统文化经典作品中健康成长、加快成才、走向成功，是市州开放大学集萃与传承中华优秀传统文化的一条基本途径。

五、加强专题传统文化教育

实施和加强专题中华优秀传统文化教育，就是要善于从中华优秀传统文化中挖掘教育资源，分设若干专题，对学生（学员）实施和加强中华优秀传统文化教育。此举有助于增强和提高中华优秀传统文化教育的吸引力与感召力，也是市州开放大学集萃与传承中华优秀传统文化的一条基本而有效的途径。

在中华优秀传统文化专题教育的设计和选择上，可以借鉴和参考下面这个"链接"所提供的专题清单。

【链接2-12】 中华优秀传统文化专题教育清单

1. 弘扬中华优秀传统文化，实现中华民族伟大复兴。
2. 立足中国新时代，建树文化新作为。
3. 增强文化自信，传承华夏文明。
4. 汲取传统精华，打造美好人生。
5. 弘扬核心思想理念，发展中华文化事业。
6. 弘扬中华传统美德，培育祖国一代新人。
7. 弘扬中华人文精神，提高人才综合素质。
8. 弘扬传统文化，共建幸福校园。
9. 光大传统文化，效力中华腾飞。

六、办好常规传统文化节庆

习俗节庆，作为人们生活与文化的传承事象，既是各民族不同政治、经济的反映，又是民族传统、文化心态、生活方式的表现形式，其形成与民族生活的自然环境、生产方式、经济条件、崇拜心理等有关。中国传统习俗和传统节日是维系民族成员心情、心性、心思的牢固纽带，过好每一个传统节日，传承好每一个优秀传统习俗，能够培养国民的爱国情操，提升民族自豪感，增强民族凝聚力，让每一位中华儿女为中华灿烂文化感到骄傲和自豪。

为推进中华优秀传统文化的集萃和传承，市州开放大学可以也应当坚持巧借和办好常规传统文化习俗节庆，组织和引导师生员工特别是学生（学员）过好每一个传统节日、传承好每一种传统习俗，有力地集萃与传承中华优秀传统文化。实践证明：这是市州开放大学集萃与传承中华优秀传统文化的基本而有效的途径之一。

七、创新丰富校园文艺活动

不断创新和丰富校园文艺活动，组织开展内容丰富、形式多样、群众参与性强、受众面广的文化艺术活动，是全社会传承发展中华优秀传统文化的有效载体，也是市州开放大学集萃与传承中华优秀传统文化的基本而有效的途径之一。

从一定程度上说，离开了文化艺术活动，传统文化传承也就失去了载体和活力。因此，市州开放大学可以也应当悉心策划、精心组织开展以弘扬中华优秀传统文化为主题的征文、书法、绘画、摄影、对联、剪纸等比赛活动，以及各种形式的文艺表演活动，形成传承发展中华优秀传统文化的良好校园氛围和社会氛围，为传承发展中华优秀传统文化作出应有的贡献。

八、融入师生员工日常生活

传承发展中华优秀传统文化的最终目的，是为了让优秀传统文化走进千家万户，走进人民大众的日常生活，不断满足人民群众日益增长的精神和物质需要。中华优秀传统文化不仅承载于思想、文字、语言，还存活于书法、音乐、曲艺等老百姓喜爱的文艺形式中。只有将中华优秀传统文化与人民大众现实生活密切联系起来，传统文化才会变得具体可感、有血有肉，才有生命力，才能为人民大众所接受并内化到自己的生活中。

可见，让优秀传统文化融入师生员工的日常生活，也是市州开放大学集萃与传承中华优秀传统文化的基本而有效的途径之一。为此，市州开放大学可以也应当继续采取积极有效的措施，让广大师生员工在丰富多彩的教学生活、文化生活、日常生活中，实现汲取传统文化滋养与提高文化生活品味的高度融合，传承发展源远流长的中华优秀传统文化，建设发展更加出彩的开放大学校园文化！

【思考与训练】

一、中华优秀传统文化具有哪些显著特点？蕴含了哪些基本精神？

二、传承发展中华优秀传统文化的重点任务有哪些？

　　三、在集萃和传承中华优秀传统文化上，市州开放大学应当弘扬什么样的核心思想理念、中华传统美德、中华人文精神？请分别说一说。

　　四、在集萃和传承中华优秀传统文化上，市州开放大学应当遵循和运用哪些基本途径？

　　五、在中华优秀传统文化精华的学习和汲取上，你有哪些收获和体会？请撰写一篇学习心得体会，字数在 1000 字左右，要求主题鲜明，条理清楚，有血有肉，虚实结合。

第三章　中国革命红色文化的集锦与赓续

　　中国革命红色文化，是中国共产党团结和带领全国各族人民在新民主主义革命时期奋斗、创造和积累的宝贵精神财富，是推动中华民族伟大复兴"中国梦"实现的红色基因和力量源泉。因此，《文化教育导读》把"中国革命红色文化的集锦与赓续"列为第三章。作为市州开放大学学员，应当认真学习、深入领会、着力践行"中国革命红色文化的集锦与赓续"这一章内容，自觉而努力地为"中国革命红色文化的集锦与赓续"贡献智慧和力量。

第一节　中国革命红色文化的涵义、特点与价值

一、中国革命红色文化的基本涵义

　　要认真解读、深入领会、准确把握中国革命红色文化的基本涵义，须从以下三个层次着眼：

　　（一）中国革命的基本涵义

　　这里的"中国革命"，主要是指"新民主主义革命"，即中国无产阶级政党——中国共产党领导和带领中国广大人民群众及其革命武装力量包括工农红军、八路军和新四军、人民解放军以及各个时期的游击力量、民众武装力量，为推翻"三座大山"统治、建立新中国而进行的艰苦卓绝的斗争和从胜利走向胜利的过程。从时间跨度上，中国革命一般是指中国共产党成立至中华人民共和国成立这"28年"的浴血奋战和英勇斗争史。

（二）红色文化的基本涵义

这里的"红色文化"，主要是指浸染着无数革命烈士的鲜红血迹和牺牲精神，倾注着无数革命先辈的英勇斗争和无私奉献，而逐步形成、高度凝聚和代代相传的价值理念、思想灵魂、道德品质、精神谱系、思维方式、行为规范、行动策略、政策制度、历史遗迹等有机统一的文化形态。

（三）中国革命红色文化的基本涵义

所谓"中国革命红色文化"，主要是指新民主主义革命时期中国共产党领导和带领中国广大人民群众及其革命武装力量，经过28年艰苦卓绝斗争、英勇无畏牺牲、倾心竭力奉献而逐步形成、高度凝聚和代代相传的价值理念、思想灵魂、道德品质、精神谱系、思维方式、行为规范、行动策略、政策制度、历史遗迹等有机统一的文化形态。中国革命红色文化，是中国共产党人卓越绝伦的红色血脉和优秀基因，是中国人民弥足珍贵的文化瑰宝和精神财富。

二、中国革命红色文化的鲜明特点

中国革命红色文化具有以下五个鲜明特点：

（一）革命性

革命性无疑是中国革命红色文化具有的最鲜明也是首要的特点。中国革命的过程，就是中国无产阶级及其政党领导人民群众对资产阶级等反动势力的斗争、抗争、反击、压倒直至胜利的全过程。所谓革命性，就是贯穿于中国无产阶级及其政党领导人民群众对资产阶级等反动势力的斗争、抗争、较量、反击、压倒直至胜利全过程中的斗争性、抗争性、较量性、反击性、压倒性。可见，在中国革命历程中逐步形成、凝聚和传承开来的中国革命红色文化，首先就具有强烈的革命性。

（二）民族性

中国革命红色文化，产生于辽阔苍茫的中国大地，形成于中国共产党领导的革命斗争，凝练于无数优秀中华儿女前仆后继的英雄壮举，彰显于中华优秀传统文化的有力继承和"团结统一、爱好和平、勤劳勇敢、自强不息"民族精神的大力弘扬。这一切，无不集中表现出中国革命红色文化的"中国气质""中华风采"和"民族特色"。

（三）血红性

中国革命红色文化中的"红色"二字有着非常特殊的涵义和令人惊心动魄、血脉偾张的缘由，那就是无数革命先烈以"抛头颅、洒热血"的牺牲而留下的斑斑血迹和殷殷血红。显然，血红性、牺牲性，是中国革命红色文化具有的最鲜明、最抢眼的特点之一。

（四）群众性

毛泽东同志在党的七大上所作的《论联合政府》报告中指出："人民，只有人民，才是创造世界历史的动力。"从中国革命红色文化的形成和传承来看，也是这样。脱离了人民群众的参与、配合和支持，红色文化便无从形成，便会成为无源之水、无本之木；离开了人民群众的认同、弘扬及传播，红色文化就失去了生存和发展的场域。因此，从这个意义上说，群众性又是中国革命红色文化具有的鲜明特点之一。

（五）基因性

中国革命红色文化是一种值得中国共产党人和中华儿女代代相传的"遗传密码"和"红色基因"。在当下，这种"红色基因"已经逐步化为人们可以了解、触碰、学习和赓续的物质形态、精神形态、制度形态、信息形态等。可见，基因性也是中国革命红色文化具有的鲜明特点之一。试看下面这个"链接"：

【链接3-1】 红色文化的多样性

每一种形态的红色文化蕴含了众多具体形态。物质形态的红色文化资源就包括了战争、革命事件及重要会议遗迹遗址、人物塑像、革命先烈旧居、革命纪念馆（碑/塔）、烈士陵园、博物馆、展览馆等内容；精神形态的红色文化也可以按第一次国内革命战争时期、土地革命战争时期、抗日战争时期、解放战争时期进行划分；制度形态的红色文化可以细分为政治制度、经济制度、文化制度以及法律制度等内容；信息形态的红色文化主要包括了革命报刊，领袖人物和革命先烈的经典著作、书信以及诗词，红色歌曲（舞/剧），革命标语，革命人物传记和回忆录，红色访谈资料等，更是不胜枚举。

从红色文化产生的时间上看，红色文化具有的时代性特征会使其随着党执政的不断深化和社会发展的不同阶段产生新的内涵，这些随着时代发展主题和社会主要任务变更而诞生的红色文化资源，就是多样性的表现。

从红色文化产生的空间上看，由于历史文化和政治地理的差异，不同区域内的红色文化具有一定的区域色彩。在中国共产党领导中国革命的过程中，不但锻造出了跨越 14 个省区的伟大的"长征精神"，还产生了许许多多以地方命名的革命精神，如井冈山精神、延安精神、西柏坡精神等。他们虽然都被打上了"红色精神"的印记且内涵和特征或多或少会有重叠，但其内涵中的差异也演绎出了红色文化的多样性特征。

三、中国革命红色文化的重要价值

中国革命红色文化的重要价值，可以从以下五个层面来加以理解：

（一）有助于合法执政的政治价值

政治价值是中国革命红色文化的主导价值。中国革命红色文化具有助于我们党长期合法执政的政治价值。中国革命红色文化见证了中国共产党的百年奋斗史，目睹了党从幼小到壮大、从革命党到执政党的峥嵘岁月，是党及其领导的人民群众共同开展革命斗争和社会实践的产物。因此，中国革命红色文化的内涵也必然融入到了党的政治信仰、执政理念及行为规范等范畴。一方面，中国革命红色文化是保证党执政合法性地位的历史佐证；另一方面，中国革命红色文化是保证党执政长治久安的现实依靠。

（二）有助于增强底蕴的文化价值

文化价值是中国革命红色文化的核心价值。中国革命红色文化具有有助于增强中国特色社会主义文化底蕴的文化价值。中国革命红色文化是以马克思主义为核心，充分吸收中华民族优秀传统文化且进行创造性转化的符合人民利益和时代诉求的先进文化。中国革命红色文化继承和发展了马克思主义理论并将其与中国的具体实际相结合，衍生出代际传承的红色精神，这些红色精神是中国革命红色文化区别于一般文化形态的特征所在。一方面，中国革命红色文化为中国特色社会主义文化建设提供了理论支撑、创新动力和实践佐证；另一方面，中国革命红色文化集中体现了社会主义文化的民族性，展示了社会主义文化与时俱进的时代性，也体现了社会主义文化的人民大众性。

（三）有助于培根铸魂的育人价值

育人价值是中国革命红色文化的主体价值。中国革命红色文化具有有助于培根铸魂的育人价值。中国革命红色文化凝聚着丰富的精神内涵，同时伴随着时代的演进，还会赋予它更多新的内涵。每一个遗址、每一份文物、每一种经过实践凝练而成的红色精神，都承载着革命先烈和仁人志士们的爱国、奉献、奋进等优秀思想道德元素，是引领教育当代人特别是青少年树立正确的世界观、人生观和价值观的绝佳教材。

（四）有助于老区振兴的经济价值

经济价值是中国革命红色文化的衍生价值。中国革命红色文化具有有助于革命老区振兴发展的经济价值。有学者认为，"红色文化中的红色旅游和红色文化产业是拉动经济发展的重要引擎，且在保护红色文化产生的一系列行为中，必定会切切实实地形成经济活动，产生不容忽视的经济效能"。革命老区的人民群众天然地会对红色文化产生亲近感，加上市场环境的影响和产业包装，就能产生经济效益。一方面，中国革命红色文化能够为革命老区的经济发展推波助澜；另一方面，以中国革命红色文化为主题的文艺产品的创作也会为社会创造一定的收入。

（五）有助于协调发展的其他价值

中国革命红色文化的其他价值主要包括了社会价值、生态价值、军事价值等。中国革命红色文化具有有助于协调发展的其他价值。就社会价值来说，中国革命红色文化主要体现在能够净化社会环境，为社会主义核心价值观的宣传营造良好的社会风气，激发人民群众的劳动热情和创造活力，有助于社会形成积极、向上的正能量态势；就生态价值来说，缘于中国革命红色文化的"红色旅游"能够有效阻止乡村的工业化进程，使生态环境免遭破坏；就军事价值来说，中国革命红色文化具有改善军人风貌、强化军规军纪等价值。

第二节 中国革命红色文化的灵魂与谱系

一、中国革命红色文化的思想灵魂

中国革命红色文化彰显着中国共产党把马克思主义基本原理与中国实践相结合、把共产主义远大理想与中国基本国情相融合而生成与发展的历史逻辑、理论逻辑与精神丰碑。它诠释了中国共产党人崇高的理想追求、鲜明的人民立场、先进的政治品格，蕴含着丰富的精神理念和厚重的历史文化内核。

（一）理想信念的坚定笃行

理想信念的坚定笃行是中国革命红色文化蕴含的立党之本、兴党之基、强党之要。"志不立，天下无可成之事。""中国共产党之所以叫共产党，就是因为从成立之日起我们党就把共产主义确立为远大理想。我们党之所以能够经受一次次挫折而又一次次奋起，归根到底是因为我们党有远大理想和崇高追求。"革命理想高于天。从闪烁着星星之火的红船精神到艰苦卓绝的井冈山精神，从历尽千难万险的长征精神到艰苦奋斗的延安精神。没有理想信念的坚定笃行，就没有夏明翰"越杀胆越大，杀绝也不怕"和"砍头不要紧，只要主义真"的豪迈诗句。没有信念灯塔的照耀，就没有方志敏"敌人只能砍下我们的头颅，决不能动摇我们的信仰！因为我们信仰的主义乃是宇宙的真理"的英雄气概。理想信念是共产党人精神上的钙。艰险可以摧残人的肉体，死亡可以夺走人的生命，但共产党人为共产主义而英勇献身的崇高信仰是无坚不摧的。因此，无论是抗日战争、解放战争、抗美援朝战争、抗疫斗争的胜利从根本上来说都是中国共产党人压倒一切的精神辩证法的胜利。

（二）忠诚为民的质朴情怀

忠诚为民的质朴情怀是中国革命红色文化的政治立场。人民是我们的力量之源、执政之基。共产党人始终与人民血脉相连、生死与共。在淮海战役战场上，500多万人民群众用小推车充当了解放军的坚强后盾，从根本上扭转了敌我力量悬殊的局面。在沂蒙解放区，32位沂蒙妇女用自己单薄的身躯架起了"女子火线桥"，筑牢了解放军前进的桥梁。在长征途中，"半条被子的温暖"让我们难以忘记共产党人和老百姓同甘共苦、血脉相通、生死与共的鱼水深情。习近平总书记深刻地指出，"同人民风雨同舟、血脉相通、生死与共，是中国共产党和红军取得长征胜利的根本保证，也是我们战胜一切困难和风险的根本保证"。这些感人至深的情怀绵延至今，充分说明立党为公、执政为民的执政理念早已深深植入了红色文化当中。

（三）爱国主义的崇高品德

爱国主义的崇高品德是中国革命红色文化的灵魂与旗帜。"天下兴亡、匹夫有责"。爱国主义是我们民族赖以存在、发展的精神支柱。在革命战争年代，为了心中那面鲜艳的五星红旗，无数革命先烈舍生忘死、前仆后继，用井冈山精神、长征精神书写了气壮山河的篇章，因为它承载着每个中国人民族解放的梦想。在建设年代，爱国主义蕴含着民族强盛的期待，大庆精神、红旗渠精神、雷锋精神鼓舞着中华儿女不畏艰难、勇于奉献，敢于攀登。在新时代，爱国主义是中华民族实现伟大复兴的精神动力，它犹如一条精神纽带，让14亿中国人民像石榴籽一样紧紧地团结在一起，爆发出令世界瞩目的中国速度与中国效率，推动着中国这艘巨轮向世界舞台中央日益接近。不管时间、空间如何转换，中华民族爱国主义的情感永不褪色。它永远是中华儿女心中最深层的精神底蕴，最根本、最永恒的情感积淀。

（四）艰苦奋斗的精神品格

艰苦奋斗的精神品格是中国革命红色文化的鲜明底色。"天行健，君子以自强不息"。作为中华民族精神的精粹，自强不息凝练了中华民族几千年的历史基因，阐释了中华民族生生不息的精神活力，鼓舞着一代代中国人发愤图强、刚毅坚卓。在建党百年的艰辛历程中，我们党从一个只有几十人的小党发展壮大为拥有9100多万党员的世界大党。"为什么我们党在那么弱小的情况下能够逐步发展壮大起来，在腥风血雨中能够一次次绝境重生，在攻坚克难中能够不断从胜利走向胜利"，根本原因就是因为我们拥有不怕困难、艰苦奋斗的精神法宝。在大革命失败以后，国民党反动派对红军发起了猖獗的军事围剿和文化围剿，但是以毛泽东为代表的中国共产党人历经磨难，成功开辟了井冈山革命根据地。依靠艰苦奋斗的井冈山精神，红军战士"红米饭，南瓜汤，挖野菜也当粮，餐餐吃得精打光。"在根据地内物资匮乏、生活极其困难的条件下，粉碎了反动派的无数次进攻。在延安时期，共产党人形成了密切联系群众、艰苦奋斗、谦虚谨慎的延安作风，打败了国民党假公行私、贪污舞弊、奢侈腐败的西安作风。从井冈山精神、长征精神、延安精神、太行精神、沂蒙精神、琼崖精神、西柏坡精神、渡江精神等精神谱系中，我们看到了艰苦奋斗精神更加广泛的时代内涵。因为艰苦奋斗不仅饱含着共产党人沧桑的历史基因，而且意味着在新时代的长征路上作为共产党员对抵御安逸环境的一种高度的清醒和自觉。

二、中国革命红色文化的精神谱系

中国革命红色文化是党带领人民在新民主主义革命中逐渐形成凝练、在社会主义建设与改革开放实践中不断发展的先进文化，中国革命红色文化的精神谱系是党在百年征程中牢记初心使命、砥砺前行中建构起的一座座精神丰碑，是中国革命红色文化中最核心、最本质、最深刻的部分，构筑起了中华民族特有的与时俱进、一脉相承和不断发展的红色精神谱系。党在百年征程中集全体人民智慧铸就的特质鲜明、内容丰富的中国革命红色精神谱系，是引领党的事业从胜利走向胜利的精神旗帜，是推动民族复兴伟业取得胜利的强大精神支柱。特别是党的十八大以来，习近平总书记对红色精神的系列阐述，扩充了红色精神谱系的具体内容，延伸了红色精神的基本内涵，创新发展了红色精神谱系。

（一）中国革命红色文化精神谱系的基本内涵

中国共产党在不同时期的实践中创造了不同的红色精神，其内涵也伴随时代发展得以丰富和延伸，在新的历史方位下闪烁着新的时代光芒。

井冈山精神作为中国革命精神的源点，在红色精神谱系中具有十分重要的意义。1993年，胡锦涛同志从"实事求是、敢闯新路，矢志不移、百折不挠，艰苦奋斗、勇于奉献"三个方面对井冈山精神作出了阐述。2001年，江泽民同志在视察江西时以24字概括了井冈山精神，即"坚定信念、艰苦奋斗、实事求是、敢闯新路、依靠群众、勇于胜利"。2016年初，习近平总书记再次来到井冈山，回顾了井冈山时期党的光辉历史，强调"我们要结合新的时代条件，坚定执着追理想、实事求是闯新路、艰苦奋斗攻难关、依靠群众求胜利，让井冈山精神放射出新的时代光芒"。习近平总书记对井冈山精神的基本内涵作出了科学全面的概括，红色精神谱系得到进一步扩容与延伸。

中国工农红军在二万五千里长征中孕育了"一不怕苦、二不怕死"的伟大长征精神，彰显出中华民族不畏艰险、百折不挠的革命英雄主义气概。江泽民、胡锦涛等同志都曾对长征精神的内涵作出过阐述。十八大以来，习近平总书记考察调研了贵州遵义、宁夏固原和将台堡、江西于都等红色圣地，高度赞扬和肯定了长征精神的当代价值。2016年，在纪念长征胜利80周年大会上，习近平总书记从五个方面概括了长征精神的内涵："坚信正义事业必然胜利的精神；不惜付出一切牺牲的精神；一切从实际出发的精神；严守纪律、紧密团结的精神；同人民群众生死相依、患难与共、艰苦奋斗的精神。"

延安作为革命圣地，是党领导中国革命走向全国胜利的转折点。在延安这片革命沃土上孕育了伟大的延安精神。党的历代领导人都对延安精神的基本内容作出了概括。2016年，习近平总书记强调指出，在无数英雄先辈的牺牲奉献中，创造了以"坚定正确的政治方向、解放思想实事求是的思想路线、全心全意为人民服务的根本宗旨、自力更生艰苦奋斗的创业精神"为内涵的延安精神。2020年，习近平总书记来到陕西，再次提及延安精神时指出："要坚持不懈用延安精神教育广大党员、干部，用以滋养初心、淬炼灵魂"，充分肯定了延安精神的时代价值。

（二）中国革命红色文化精神谱系的核心内容

中国共产党带领全国各族人民在百年历史实践中，不仅创造了伟大的物质文明，还铸就了91种中国精神。这些精神是中国共产党初心与使命的最佳见证，是激励党和人民砥砺前行的宝贵财富，是新时代推动民族复兴伟业终将实现的精神力量。从建党初期、革命时期、建设时期到改革开放时期，再到新时代，中国共产党团结和带领亿万人民在伟大的社会实践中，孕育了91种激励中国向上向好发展的精神力量，从长征精神到塞罕坝精神，从小岗精神到奥运精神，再到探月精神、抗疫精神、脱贫攻坚精神、工匠精神，这些精神顺应时代需求，在党领导人民齐心协力、攻克难关、战胜困难的伟大实践中得以生成和孕育。

十八大以来，习近平总书记高度重视红色文化的传承和红色精神的价值引领作用，多次访问考察革命圣地，首次提炼了红船精神、抗战精神的基本内涵。同时，习近平总书记还对在新时代培育和开创的抗疫精神、脱贫攻坚精神、探月精神、工匠精神等伟大精神首次阐发，丰富和扩充了红色精神谱系的具体内容。

2017年，习近平总书记瞻仰一大会址和嘉兴红船时指出，"在浙江工作期间，我曾经把'红船精神'概括为开天辟地、敢为人先的首创精神，坚定理想、百折不挠的奋斗精神，立党为公、忠诚为民的奉献精神。"2019年，习近平总书记在看望政协会议的委员时特别强调，红船精神彰显了党的初心与使命，在"上海石库门、南湖红船，诞生了中国共产党，十四年抗战、历史性决战，才有了中华人民共和国。共和国是红色的，不能淡化这个颜色。"

2014年7月，习近平总书记在纪念全民族抗战77周年仪式上首次提及抗战精神这一概念，同年9月从四个层面阐述了抗战精神的内涵："天下兴亡，匹夫有责的爱国精神；视死如归，宁死不屈的民族气节；不畏强暴，血战到底的英雄气概；百折不挠，坚忍不拔的必胜信念。"

2020年9月，习近平总书记在全国抗疫表彰大会指出，在全国各族人民历时近九个月的英勇抗疫中生成了"生命至上、举国同心、舍生忘死、尊重科学、命运与共"的伟大抗疫精神。

十八大以来，习近平总书记在多个场合多次提及劳动精神、劳模精神、工匠精神。在2020年11月举行的全国劳动模范和先进工作者表彰大会上，他首次全面系统地对这三种精神的基本内涵作出概括。习近平总书记指出："在长期实践中，我们培育形成了爱岗敬业、争创一流、艰苦奋斗、勇于创新、淡泊名利、甘于奉献的劳模精神，崇尚劳动、热爱劳动、辛勤劳动、诚实劳动的劳动精神，执着专注、精益求精、一丝不苟、追求卓越的工匠精神。"

2020年12月17日，嫦娥五号任务取得圆满成功，习近平总书记致电表达祝贺时，首次提出了探月精神的概念，他将探月精神的基本内涵概括为："追逐梦想、勇于探索、协同攻坚、合作共赢。"

2021年2月，习近平总书记在脱贫攻坚表彰大会上首次阐发了脱贫攻坚精神，强调在党和全国各族人民长达八年的共同努力下，孕育了以"上下同心、尽锐出战、精准务实、开拓创新、攻坚克难、不负人民"为内涵的脱贫攻坚精神。

在庆祝中国共产党成立100周年大会上，习近平总书记第一次鲜明提出并深刻阐释了具有伟大历史意义和时代价值的伟大建党精神。他指出："一百年前，中国共产党的先驱们创建了中国共产党，形成了坚持真理、坚守理想，践行初心、担当使命，不怕牺牲、英勇斗争，对党忠诚、不负人民的伟大建党精神，这是中国共产党的精神之源。"

总之，十八大以来，习近平总书记对中国革命红色文化精神谱系进行了一系列提炼和阐述，扩充了红色精神谱系的具体内容，成为激励新时代中国共产党人奋勇前进，不断创造新辉煌的精神源泉。

第三节　中国革命红色文化的集锦要素

中国革命红色文化集锦的内容要素，在一定程度上说，其实就是"坚持真理、坚守理想，践行初心、担当使命，不怕牺牲、英勇斗争，机智灵活，争取胜利，自力更生，艰苦奋斗，对党忠诚、不负人民"这一伟大建党精神的具体呈现。

一、坚持真理，坚守理想

"坚持真理，坚守理想"，是伟大建党精神和中国革命红色文化的重要内容要素之一。党的十八大以来，习近平总书记围绕"坚持真理、坚守理想"作出了一系列重要论述。他把理想信念形象比喻为中国共产党人精神之钙，强调理想信念不坚定，精神上就会"缺钙"，就会得"软骨病"，就会在风雨面前东摇西摆。他把理想信念视为中国共产党人世界观、人生观和价值观的"总开关"，强调不拧紧这个"总开关"，思想就会滑坡，病毒就会缠身。他把理想信念作为中国共产党人不懈奋斗的动力来源，强调理想信念动摇了，必然背离党的宗旨，做人做事就会走偏走邪，思想就会百病丛生，人生就会迷失方向。

他指出："党员干部有了坚定理想信念，才能经得住各种考验，走得稳、走得远；没有理想信念，或者理想信念不坚定，就经不起风吹浪打，关键时刻就会私心杂念丛生，甚至临阵脱逃"，"对马克思主义的信仰，对社会主义和共产主义的信念，是共产党的政治灵魂，是共产党经受任何考验的精神支柱"。"坚持真理、坚守理想"就是从"根"和"魂"上坚挺伟大建党精神的脊梁。

中国共产党成立一百年来，始终是有崇高理想和坚定信念的党。我们党的每一段革命历史，都是一部理想信念的生动教材。一百年前，中国共产党的成立就是坚持真理、坚守理想的历史产物，中国共产党的先驱们正是以孜孜不倦探寻真理和追求理想的精神创建了中国共产党。中国共产党全部实践体现的就是为真理而斗争、为理想而奋进的历史，一代代中国共产党人正是以坚持真理、坚守理想而形成源源不竭的精神动力。

中国共产党人在"坚持真理、坚守理想"的道路上涌现了许许多多杰出代表。为了寻求真理，一批先驱者远涉重洋学习马克思主义。试看这个"案例"：

【案例3-1】 周恩来"认的主义"

1920年11月7日，22岁的周恩来登上法国"波尔多斯"号邮船开始了他的游学欧洲、追求真理的新征程。初到欧洲留学时，周恩来曾说："谈主义，我便心跳。"他认真研究英、法、德、意、美、俄等国的发展道路的长短异同，"对于一切主义开始推求比较"，逐渐意识到，"若在吾国，则积弊既深，似非效法俄式之革命，不易收改革之效"。经过三年多的思考和研究，周恩来选择了将马克思主义作为自己毕生的信仰。他说，"我们当信共产主义的原理和阶级革命与无产阶级专政两大原则"，"我认的主义一定是不变了，并且很坚决地要为他宣传奔走"。

马克思主义是共产党人的"真经"，系统掌握马克思主义基本理论是中国共产党员、领导干部特别是高级干部的看家本领，只有把马克思主义基本理论学深弄懂悟透，才能为提高坚持真理、坚守理想的思想自觉和行动自觉奠定基础。树牢"四个意识"，坚定"四个自信"，坚决做到"两个维护"，是新时代"坚持真理、坚守理想"弘扬伟大建党精神的内在要求，全体共产党员要站稳政治立场、把握政治方向、明辨政治是非，坚定政治道路，必须坚决与党中央保持高度一致，对马克思主义坚信不疑，以共产主义理想信念为精神支撑，担当起不断推进新时代中国特色社会主义伟大事业的职责。

二、践行初心，担当使命

"践行初心，担当使命"，是伟大建党精神和中国革命红色文化的重要内容要素之一。它深刻揭示了贯穿于中国共产党过去、现在和未来全部奋斗的主题主线，鲜明凸显了中国共产党人的价值追求，展现了我们党的强大政治优势，为我们继往开来、接续奋斗明确了前进方向，提供了行动遵循。初心使命是党的性质宗旨、理想信念、奋斗目标的集中体现，清晰地向世人阐明了中国共产党是一个什么样的政党，从何处来、向何处去，以及为什么而奋斗等一系列重大问题。

为中国人民谋幸福、为中华民族谋复兴，我们党一经诞生就将之确立为自己的初心使命，有力展现了一个马克思主义政党植根人民的鲜明底色、勇于担当的政治品格、心系社稷苍生的拳拳情怀和始终如一的价值追求。不忘初心方能行稳致远，牢记使命才能开创未来。

三、不怕牺牲，英勇斗争

"不怕牺牲，英勇斗争"，是伟大建党精神和中国革命红色文化的重要内容要素之一。它充分体现了中国共产党人的风骨和品质。不怕牺牲，是中国共产党人面对生死考验作出的崇高选择，是伟大建党精神的生命实践。一代代中国共产党人出生入死、舍生取义、忘我无我、无所畏惧的精神品质，谱写了面对各种困难和风险挑战时不畏强敌、不惧生死、勇往直前的历史篇章。英勇斗争，是中国共产党人投身党的事业的内在要求，中国共产党发展壮大的足迹都打下了英勇斗争的烙印。"建立中国共产党、成立中华人民共和国、实行改革开放、推进新时代中国特色社会主义事业，都是在斗争中诞生、在斗争中发展、在斗争中壮大的"。一代代中国共产党人在进行伟大斗争中不屈不挠、迎难而上、披荆斩棘、克敌制胜、顽强拼搏，闪烁着伟大建党精神和中国革命红色文化的光芒。

习近平总书记指出："在近代以来漫长的历史进程中，中国人民经历了太多太多的磨难，付出了太多太多的牺牲，进行了太多太多的拼搏"，"今天，像战争年代那种血与火的生死考验少了，但具有新的历史特点的伟大斗争仍然在继续，我们正面临着一系列重大挑战、重大风险、重大阻力、重大矛盾的艰巨考验。"如今，在新时代中国特色社会主义的征程上，只有继续大力弘扬"不怕牺牲、英勇斗争"的伟大建党精神和中国革命红色文化精神，才能在乱云飞渡的复杂环境下不迷失方向，才能在泰山压顶的巨大压力下不折腰，才能在阻碍重重的困难下不退缩。"不忘本来才能开辟未来"。让我们从下面的"链接"中重温历史，激起我们心灵深处最柔软的那份情感吧。

【链接3-2】 中国共产党人的浴血奋战

新民主主义革命的胜利，是中国共产党人浴血奋战取得的成就。习近平总书记指出："新中国是无数革命先烈用鲜血和生命铸就的"，"革命胜利从来不是天上掉下来的，不是别人拱手相让的，而是用流血牺牲换来的。"

自1921年中国共产党成立至1949年中华人民共和国成立这28年间，中国共产党人被国内反动统治阶级和外国侵略者杀害的难以计数，无数仁人志士惨死在反动统治阶级和外国侵略者的屠刀之下。仅1927年蒋介石发动的反革命政变，就使已经发展的6万多党员一下子只剩下了1万多党员，导致革命遭遇惨重损失。中国共产党人不得不从城市转入农村，开辟新的革命根据地，走上"农村包围城市"的漫漫革命路。

据民政部门和组织部门统计，从1921年7月1日成立中国共产党，到1949年10月1日建立中华人民共和国之前，可以查到姓名的牺牲的革命者是370多万。党的七大时的估计，北伐战争、土地革命和抗日战争期间在战场上牺牲的革命者有76万余，其中有共产党员32万；1927年至1932年，仅在刑场上牺牲的共产党员和革命群众至少在100万以上。他们用生命对"不怕牺牲、英勇斗争"的伟大建党精神作出了注脚。

在领导中国革命的历史实践中，中国共产党人如果没有"不怕牺牲、英勇斗争"的大无畏气概，是不可能真正做到坚持理想、坚定信念的。在很多情况下，中国共产党人的牺牲不仅是他们个人付出生命，而且会波及整个家庭，这就更是严峻的考验。陈独秀的两个儿子陈延年和陈乔年均被国民党反动派杀害，毛泽东六位亲人为革命牺牲。反动统治阶级的残酷镇压，也吓倒了一些意志薄弱者，导致他们选择脱离革命队伍，走上一条背叛革命的人生道路。同时，在前进的道路上也有一些人受到思想腐蚀、利益诱惑而抛弃信仰、丧失斗志，不再为革命而奋斗，有的甚至腐化堕落，变质成为党和人民的敌人。然而，绝大多数中国共产党人并没有被反动统治阶级的屠杀所吓倒，而是从容不迫地面对敌人的屠刀，坚持理想而奋斗到底。所谓"砍头不要紧，只要主义真；杀了夏明翰，还有后来人"，既是革命先烈的表白，更是对后来者的激励。刘胡兰小小年纪，面对敌人的屠刀而毫无畏惧，毛泽东为其题字"生的伟大、死的光荣。"杨靖宇投身抗日近十载，坚持斗争到最后。1940年2月，他率部队与数十倍于己的日寇作战，最后只身一人用草根、树皮、棉絮充饥，在茫茫林海雪原与敌奋战，真正做到"宁愿站着死，不愿跪着生"。在整个中国革命进程中，"无数党员、无数人民和很多党外革命家，当时在各个战线上轰轰烈烈地进行革命斗争，他们的奋斗牺牲、不屈不挠、前仆后继的精神和功绩，在民族的历史上永垂不朽。"这是中国共产党伟大建党精神的历史写照。

四、机智灵活，争取胜利

"机智灵活，争取胜利"，是伟大建党精神和中国革命红色文化的重要内容要素之一。所谓"机智灵活，争取胜利"，就是不畏强暴、敢于斗争的精神，机智灵活、善于斗争的精神，排除万难、争取胜利的精神，不达目的、永不放弃的精神，执着追求更高、更快、更强的精神。

革命战争时期，我军采用机动灵活的战略战术在敌我力量对比悬殊的情况下，不拘泥某一具体阵地的得失，不拘泥于某一具体作战方式和军队组织形式，根据战局发展和对敌情的掌握程度，灵活机动地配备和使用现有的兵力，在局部形成对敌军的绝对优势。试看下面这个"案例"：

【案例3-2】　红军长征

长征是中央革命根据地以及鄂豫皖、湘鄂西、川陕等革命根据地和工农红军在反对敌军"围剿"不利的情况下，以跳出敌军封锁包围、保存自己为目标的军事远征。

至于前进方向和行动方案，却一直在不断变化着。其中，有的是在纠正错误的方向和方案，比如中央纠正原定去湘西与红二、六军团会合的方案，红四方面军纠正张国焘的"南下"方案；有的则是根据敌情和战局的发展所做的适应性调整，比如中央在遵义会议以后一度准备在川黔一带北渡长江后与红四方面军会合，并争取在四川立足，但由于一渡赤水后在土城战斗中失利，其后敌军蜂拥而至，原定计划已无实现可能，于是又选择在敌军比较薄弱的川西与四方面军会合。在与四方面军会合以后，又根据敌情和国际国内政治形势的变化做出了北上陕北的决定。这种变化就是机动灵活的战略战术的体现，而绝不是漫无目的的逃窜。

当然，长征中最能体现机动灵活的战略战术的片段当属四渡赤水了。四渡赤水可以说是长征的缩影，最初也是遭到挫折（土城失利），但是由于实行了机动灵活的战略战术，中央红军不仅没有陷入敌军包围，反而牵着十倍于己的敌军的鼻子使之团团转，最终造成了有利于我军抢渡金沙江的局面。另外，南方八省在红军主力长征后分散打游击，其实也是机动灵活的战略战术的表现。李德、博古虽然在当时犯了教条主义的错误，但这点道理还是懂得的。正是这种机动灵活的战略战术，使红军摆脱了几十万敌人的围追堵截，保存了革命骨干，扩大了革命影响，巩固了陕北革命根据地，为革命的最终胜利奠定了坚实的基础。

新中国成立后，美国对中国采取封锁、孤立政策，两国民间交往也完全隔绝。我国领导人主动邀请美国乒乓球队访华，巧妙地打破了中美之间关系的僵局，正式揭开了两国改善关系的序幕，促使实现尼克松访华乃至中美建交。这一事件，和它所包含的灵巧微妙的外交技巧，被誉为"小球转动了大球"的"乒乓外交"。

五、自力更生，艰苦奋斗

"自力更生，艰苦奋斗"，又是伟大建党精神和中国革命红色文化的重要内容要素之一。"自力更生，艰苦奋斗"，是一种不怕困难，奋发自强，锐意进取，为国家和人民的利益努力奉献的奋勇向前的拼搏精神。艰苦奋斗，是中国共产党在长期的革命和建设实践过程中形成的优良传统，也是中华人民共和国成立以来蓬勃发展的重要保障。

中国共产党自诞生之日起，就把"自力更生，艰苦奋斗"精神作为自己的鲜明作风，历来坚持独立自主，开拓前进道路。在社会主义建设时期和改革开放时期，我们党依然强调"自力更生，艰苦奋斗"精神的重要性："中国的经验第一条就是自力更生为主。我们很多东西是靠自己搞出来的。""自力更生，艰苦奋斗"的创业精神，是中国共产党人的政治本色。在中国人民的字典里，"自力更生，艰苦奋斗"意味着志气如铁、气贯长虹，意味着毅然奋起、百折不挠。试看下面这个"链接"：

【链接3-3】　中国共产党的艰苦奋斗

中国共产党，从小到大，由弱变强，在内忧外患的环境中成长、壮大起来，其中一个重要原因就是我们党始终秉持艰苦奋斗的作风。新民主主义革命的伟大历史进程中，中国共产党把艰苦奋斗作为党员干部工作和生活的基本准则与要求。正如毛泽东所强调的，"我们要提倡艰苦奋斗，艰苦奋斗是我们的政治本色"。井冈山革命时期，国民党对井冈山革命根据地进行了军事上"围剿"，经济上的封锁，企图困死红军。在这种情况下，红军的革命意志坚定，艰苦奋斗的热情持续高涨，在党组织的领导下，军民自力更生，进行了有效的经济建设，打退了敌人的进攻；长征途中，天上有飞机轮番轰炸，地上有反动大军围追堵截，饥饿、严寒、疾病、沼泽等都威胁着红军将士的生命，但他们不怕任何艰难险阻，不惜付出一切牺牲，患难与共、艰苦奋斗，用意志和勇气创造了世界军事史上空前的奇迹；抗日战争时期，由于日本帝国主义的"扫荡"和国民党反动派的封锁包围，加之陕甘宁边区又遭受自然灾害，抗日根据地出现了极端困难的局面，延安军民在严重困难面前，发扬艰苦奋斗精神，自己动手，开荒种粮，开展大生产运动，最终把往日荒凉的南泥湾变成了陕北的"江南"。

在革命战争年代，中国共产党领导中国人民，紧紧依靠"自力更生，艰苦奋斗"这一优良传统和作风，打败了日本侵略者和国民党反动派，推翻了压在中国人民头上的三座大山，建立了一个欣欣向荣的社会主义新中国。在社会主义建设的初期，我们依靠独立自主，自力更生的革命法宝，顺利完成了社会主义三大改造，走出了帝国主义的重重封锁，用较少的投入和较短的时间，突破了两弹一星等尖端技术，取得了举世瞩目的辉煌成就。

六、对党忠诚，不负人民

"对党忠诚，不负人民"，也是伟大建党精神和中国革命红色文化的重要内容要素之一。对党忠诚，是中国共产党人首要的政治品质。不负人民，是中国共产党人鲜明的崇高情怀。崇尚对党忠诚的大德，广大党员、干部永远不能忘记入党时所作的对党忠诚、永不叛党的誓言，做到始终忠于党、忠于党的事业，做到铁心跟党走、九死而不悔。崇尚造福人民的公德，广大党员、干部要站稳人民立场，始终同人民风雨同舟、生死与共，勇于担当、积极作为，切实把造福人民作为最根本的职责。吹尽狂沙始到金。对今天的中国共产党人来说，"对党忠诚、不负人民"不是抽象的而是具体的，不是有条件的而是无条件的。习近平总书记强调："共产党人拥有人格力量，才能赢得民心。"我们要崇尚严于律己的品德，注重慎微慎独，清清白白做人，干干净净做事，努力做"一个高尚的人、一个纯粹的人、一个有道德的人、一个脱离了低级趣味的人、一个有益于人民的人"。没有了战火硝烟的考验，但仍需赤胆忠心的锤炼。对党忠诚、不负人民，必须一心一意、一以贯之，必须表里如一、知行合一，任何时候任何情况下都不改其心、不移其志、不毁其节。坚定理想信念，坚定奋斗意志，坚定恒心韧劲，为党分忧、为国尽责、为民奉献，在实现中华民族伟大复兴的伟业中为党和人民建功立业。试看下面这个"案例"：

【案例3-3】 "对党忠诚，不负人民"的李大钊

大革命后期，李大钊在北洋军阀统治下的北京坚持革命斗争。1927年4月6日，奉系军阀张作霖串通外交使团，突然派军警包围并搜查苏联驻华使馆界内的苏远东银行、中东路办事处及其他官舍，逮捕作为中国共产党重要领导人的李大钊。被捕后，李大钊在狱中受尽折磨，但始终坚贞不屈。他在《狱中自述》中写道："钊自束发受书，即矢志努力于民族解放之事业，实践其所信，励行其所知，为功为罪，所不暇计。"4月28日，李大钊被奉系军阀秘密判处绞刑，残忍杀害。李大钊为党和人民献出宝贵生命，时年38岁。"李大钊同志一生的奋斗历程，同马克思主义在中国传播的历史紧密相连，同中国共产党创建

的历史紧密相连，同中国共产党领导的为中国人民谋幸福的历史紧密相连"。他对党和人民的深厚情怀及由此涌流出的"对党忠诚，不负人民"的革命精神和伟大人格值得我们永远学习。

第四节　中国革命红色文化的赓续维度

新时代下传承和赓续中国革命红色文化，我们应当把握以下六个基本维度：

一、在经济建设上赓续红色文化

在经济建设上赓续红色文化，是新时代下传承和赓续中国革命红色文化的一个基本维度。在经济建设上赓续红色文化，就是要在经济建设的谋划、实施、加强和推进上，积极传承和努力赓续"坚持真理、坚守理想，践行初心、担当使命，不怕牺牲、英勇斗争，机智灵活，争取胜利，自力更生，艰苦奋斗，对党忠诚、不负人民"的伟大建党精神和中国革命红色文化精髓，牢牢立足经济发展新阶段，综合运用经济发展新举措，着力构建"国内国际双循环"经济发展新格局，努力实现经济发展的"行稳致远"，不断把中国特色社会主义经济建设推向前进。

二、在政治建设上赓续红色文化

在政治建设上赓续红色文化，是新时代下传承和赓续中国革命红色文化的一个基本维度。在政治建设上赓续红色文化，就是要在政治建设的谋划、实施、加强和推进上，积极传承和努力赓续"坚持真理、坚守理想，践行初心、担当使命，不怕牺牲、英勇斗争，机智灵活，争取胜利，自力更生，艰苦奋斗，对党忠诚、不负人民"的伟大建党精神和中国革命红色文化精髓，切实增强"四个自信"特别是道路自信和制度自信，始终坚持从中国国情、政情、民情、社情的实际出发，努力探索中国特色民主政治建设的模式、机制和规律，不断把中国特色社会主义政治建设推向前进。

三、在文化建设上赓续红色文化

在文化建设上赓续红色文化，是新时代下传承和赓续中国革命红色文化的一个基本维度。在文化建设上赓续红色文化，就是要在文化建设的谋划、实施、加强和推进上，积极传承和努力赓续"坚持真理、坚守理想，践行初心、担当使命，不怕牺牲、英勇斗争，机智灵活，争取胜利，自力更生，艰苦奋斗，对党忠诚、不负人民"的伟大建党精神和中国革命红色文化精髓，始终校准建设"民族的""科学的""大众的"中国特色社会主义文化价值取向，着力培育和弘扬社会主义核心价值观，努力实现中华优秀传统文化、中国革命红色文化、社会主义先进文化、改革开放强国文化、新时代民族复兴文化等要素的有机结合和深度融合，为实现建设现代化社会主义文化强国的目标而努力奋斗。

四、在社会建设上赓续红色文化

在社会建设上赓续红色文化，是新时代下传承和赓续中国革命红色文化的一个基本维度。在社会建设上赓续红色文化，就是要在社会建设的谋划、实施、加强和推进上，积极传承和努力赓续"坚持真理、坚守理想，践行初心、担当使命，不怕牺牲、英勇斗争，机智灵活，争取胜利，自力更生，艰苦奋斗，对党忠诚、不负人民"的伟大建党精神和中国革命红色文化精髓，始终校准"牢记宗旨、服务人民""改善民生、共建和谐"的中国特色社会主义社会建设价值取向，始终坚持尽力而为、量力而行，一件事情接着一件事情办，一年接着一年干，在幼有所育、学有所教、劳有所得、病有所医、老有所养、住有所居、弱有所扶上持续用力，加强和创新社会治理，使人民获得感、幸福感、安全感更加充实、更有保障、更可持续。

五、在生态文明建设上赓续红色文化

在生态建设上赓续红色文化，又是新时代下传承和赓续中国革命红色文化的一个基本维度。在生态建设上赓续红色文化，就是要在生态建设的谋划、实施、加强和推进上，积极传承和努力赓续"坚持真理、坚守理想，践行初心、担当使命，不怕牺牲、英勇斗争，机智灵活，争取胜利，自力更生，艰苦奋斗，对党忠诚、不负人民"的伟大建党精神和中国革命红色文化精髓，坚持绿水青山就是金山银山的理念，坚持山水林田湖草沙一体化保护和系统治理，像保护眼睛一样保护生态环境，像对待生命一样对待生态环境，更加自觉地推进绿色发展、循环发展、低碳发展，坚持走生产发展、生活富裕、生态良好的文明发展道路，着力打赢污染防治攻坚战，坚决打好蓝天、碧水、净土保卫战，不断推进生态文明建设和"美丽中国"建设。

六、在党的建设上赓续红色文化

在党的建设上赓续红色文化，是新时代下传承和赓续中国革命红色文化的一个更重要的维度。加强党的建设、在党的建设上赓续红色文化，比前面所述赓续红色文化的维度更具根本性，有助于为运用其他维度赓续红色文化提供根本保障。在党的建设上赓续红色文化，就是要在党的建设的谋划、实施、加强和推进上，积极传承和努力赓续"坚持真理、坚守理想，践行初心、担当使命，不怕牺牲、英勇斗争，机智灵活，争取胜利，自力更生，艰苦奋斗，对党忠诚、不负人民"的伟大建党精神和中国革命红色文化精髓，进一步加强党的领导和党的建设，进一步加强和改进各级领导班子建设、干部队伍建设、基层党组织建设、党员队伍建设、党风廉政建设和制度建设，全面提高党的建设质量和建设水平，不断提高党的凝聚力、执行力、战斗力、创造力，从而为实现中华民族伟大复兴中国梦提供坚强有力的组织保障。

第五节　中国革命红色文化集锦与赓续的"开大目标"

作为开放大学特别是市州开放大学，在"中国革命红色文化集锦与赓续"中应当树立和谋求什么样的预期目标呢？我们认为，主要应当树立和谋求这样五项预期目标：

一、在发展谋划中凝聚红色文化内涵

在发展谋划中凝聚中国革命红色文化内涵，就是要充分凝聚与着力赓续中国革命红色文化的思想内涵、精神要素和内容精髓，精心谋划市州开放大学事业中长期发展规划特别是"十四五"规划，全力突破办学发展中体制机制的困难与障碍，不断推动学校事业提质培优和转型升级。要紧紧围绕十九届四中全会提出的"构建服务全民终身学习的体系"这一总要求，在办学功能定位、办学战略运筹、人员编制配置、办学经费保障、办学模式运行、办学项目策划实施等方面精心谋划发展格局和发展战略；在继续办好针对成年人、职业人的学

历继续教育和非学历继续教育，针对未成年人、准职业人的中高等职业教育的同时，逐步把教育对象拓展到少年儿童、待业青年、下岗职工、退休老年人、党政干部等群体，逐步展开基础教育支持服务、培训、社区教育、老年教育、干部网络教育等，精心谋划发展路径和发展举措；从而着力实现对教育对象的全纳性开放，积极实施开放发展战略，不断提高市州开放大学的办学吸引力、竞争力和影响力。

二、在内涵建设中输入红色文化血液

在内涵建设中输入中国革命红色文化血液，就是要高度聚焦、切实加强、着力推进市州开放大学内涵建设，积极输入中国革命红色文化的精神血脉和思想血液，不断提高人才培养工作质量和水平。要按照全新的理念，确立教学工作的地位，用真善美作为教学价值的取向和追求；用精气神作为教学态度的状况和标准；用人财物作为教学保障的要素和条件；用管考评作为教学督导的抓手和环节；用云路端作为教学服务的路径和支撑；用高大上作为教学品牌的标志和绩效。试看下面这个"链接"：

【链接3-4】 开放大学的"三构建"

构建新型的开放办学共同体。开放大学是新型大学，应担负新的功能和使命，需要对其架构进行重组。按照学历教育和非学历培训相结合的要求，构建成年教育、社区教育、老年教育等分类系统，强化开放大学建设的顶层设计，重点构建教学、科研、管理和信息化等方面的组织架构，将开放大学办成服务于区域经济社会发展，服务于终身教育体系建设的新时代开放大学。同时，开放大学在注重开放、共享的前提下，还需要重新构建办学系统，激发各个办学领域的活力，形成一种能够贴近社会现实、全面实现资源共享的开放办学共同体。

构建新型的教学供给机制。开放大学的办学体制和机制不同于传统的电大，也与普通开放大学迥异，应为全社会、全体民众搭建一个丰富多样的学习平台。课程学习的模块建设是主体，但必须要重视学习者需求，突出课程模块的跨专业和学习者跨学科的灵活性。在线学习是其教学供给的主要路径，需要突出大规模化和低成本。因此，需要注重信息技术和教育教学过程的深度融合，凸显对学习者个性化学习的支持。从这个意义上看，在线学习的便捷性、课程面授的高效性和学习支持系统的灵活性，共同构成了教育供给机制的核心要素。

构建新型的运行机制。开放大学在建设过程中，必须要改变传统的电大单中心运行模式，通过构建专业化、特色化的多中心分校体系来实现办学质量的全面提升，打造体系多元化分中心教学特色，促进开放大学的个性化发展。同时，开放大学在构建新型运行机制过程中，还要注重合作办学，充分利用普通开放大学、职业院校以及行业企业的资源，构建区域性的开放办学共同体。

三、在人才培养中开发红色文化资源

大力开发中国革命红色文化资源的多元价值，是优良传统内化为公民优秀道德品质的重要手段，也是市州开放大学提高人才培养质量和学员综合素质特别是文化素质的重要一途。市州开放大学在人才培养中开发中国革命红色文化资源，就是要大力开发和综合利用中国革命红色文化资源，努力谋求中国革命红色文化资源与市州开放大学人才培养工作的有机结合和深度融合。

在人才培养中开发红色文化资源，市州开放大学应当突出做好三项工作：一是建立中国革命红色文化教学平台，激发学员学习中国革命红色文化的积极性。建立健全中国革命红色文化内容教育平台，并充分利用该平台对学员进行红色文化教育；同时，教师应当以身作则，主动学习红色文化相关知识，积极学习相关理论知识，甄别选择符合学员实际情况的红色文化内容，让更多适宜的红色文化进课堂，不断激发学员的爱国情怀。二是将中国革命红色文化资源融入思政教育中，拓宽中国革命红色文化知识学习途径。要借用红色文化提升思政教育的高度，将红色文化资源融入思政教育中，充分发挥红色文化资源的教育功能，把握和呈现红色文化资源的思政教育价值。同时，引导学员拓宽红色文化知识的学习途径，充分发挥新媒体的作用，利用微博、微信等新媒体学习红色文化知识，不断丰富学员的红色文化知识储备。三是组织开展与中国革命红色文化资源相关的社会实践活动。要加强红色文化资源的社会实践教育，组织开展各类社会实践活动包括"三下乡"社会实践活动，引导学员积极参与各类与红色文化相关的社会实践活动，通过理论与实践的有机结合，丰富自身

红色文化知识，培养社会责任感与无私奉献精神，从而提升自身综合素质。

四、在师资提升中发挥红色文化功能

在师资提升中发挥红色文化功能，就是要高度重视、切实加强、着力推进市州开放大学师资队伍建设，充分发挥中国革命红色文化的教育启迪与激励鼓舞的重要功能，不断提升师资队伍的综合素质和教育教学科研水平。市州开放大学在国家开放大学三级教育体系中发挥着重要作用，特别是提出流程再造、错位发展、人无我有、人有我优的发展理念后，如何践行这样的办学理念，必然有赖于广大师生的共同努力。其中，尤为重要的是，大力转变教师的教育教学观念，更新教师的专业知识结构，提升教师的全面专业技能。

在师资提升中发挥红色文化功能，市州开放大学应当特别做好三项工作：一是引导教师更新教育理念。要引导和帮助广大教师主动更新教育理念，树立以学员为中心的思想，积极参加业务学习、进修、培训；支持教师带薪脱产学习、到企业挂职锻炼；支持组建教学团队相互切磋、总结经验，促进教师个人专业发展，提升教师队伍整体素质。二是重视科研文化建设。要随着开放大学建设的不断推进，不断深化对教育教学科研工作的思想认识，不断加强"科研强师、科研兴校、支持科研、激励科研"的科研文化建设，始终坚持问题导向和项目驱动，始终坚持科研促教学、科研促管理、科研促服务，以科研推动教育教学的质量提升。三是加强师德师风建设。助力培养教师队伍坚持为党育人、为国育才，聚焦教师队伍建设"重学术评价、轻政治把关""轻过程管理、重结果使用"等问题，坚持把政治标准和政治要求贯穿于教师选、评、聘等各个环节，将师德师风建设作为评价教师队伍的第一标准，强化对教师队伍的政治引领，推动师德师风建设走实走深，引导和激励广大教师争做"四有"好教师，全心全意做学员成长的引路人。

五、在办学管理中凸显红色文化价值

在办学管理中凸显红色文化价值，就是要在市州开放大学的办学育人管理过程中，着力践行与充分凸显中国革命红色文化的重要价值，不断提高办学治校、立德树人、为党育人、为国育才的质量和水平，不断增强市州开放大学办学发展的吸引力、竞争力和影响力。

在新的形势下，在新的起点上，在办学管理中凸显红色文化价值，市州开放大学应当做到以下三点：一要提升战略决策水平。主要是做好市州开放大学办学定位、办学思想、办学理念、办学目标、办学模式、办学思路、办学体制、办学机制、办学重大项目、办学重大举措等的战略决策，从根本上决定、影响和推动学校事业高质量发展。二要提升基本建设水平。着力提升学校基本建设包括校园基本建设、教学基本建设、文化基本建设的水平。三要提升综合管理水平。着力提升学校招生管理、学生教育管理、教学教务管理、支持服务管理、学术科研管理、校园文化管理、后勤管理、财务管理、校务管理、党务管理等的能力和水平。

第六节　中国革命红色文化集锦与赓续的"开大活动"

作为开放大学特别是市州开放大学，在"中国革命红色文化集锦与赓续"中应当开展和推进什么样的"重要活动"呢？我们认为，主要应当开展和推进这样六类重要活动：

一、开发红色文化校本教材

挖掘区域红色文化资源，开发传承赓续红色文化校本教材，是市州开放大学在"中国革命红色文化集锦与赓续"中应当开展和推进的一项重要活动。在浩瀚的中国红色文化海洋中，湖南乃至岳阳的红色历史资源，可谓数不胜数，读着、看着，让人荡气回肠，历史怎能尘封？我们有责任也有义务沿着革命先辈的足迹，把那一段段峥嵘岁月编写成校本教材，让广大学员研习熟知并代代相传。我们既可以在教学中，指导学员收集自己所在县（市）区、乡镇的红色故事，挖掘红色文化，充分调动他们学习的积极性；可以结合地域性红色文化，收集、整理本地区的红色教育资源，邀请相关研究专家、学者进行专业指导，编著特点鲜明的红色教育教材，形成地域性红色权威教材或大众读本，提升开放大学对学员对党员教育的有效性和感染力。

二、开设红色文化选修课程

对接开放教育专业人才培养方案和深化教育教学改革实施方案，开设红色文化选修课程，是市州开放大学在"中国革命红色文化集锦与赓续"中应当开展和推进的一项重要活动。应当将红色文化选修课程教育与社会主义核心价值观培育紧密结合起来，将二者积极地融入到课堂教学当中，同时积极推进教育科研课题研究，依托思想政治课教师和历史课教师，开展对地方红色文化的研究，选择适合学情、地方特色的素材，把本地的红色文化与学校教育有机结合起来，利用先进的科学技术，精心设计红色文化相关选修课程，让学生感受红色文化的教育魅力。在此基础上，认真做好红色文化课程资料整合、重组、优化和创新，把这样的课程资源逐步转化为学员的重要学习资源，然后再把学员的学习资源转化为学员的学习成效。

三、举办红色文化专题教育

根据开放教育特定专业建设和课程教学的安排，切合本地红色文化资源和学员学习的实际，策划和举办红色文化专题教育包括专题学习教育、专题讲座辅导、专题教育研讨等活动，是市州开放大学在"中国革命红色文化集锦与赓续"中应当开展和推进的一项重要活动。比如，结合庆祝建党一百周年，某市州开放大学在广大学员中，先后策划举办了诸如"学史明理"专题讲座、"学史增信"学习心得交流、"学史崇德"英雄故事汇、"学史力行"专题实践等活动，实现了红色文化教育传承与建党百年庆祝纪念的有机结合和深度融合，产生了十分积极的教育效果。

四、组织红色文化参观考察

结合开放教育特定专业建设和课程教学的实际，组织学员参观考察红色文化遗址遗迹和革命老区，是市州开放大学在"中国革命红色文化集锦与赓续"中应当开展和推进的一项重要活动。可以将红色文化课程教学与实践教学有机结合起来，课下组织引领学员参观红色文化遗址如革命战地、革命历史博物馆，通过有效的实践来加深学员对红色文化的认识和感知。比如，岳阳本土就有诸如任弼时纪念馆、平江起义纪念馆、新四军平江通讯处旧址、平江烈士陵园、湘鄂赣省苏维埃旧址、中共平江县委旧址（毛简青烈士故居）等众多红色教育基地。在条件允许时，组织开放大学学员去这些基地参观学习，让他们身临其境地感受红色文化的意涵，加深学员对红色文化的理解，必然有助于提升红色文化教学效率，增强开放大学学员的文化自信与历史责任感。

五、开展"读红色书·做传承人"系列比赛

在新形势下，市州开放大学可以结合青年学员的特点，开辟新的教育方式，组织开展"读红色书·做传承人"系列比赛活动，引导、帮助广大学员体悟和赓续红色文化中的革命精神和时代精神。这又是市州开放大学在"中国革命红色文化集锦与赓续"中应当开展和推进的一项重要活动。比如，可以以"读红色书·做传承人"为主题，通过排演话剧、舞台剧等参加比赛的形式，重演红色文化中的典型故事，组织学员亲自参演，让红色文化对学员特别是学员党员产生更具感染力、号召力的教育影响；可以从中国共产党党史、抗战历史、红色人物事迹、红色文学经典等多个方面来开展红色故事演讲比赛、红色歌曲演唱比赛、党史知识竞赛等丰富多样的创新活动；加深学员对红色文化知识的了解，切实加强革命传统教育、爱国主义教育、思想道德教育，激励学员坚定理想信念，传承红色基因，争当中国特色社会主义伟大事业的优秀劳动者和可靠接班人。

六、开展"红色文化传承与弘扬"系列社会实践

"纸上得来终觉浅，绝知此事要躬行"。要想把中国革命红色文化资源的教育意义真正发挥到实处，重要的在于组织开展"红色文化传承与弘扬"系列社会实践，让广大学员在系列社会实践中切实感受红色文化资源的存在和价值。这也是市州开放大学在"中国革命红色文化集锦与赓续"中应当开展和推进的一项重要活动。可以利用周末的课余时间，带领学员去参观爱国主义教育基地，或去烈士陵园为英雄扫墓，或到老红军家里听老红军讲故事；可以组织学员开展重走"长征路"的活动，重温那段历史，重走那段"两万五千里"，让学员感受革命先烈的那份艰辛；等等。总之，通过组织广大学员开展和参加"红色文化传承与弘扬"系列社会实践，务求达到让学员学习感受红色文化精神，继承弘扬红色文化精神，激发民族责任感，坚定文化自信的目的。

【思考与训练】

一、中国革命红色文化的基本涵义是什么？具有哪些重要价值？

二、在中国革命红色文化的集锦上，我们应当把握哪些基本要素？

三、在中国革命红色文化的赓续上，我们应当抓住哪些基本维度？

四、在中国革命红色文化的集锦与赓续上，市州开放大学应当明确哪些基本目标？开展哪些重要活动？

五、作为新时代的市州开放大学学员，应当怎样传承和赓续中国革命红色文化基因与精神，为实现中华民族伟大复兴的中国梦而建功立业？请自选题目和角度，撰写一篇学习心得体会，字数在 600 字左右，要求主题鲜明，内容充实，条理清楚，语言流畅。

第四章 社会主义先进文化的凝练与弘扬

社会主义社会，是人类历史上继原始社会、奴隶社会、封建社会、资本主义社会之后的又一基本而先进的社会形态。社会主义文化特别是以中国探索、中国实践、中国成就为杰出代表的社会主义文化，则是当今世界上最有容量、最有韧劲、最具活力、最为先进的文化形态。身处新时代，高度凝练与大力弘扬社会主义先进文化，对加强中国特色社会主义文化建设、建设文化强国，对加强地方、部门、单位、社区等方面的文化建设，对加强市州开放大学学员的文化教育与文化修养，都具有十分重要的意义和作用。正因如此，《文化教育导读》把"社会主义先进文化的凝练与弘扬"列为第四章。作为市州开放大学学员，应当认真学习、深入领会、身体力行"社会主义先进文化的凝练与弘扬"这一章内容，自觉而努力地为"社会主义先进文化的凝练与弘扬"贡献智慧和力量。

第一节 社会主义先进文化的涵义、特征与价值

一、社会主义先进文化的基本涵义

从世界社会主义发展史的角度看，社会主义先进文化是从空想社会主义到科学社会主义，从第一个社会主义国家建立到多个社会主义国家建立，从苏联社会主义模式探索到中国特色社会主义实践，从苏联东欧社会主义国家纷纷"倒台变色"到社会主义中国"风景这边独好"等艰难探索和曲折历程中形成

和凝聚的文化结晶和文化形态。

从中国社会主义发展史的角度看，社会主义先进文化则是在继承中华优秀传统文化、弘扬中国革命红色文化、借鉴国际共产主义运动文化经验、吸收世界先进科技文化成果的基础上，全党全国各族人民历经社会主义建设探索、改革开放探索、新时代中国特色社会主义建设实践等70多年探索实践而逐步形成、持续凝聚的文化体系、文化结晶和文化形态。

综合起来看，社会主义先进文化是充分体现时代精神、与生产力充分匹配和积极适应、促进社会生产力解放与发展的先进文化内容，是有助于人民大众不断改善精神文化生活、有效提高道德伦理水准、有力督促自我完善和自我发展的先进文化形态，是有助于有效实现人民群众根本利益，科学引领时代发展、社会进步、民族团结、国家富强、人民幸福的先进文化体系。

这里所论述和探讨的"社会主义先进文化"，是指在马克思主义基本理论特别是马克思主义中国化的理论结晶——毛泽东思想、邓小平理论、"三个代表"重要思想、科学发展观、习近平新时代中国特色社会主义思想的科学指引下，在继承中华优秀传统文化、弘扬中国革命红色文化、借鉴国际共产主义运动文化经验、吸收世界先进科技文化成果的基础上，中国共产党团结和带领全国各族人民历经社会主义建设探索、改革开放探索、新时代中国特色社会主义建设实践等70多年探索实践而逐步形成、持续凝聚、不断建设起来的的理论体系、价值理念、伦理道德、精神谱系、行为规范、制度架构、文化物态等综合体。

二、社会主义先进文化的基本特征

社会主义文化之所以能够成为当今世界上越来越具有先进性、优越性的文化体系和文化形态，根源于它的基本特征；换言之，社会主义先进文化具有以下五个基本特征。

（一）指导思想具有科学性

社会主义先进文化在70多年的形成和发展历程中，始终坚持以马克思主义特别是马克思主义中国化理论结晶——毛泽东思想、邓小平理论、"三个代表"重要思想、科学发展观、习近平新时代中国特色社会主义思想作为根本指导思想，并加以全面贯彻、积极落实、着力践行、不断创新。可见，社会主义先进文化的指导思想具有科学性、先进性。

（二）价值追求具有三维性

社会主义先进文化在70多年的形成和发展历程中，始终坚持以"三个面向"即"面向现代化、面向世界、面向未来"的价值追求，在面向社会主义现代化建设需要的过程中增强社会主义先进文化的影响力，在面向世界经济一体化与格局多极化演变趋势的进程中增强社会主义先进文化的竞争力，在面向未来民族复兴全方位需求的征程中增强社会主义先进文化的引领力，从而不断彰显社会主义先进文化的先进性和优越性。可见，社会主义先进文化的价值追求具有三维性、前瞻性。

（三）发展方向具有引领性

在70多年的建设、探索、发展历程中，社会主义先进文化始终坚持以"民族的、科学的、大众的"作为发展方向。社会主义先进文化始终注重民族性，凝聚和传承中华民族传统文化，统筹推进多民族文化共同发展，以尊重、保护、互融的机制致力文化发展，致力建设适用于整体社会进步的文化形态。社会主义先进文化始终注重科学性，坚持以科学合理的态度对待一切文化活动、文化形态的发展进程，将科学性贯穿于社会主义先进文化建设的始终。社会主义先进文化始终注重大众化，让文化体系、文化形态、文化载体、文化活动适用于社会大众，建设和发展面向大众、依靠大众、服务大众的先进文化。总之，社会主义先进文化的发展方向具有引领性、战略性。

（四）根本目标具有人本性

在长期的建设、探索、发展历程中，社会主义先进文化始终坚持"以人为本""以文化人"的根本方针，以培养"有理想、有道德、有文化、有纪律"的"四有公民"为根本目标。可见，社会主义先进文化的根本方针、根本目标具有人本性、人文性。

（五）结构体系具有先进性

在70多年的建设、探索、发展历程中，社会主义先进文化已经建立健全了完整严谨、先进优越的结构体系，包括理论体系、价值理念、伦理道德、精神谱系、行为规范、制度架构、文化物态等。毫无疑问，社会主义先进文化的结构体系具有先进性、优越性。

三、社会主义先进文化的重要价值

社会主义先进文化的重要价值主要体现在以下四个方面：

（一）社会主义先进文化是中国文化体系建设的重要组成部分

如果说从历史的经纬和内容的布局上看，中国文化体系建设应当由"中华优秀传统文化""中国革命红色文化""社会主义先进文化""改革开放强国文化""新时代民族复兴文化""人类文明优秀文化""地域特色历史文化"等部分组成的话，那么，毫无疑问，社会主义先进文化是中国文化体系建设的重要组成部分。

（二）社会主义先进文化是中华民族伟大复兴的重要力量源泉

社会主义先进文化，传承着中华民族五千年奋斗摸索出的文明结晶和流传下来的优秀文化基因，赓续着我国无数革命先烈流血牺牲与先辈们奋斗拼搏而凝练的精神血脉和红色文化基因，凝聚着新中国一代代领导者、建设者、劳动者、探索者呕心沥血、艰苦奋斗、不倦探索、无私奉献而积淀的精神品质和先进文化要素，并不断转化为全党和全国各族人民奋力建设现代化国家、实现中华民族伟大复兴的精神支柱和力量源泉。可见，社会主义先进文化是中华民族伟大复兴的重要力量源泉。

（三）社会主义先进文化是中国走向世界前列的重要实力基础

在世界百年未有之大变局愈来愈显、中西方特别是中美较量愈演愈烈的大背景下，我们必须接续建设、不断发展、大力弘扬社会主义先进文化，从而切实增强"四个自信"，始终坚定"两个维护"，着力坚持"四个全面"，稳步推进"五个建设"，为最终实现民族伟大复兴、走向世界发展前列提供硬软兼备、持续有力的实力支撑。可见，社会主义先进文化是中国走向世界前列的重要实力基础。

（四）社会主义先进文化是中华儿女成长发展的重要行动指南

社会主义先进文化特别是"树牢理想，坚定信念""发奋建设，创新发展""人民至上，服务人民""富强民主，文明和谐""自由平等，公正法治""坚持领导，永葆本色""培养人才，接续奋斗""团结合作，造福人类"的文化精华，是一代代中华儿女健康成长、有序发展、打造成功、谋求幸福的重要思想指引和重要行动指南。

第二节　社会主义先进文化的凝练精华

社会主义先进文化内容非常丰富、结构十分复杂，限于篇幅，这里不能一一尽述。我们仅将社会主义先进文化的内容精华，凝练为以下八个要素予以简述。

一、树牢理想，坚定信念

所谓"树牢理想，坚定信念"，就是要树牢共产主义的远大理想和中国特色社会主义的共同理想，坚定共产党人和中国特色社会主义建设者的政治信念。"树牢理想，坚定信念"，是身处社会主义阶段特别是新时代的中国共产党人、干部群众包括青年学生成长发展的动力，是安身立命的根本，是奋斗作为的灵魂，是增强凝聚力、战斗力和创造力的力量源泉，是战胜无数艰难困苦、历经无数风险考验而依然坚定从容的力量支撑。"树牢理想，坚定信念"，是社会主义先进文化凝练出来的首要精华。

为了加深对树牢理想、坚定信念的重要性、必要性和实践性的认识和把握，我们可以认真学习、深刻领会下面这组"链接"中习近平总书记的谆谆教诲：

【链接4-1】　习近平总书记谈理想信念

革命理想高于天。理想信念之火一经点燃，就永远不会熄灭。在中央苏区和长征途中，党和红军就是依靠坚定的理想信念和坚强的革命意志，一次次绝境重生，愈挫愈勇，最后取得了胜利，创造了难以置信的奇迹。我们不能忘记党的初心和使命，不能忘记革命理想和革命宗旨，要继续高举革命的旗帜，弘扬伟大的长征精神，朝着中华民族伟大复兴的目标奋勇前进。

——2019年5月20日下午，在参观中央红军长征出发纪念馆时的讲话

中国共产党人的理想信念建立在对马克思主义的深刻理解之上，建立在对

历史规律的深刻把握之上。历史和实践反复证明，一个政党有了远大理想和崇高追求，就会坚强有力，无坚不摧，无往不胜，就能经受一次次挫折而又一次次奋起；一名干部有了坚定的理想信念，站位就高了，心胸就开阔了，就能坚持正确政治方向，做到"风雨不动安如山"。信仰认定了就要信上一辈子，否则就会出大问题。

　　——2019年3月1日，在中央党校（国家行政学院）中青年干部培训班开班式上的讲话

　　广大青年要坚定理想信念、练就过硬本领、勇于创新创造、矢志艰苦奋斗、锤炼高尚品格，在弘扬和践行社会主义核心价值观中勤学、修德、明辨、笃实，爱国、励志、求真、力行，同人民一起奋斗，同人民一起前进，同人民一起梦想，用一生来践行跟党走的理想追求。

　　——2018年7月2日，在中南海同团中央新一届领导班子成员集体谈话并发表重要讲话

二、发奋建设，创新发展

所谓"发奋建设，创新发展"，就是指在中国特色社会主义建设时期，党领导全国人民发奋图强搞建设、开拓创新求发展的精神品质和文化结晶。"发奋建设，创新发展"，是社会主义建设初期全党全国人民收拾山河破局、检视建设基础、建立经济体系、试验发展模式的思想意识，是社会主义建设探索期全党全国人民改造山河面貌、牢固建设根基、调节经济体系、探索发展道路的思想行为，是社会主义改革开放时期全党全国人民开发国土资源、加快建设步伐、改革经济结构、创新发展局面的根本行为，是社会主义新时代全党全国人民优化资源布局、拓展建设空间、提升发展质量、提高幸福指数的自觉行为。"发奋建设，创新发展"，是社会主义先进文化凝练出来的重要精华之一。

在社会主义建设的不同时期，先后产生了一系列"发奋建设，创新发展"的品牌成果和精神标识。举凡有社会主义建设探索时期涌现的"抗美援朝精神""大庆精神""铁人精神""雷锋精神""建设兵团精神""北大荒精神""两弹一星精神"，有社会主义改革开放时期涌现的"深圳精神""浦东精神""西部大开发精神""南水北调精神""航空航天精神""抗洪（震

救灾精神",有社会主义新时代涌现的"脱贫攻坚精神""探月精神""两山精神""全民抗疫精神""大国工匠精神""大国良师精神"等等。试看下面这个"案例":

【案例4-1】　创新发展中的探月工程

在社会主义先进文化的引领和促进下,我国航空航天领域实现新的突破,弘扬探月精神,建设航天强国成为航天创新的聚焦精神。

习近平总书记在会见探月工程嫦娥五号任务参研参试人员代表并参观月球样品和探月工程成果展览时强调指出:"十七年以来,参与探月工程研制建设的全体人员大力弘扬追逐梦想、勇于探索、协同攻坚、合作共赢的探月精神,不断攀登新的科技高峰,可喜可贺、令人欣慰。"

嫦娥五号在23天的太空之旅中成功完成从月球采样返回地球的壮举,并且创造了五项"中国首次",实现航空航天领域的开拓创新能力。探月工程中以"绕、落、回"三步走规划的完美收官,自嫦娥一号突破月球探测"零的突破"为开端,到嫦娥五号实现月球采样返回,探月工程成功开启人类月球探测新篇章,顺利书写中国的探月传奇故事。

在中国特色社会主义先进文化精神的鼓舞与激励之下,开拓创新精神渗透落实到航空航天领域的每一个环节之中,为伟大工程实践起到强大的推动作用。

三、人民至上,服务人民

所谓"人民至上,服务人民",是指我们党及其各级组织和广大党员干部始终把人民放在至高无上的位置,热诚服务人民,持续造福人民,努力践行"为人民谋幸福"的初心和使命。"人民至上,服务人民",是我们党的各级组织谋划、开展、推进和做好一切工作的出发点和落脚点,是各级党员干部做实工作、干好事业、谋求发展、实现价值的根本取向和核心目标。"人民至上,服务人民",是社会主义先进文化凝练出来的重要精华之一。看看下面这个"案例",我们对如何坚持"人民至上,服务人民"这一价值取向,践行社会主义先进文化这一凝练精华,或许会有深刻的感悟。

【案例4-2】 武汉抗疫进行时

在新冠疫情突然爆发的时刻，武汉成为全球关注的焦点。

面对全新病毒以及超强的传染能力，武汉医疗系统以及社会运转系统一时间陷入瘫痪状态。受疫情影响最为严重的武汉，全城戒备，医院中人满为患，病人的蜂拥而至导致医护人员分身之术，病床更是供不应求。

在中国共产党的统筹领导以及正确指挥下，开展了一场全国级别的救援活动，从逆行而上的基层医护人员，到千千万万主动请缨前往支援的志愿者，在疫情最为严峻时期集中于武汉市，用汗水、用生命铸造起一面铜墙，保障武汉人民乃至全国人民的生命安全，将疫情控制到最佳状态。以人民群众为核心，以群众为根本的命令下达至每一层每一级的工作环节之中。以中建三局牵头开始建造"火神山""雷神山"医院来解决床位严重不足的燃眉之急，十天之内建成火神山，十二天之内建成雷神山。

当今时代，从来不会出现从天而降的英雄人物，只有千千万万不顾一切听从党的领导、为国家奉献的普通凡人。在短短几天之内，武汉就集结了四万多名工地建造者，从一筹莫展到人山人海，中华儿女用实际行动表示出了一家人的信念，也用事实证明了中国共产党领导的绝对优越性。

当今时代，没有革命年代的浴血奋战，也没有枪林弹雨的战火纷飞，但是雷神山火神山的建成奇迹再一次向世界展示出中国共产党的责任与使命，将责任落实到真实行动中，将使命始终扛在肩上。在和平年代中以绝对的统筹领导接受最严峻的考验，真正践行以人民为中心的发展理念，将人民群众的生命安全放置于首位。在全国调度的过程中彰显中国共产党所选择的中国特色社会主义道路的政治优势，发挥的是中国特色社会主义先进文化的独特优势。

在党的领导之下，全国人民抱着赤诚的爱国之心以及手足之情，给予武汉十足的物质精神动力，各个企业纷纷群策群力为疫情抗争贡献自己的力量，担当起自己的社会责任。雷神山、火神山的建成是抗击疫情期间，中国共产党带领全国人员建造出的伟大成就，是党总结先进历史经验之后保持先进性的体现，是为人民生命健康保障的建筑奇迹，更是党正确领导的标志性事件之一。

只有坚决维护中国共产党的领导，才能保证人民生活的幸福安康，保证社会的稳健前进，保证国家的繁荣富强，保证中华民族伟大复兴目标的完美实现。

四、富强民主，文明和谐

"富强民主，文明和谐"，是我国社会主义现代化国家的建设目标，也是从价值目标层次对社会主义核心价值观基本理念的凝练，在社会主义核心价值观中居于最高层次，对其他层次的价值观具有统领作用。所谓富强，就是财富充裕，力量强大，即国富民强的意思。所谓民主，包含了三重涵义：一是"以民为主"，二是"为民做主"，三是"由民做主"。我们追求的民主是人民民主，其实质和核心是人民当家作主。所谓文明，有广义与狭义之分。广义上的文明，是指一个社会集团中的综合文化特征，包括民族意识、价值观念、礼仪习俗、宗教思想、生活方式、生产方式、科学程度等；而狭义的文明，则是指特定对象具备较高的文化素养、思想素质、道德水准、教育水平。所谓和谐，是指人与自然、人与人、人与社会那种特别协调、恰到好处的状态。"富强民主，文明和谐"，是社会主义先进文化凝练出来的重要精华之一。

五、自由平等，公正法治

"自由平等，公正法治"，是从社会层面对社会主义核心价值观基本理念的凝练。它反映了中国特色社会主义的基本属性，是我们党矢志不渝、长期实践的核心价值观念。所谓自由，是指人的意志自由、存在和发展的自由，是人类社会的美好向往，也是马克思主义追求的社会价值目标。所谓平等，指的是在法律面前一律平等，其价值取向是不断实现实质平等。它要求尊重和保障人权，人人依法享有平等参与、平等发展的权利。所谓公正，即社会公平和正义。"公平"，主要指权利公平、机会公平、规则公平以及分配公平等。"正义"，主要指制度正义、形式正义以及程序正义等。公正，以人的解放、人的自由平等权利的获得为前提，是国家、社会的根本价值理念。所谓法治，即法的统治、治理，与人治、德治相对。法治主要包含形式意义的法治和实质意义的法治。形式意义的法治，强调"以法治国""依法办事"的治国方式、制度及其运行机制。实质意义的法治，强调"法律至上""法律主治""制约权力""保障权利"的价值、原则和精神。法治是形式意义的法治和实质意义的法治的统一体。"自由平等，公正法治"，是社会主义先进文化凝练出来的一种重要精华。

六、坚持领导，永葆本色

所谓"坚持领导，永葆本色"，就是必须牢记"领导我们事业的核心力量是中国共产党"这一《中国共产党章程》的重要规定，始终坚持中国共产党的全面领导，切实加强和不断改进党的全面建设包括政治建设、思想建设、组织建设、作风建设、纪律建设、制度建设，永葆马克思主义政党本色。"坚持领导，永葆本色"，是办好中国一切事情的根本保证，是推进"五个文明建设"的根本保证，是实现中华民族伟大复兴的中国梦的根本保证。"坚持领导，永葆本色"，无疑是社会主义先进文化凝练出来的一种核心精华。试看下面这个"链接"：

【链接4-2】 政治建设：党的根本性建设

习近平总书记指出："党的政治建设是党的根本性建设。要把准政治方向，坚持党的政治领导，夯实政治根基，涵养政治生态，防范政治风险，永葆政治本色，提高政治能力，为我们党不断发展壮大、从胜利走向胜利提供重要保证。"

学习领会习近平党的政治建设思想，要把握三个"要义"。第一，旗帜鲜明讲政治。这是马克思主义政党的根本要求。第二，政治建设放首位。政治建设是党的根本性建设，决定了党的建设的方向和效果。第三，全党服从中央是首要任务。全党各个组织和全体党员服从党的全国代表大会和中央委员会。

党的政治建设旨在通过正确的政治纲领、政治路线、政治立场、政治目标，以及严明的政治纪律，保证全体党员具有高度的政治觉悟，坚持正确政治方向，维护党的团结统一，实现党肩负的政治使命。在党的建设总体布局中，政治建设是"灵魂"和"根基"，是管总、管根本的，对党的其他建设具有统领提携、纲举目张的作用。

党的政治建设是不是太空、太抽象呢？当然不是。党的政治建设是统领党的其他方面建设的灵魂，深刻体现在政治立场、政治方向、政治原则、政治道路、政治纪律、政治规矩、政治能力、政治文化等各个方面，有着实实在在的要求。当前，加强党的政治建设，把保证全党服从中央、坚持党中央权威和集中统一领导作为首要任务，尤其要在坚守党的政治立场、严肃党内政治生活、提升政治能力上下功夫。

党的十九大重新确立了党的建设总要求，其中，党的政治建设是最重要的，是统领、是核心；党的其他建设最终的着眼点和落脚点必须在政治建设上。没有政治建设这个"灵魂"和"根基"，其他建设都成了无用功。政治建设抓好了，政治方向、政治立场、政治大局把握住了，党的政治能力提高了，党的建设就铸了魂、扎了根。政治建设抓好了，对党的其他建设可以起到纲举目张的作用。因此，党的政治建设是党的根本性建设。

把党的政治建设作为党的根本性建设，第一，既是政党的内在本质属性要求，也是确保政党政治良序发展的根本保障。第二，既是十八大以来管党治党的鲜活经验和重要创新成果，也是新时代推动全面从严治党向纵深发展的重要实践原则和内在要求。第三，既要从战略性全局性层面加强管党治党顶层设计，也要创新实践路径切实提高党的建设质量。

怎样加强党的政治建设，把政治建设的统领作用落到实处？第一，首要任务：保证全党服从中央，坚持党中央权威和集中统一领导。第二，基本途径：尊崇党章，严格执行新形势下党内政治生活若干准则，增强党内政治生活的政治性、时代性、原则性、战斗性。第三，基础工程：加强党内政治文化建设，营造风清气正的良好政治生态。第四，重要内容：加强党性锻炼，提高全党同志特别是高级干部的政治觉悟和政治能力。

锲而不舍地加强党的政治建设，第一，首要任务：坚决维护以习近平同志为核心的党中央权威和集中统一领导。第二，基础支撑：坚定党员干部的理想信念。第三，基本要求：不折不扣贯彻落实以习近平同志为核心的党中央作出的决策部署。第四，重要内容：营造风清气正的良好政治生态。

——摘引自求是网

七、培养人才，接续奋斗

所谓"培养人才，接续奋斗"，就是精心培养和大力培育一批又一批社会主义事业合格建设者和可靠接班人，包括各层级各类型专业技术人才、企业管理人才、党政管理人才，特别是要培养和造就大批具有坚定马克思主义信仰、有较高理论水平和战略思维能力、深入了解实际的领导骨干，促进和推动全党和全国各族人民不断进取、接续奋斗，把中国特色社会主义事业不断推向前进。"培养人才，接续奋斗"，是中国共产党团结和带领全国各族人民不断开创中国特色社会主义事业新局面的根本经验，也是苏联和东欧社会主义国家纷纷改弦易帜的根本教训。"培养人才，接续奋斗"，又是社会主义先进文化凝练出来的一种重要精华。

"人才大计，教育为本"。要为党和国家事业发展培养需要的各级各类人才，关键在办好各级各类教育事业，统筹办好学前教育、基础教育、职业教育、高等教育、学历继续教育、非学历继续教育、干部教育、社区教育等事业，构建学习型社会和终身教育体系。

八、团结合作，造福人类

所谓"团结合作，造福人类"，就是中国共产党坚持以马克思主义为思想基础，以中华传统文化中的"大同世界"为价值理念，致力于与世界各国建立团结友好、合作共赢的关系，积极打造人类命运共同体，努力造福世界各国人民和全人类。"团结合作，造福人类"，是习近平新时代中国特色社会主义思想体系的重要观点、重要理念、重要主张之一，是中国社会主义先进文化的重要概念、重要精华、重要元素之一。试看下面这个"链接"：

【链接4-3】 习近平论政党责任

2021年7月，习近平总书记在中国共产党与世界政党领导人峰会上发表了题为《加强政党合作 共谋人民幸福》的主旨讲话。其中，他提到政党应努力担负起五大责任。

一、担负起引领方向的责任

我们要担负起引领方向的责任，把握和塑造人类共同未来。人民渴望富足安康，渴望公平正义。大时代需要大格局，大格局呼唤大胸怀。从"本国优先"的角度看，世界是狭小拥挤的，时时都是"激烈竞争"。从命运与共的角度看，世界是宽广博大的，处处都有合作机遇。我们要倾听人民心声，顺应时代潮流，推动各国加强协调和合作，把本国人民利益同世界各国人民利益统一起来，朝着构建人类命运共同体的方向前行。

二、担负起凝聚共识的责任

我们要担负起凝聚共识的责任，坚守和弘扬全人类共同价值。各国历史、文化、制度、发展水平不尽相同，但各国人民都追求和平、发展、公平、正义、民主、自由的全人类共同价值。我们要本着对人类前途命运高度负责的态度，做全人类共同价值的倡导者，以宽广胸怀理解不同文明对价值内涵的认识，尊重不同国家人民对价值实现路径的探索，把全人类共同价值具体地、现实地体现到实现本国人民利益的实践中去。

三、担负起促进发展的责任

我们要担负起促进发展的责任，让发展成果更多更公平地惠及各国人民。发展是实现人民幸福的关键。在人类追求幸福的道路上，一个国家、一个民族都不能少。世界上所有国家、所有民族都应该享有平等的发展机会和权利。我们要直面贫富差距、发展鸿沟等重大现实问题，关注欠发达国家和地区，关爱贫困民众，让每一片土地都孕育希望。中国古人说："适己而忘人者，人之所弃；克己而立人者，众之所戴。"发展是世界各国的权利，而不是少数国家的专利。我们要推动各国加强发展合作、各国人民共享发展成果，提升全球发展的公平性、有效性、协同性，共同反对任何人搞技术封锁、科技鸿沟、发展脱钩。我相信，任何以阻挠他国发展、损害他国人民生活为要挟的政治操弄都是不得人心的，也终将是徒劳的！

四、担负起加强合作的责任

我们要担负起加强合作的责任，携手应对全球性风险和挑战。面对仍在肆虐的新冠肺炎疫情，我们要坚持科学施策，倡导团结合作，弥合"免疫鸿沟"，反对将疫情政治化、病毒标签化，共同推动构建人类卫生健康共同体。面对恐怖主义等人类公敌，我们要以合作谋安全、谋稳定，共同扎好安全的"篱笆"。面对脆弱的生态环境，我们要坚持尊重自然、顺应自然、保护自然，共建绿色家园。面对气候变化给人类生存和发展带来的严峻挑战，我们要勇于担当、同心协力，共谋人与自然和谐共生之道。

五、担负起完善治理的责任

我们要担负起完善治理的责任，不断增强为人民谋幸福的能力。通向幸福的道路不尽相同，各国人民有权选择自己的发展道路和制度模式，这本身就是人民幸福的应有之义。民主同样是各国人民的权利，而不是少数国家的专利。实现民主有多种方式，不可能千篇一律。一个国家民主不民主，要由这个国家的人民来评判，而不能由少数人说了算！我们要加强交流互鉴，完善沟通机制、把握社情民意、健全组织体系、提高治理能力，推进适合本国国情的民主政治建设，不断提高为人民谋幸福的能力和成效。

——摘引自光明党建网2021年8月17日

第三节 社会主义先进文化的弘扬路径

在新时代征程上，弘扬和发展社会主义先进文化，须要遵循和运用若干正确而科学的基本路径。从总体上说，弘扬和发展社会主义先进文化的基本路径大致有如下五条：

一、在"深化改革、扩大开放"中发展经济

在"深化改革、扩大开放"中发展经济，就是要在"深化改革、扩大开放"的同步努力中发展中国特色社会主义经济，践行新发展理念，构建新发展格局，推动经济高质量发展。在"深化改革、扩大开放"中发展经济，是弘扬和发展社会主义先进文化的基本路径之一。

实践发展永无止境，解放思想永无止境，改革开放也永无止境，改革开放只有进行时、没有完成时，停顿和倒退没有出路。必须以更大的政治勇气和智慧推进全面深化改革，不断扩大开放，敢于啃硬骨头，敢于涉险滩，突出制度建设，注重改革关联性和耦合性，真枪真刀推进改革，有效破除各方面体制机制弊端。

要始终坚持改革正确方向，以促进社会公平正义、增进人民福祉为出发点和落脚点，突出问题导向，聚焦进一步解放思想、解放和发展社会生产力、解放和增强社会活力，加强顶层设计和整体谋划，增强改革的系统性、整体性、协同性，激发人民首创精神，推动重要领域和关键环节改革走实走深。着力推动改革全面发力、多点突破、蹄疾步稳、纵深推进，从夯基垒台、立柱架梁到全面推进、积厚成势，再到系统集成、协同高效，各领域基础性制度框架基本确立，许多领域实现历史性变革、系统性重塑、整体性重构。

开放带来进步，封闭必然落后；我国发展要赢得优势、赢得主动、赢得未来，必须顺应经济全球化，依托我国超大规模市场优势，实行更加积极主动的开放战略。要进一步坚持共商共建共享，推动共建"一带一路"高质量发展，推进一大批关系沿线国家经济发展、民生改善的合作项目，建设和平之路、繁荣之路、开放之路、绿色之路、创新之路、文明之路，使共建"一带一路"成为当今世界深受欢迎的国际公共产品和国际合作平台。进一步坚持对内对外开放相互促进，"引进来"和"走出去"更好结合，推动贸易和投资自由化便利化，构建面向全球的高标准自由贸易区网络，建设自由贸易试验区和海南自由贸易港，推动规则、规制、管理、标准等制度型开放，形成更大范围、更宽领域、更深层次对外开放格局，构建互利共赢、多元平衡、安全高效的开放型经济体系，不断增强我国国际经济合作和竞争新优势。

二、在"发展民主、健全制度"中建设政治

在"发展民主、健全制度"中建设政治，就是要发展发扬全过程民主，建立健全民主政治制度，切实加强、不断改进中国特色社会主义政治建设。在"发展民主、健全制度"中建设政治，是弘扬和发展社会主义先进文化的基本路径之一。

坚定中国特色社会主义制度自信，首先要坚定对中国特色社会主义政治制度的自信，建设社会主义民主政治，发展社会主义政治文明，必须使中国特色社会主义政治制度深深扎根于中国社会土壤，照抄照搬他国政治制度行不通，甚至会把国家前途命运葬送掉。必须坚持党的领导、人民当家作主、依法治国有机统一，积极发展全过程人民民主，健全全面、广泛、有机衔接的人民当家作主制度体系，构建多样、畅通、有序的民主渠道，丰富民主形式，从各层次各领域扩大人民有序政治参与，使各方面制度和国家治理更好体现人民意志、保障人民权益、激发人民创造。必须警惕和防范西方所谓"宪政"、多党轮流执政、"三权鼎立"等政治思潮的侵蚀影响。

必须始终坚持人民主体地位，保证人民依法实行民主选举、民主协商、民主决策、民主管理、民主监督。必须始终坚持和完善人民代表大会制度，支持和保证人民通过人民代表大会行使国家权力，支持和保证人大依法行使立法权、监督权、决定权、任免权，发挥人民代表大会制度的根本政治制度作用。必须始终坚持和完善中国共产党领导的多党合作和政治协商制度，推进社会主义协商民主广泛多层制度化发展，形成中国特色协商民主体系。必须始终坚持巩固基层政权，完善基层民主制度，完善办事公开制度，保障人民知情权、参与权、表达权、监督权。必须始终坚持和完善民族区域自治制度，坚定不移走

中国特色解决民族问题的正确道路，坚持把铸牢中华民族共同体意识作为党的民族工作主线，确立新时代党的治藏方略、治疆方略，巩固和发展平等团结互助和谐的社会主义民族关系，促进各民族共同团结奋斗、共同繁荣发展。必须始终坚持党的宗教工作基本方针，坚持我国宗教的中国化方向，积极引导宗教与社会主义社会相适应。完善大统战工作格局，努力寻求最大公约数、画出最大同心圆，汇聚实现中华民族伟大复兴的磅礴力量。必须围绕增强政治性、先进性、群众性，推动群团工作改革创新，更好发挥工会、共青团、妇联等人民团体和群众组织作用。

三、在"守正创新、培根铸魂"中繁荣文化

在"守正创新、培根铸魂"中繁荣文化，就是要始终坚持以"守正创新、培根铸魂"为准则、为主题、为目标，不断繁荣和发展中国特色社会主义文化。在"守正创新、培根铸魂"中繁荣文化，是弘扬和发展社会主义先进文化的一条基本而根本的路径。

意识形态工作是为国家立心、为民族立魂的工作。文化自信是更基础、更广泛、更深厚的自信，是一个国家、一个民族发展中最基本、最深沉、最持久的力量，没有高度文化自信、没有文化繁荣兴盛就没有中华民族伟大复兴。必须坚持以人民为中心的工作导向，举旗帜、聚民心、育新人、兴文化、展形象，牢牢掌握意识形态工作领导权，建设具有强大凝聚力和引领力的社会主义意识形态，建设社会主义文化强国，激发全民族文化创新创造活力，更好构筑中国精神、中国价值、中国力量，巩固全党全国各族人民团结奋斗的共同思想基础。

必须着力解决意识形态领域党的领导弱化问题，立破并举、激浊扬清，确立和坚持马克思主义在意识形态领域指导地位的根本制度，健全意识形态工作责任制，推动全党动手抓宣传思想工作，守土有责、守土负责、守土尽责，敢抓敢管、敢于斗争，旗帜鲜明反对和抵制各种错误观点。必须持续推动用党的创新理论武装全党、教育人民、指导实践，深化马克思主义理论研究和建设，推进中国特色哲学社会科学学科体系、学术体系、话语体系建设，高度重视传播手段建设和创新，推动媒体融合发展，提高新闻舆论传播力、引导力、影响

力、公信力，健全互联网领导和管理体制，坚持依法管网治网，营造清朗的网络空间。

必须始终坚持以社会主义核心价值观引领文化建设，注重用社会主义先进文化、革命文化、中华优秀传统文化培根铸魂，广泛开展中国特色社会主义和中国梦宣传教育，推动理想信念教育常态化制度化，完善思想政治工作体系，深化群众性精神文明创建，建设新时代文明实践中心，推动学习大国建设。必须进一步推动学习党史、新中国史、改革开放史、社会主义发展史，开展一系列重大庆祝纪念活动，有力彰显党心民心、国威军威，在全社会唱响主旋律、弘扬正能量。必须始终坚持把社会效益放在首位、社会效益和经济效益相统一，推进文化事业和文化产业全面发展，繁荣文艺创作，完善公共文化服务体系，为人民提供更多更好的精神食粮。

中华优秀传统文化是中华民族的突出优势，是我们在世界文化激荡中站稳脚跟的根基。必须结合新的时代条件传承和弘扬好，必须持续实施中华优秀传统文化传承发展工程，着力推动中华优秀传统文化创造性转化、创新性发展，增强全社会文物保护意识，加大文化遗产保护力度。着力加快国际传播能力建设，向世界讲好中国故事、中国共产党故事，传播好中国声音，促进人类文明交流互鉴，国家文化软实力、中华文化影响力明显提升。

四、在"牢记宗旨、服务人民"中改善社会

在"牢记宗旨、服务人民"中改善社会，就是要始终坚持以"牢记宗旨、服务人民"为取向、为主旨、为目标，持续加强、着力改善中国特色社会主义社会建设。在"牢记宗旨、服务人民"中改善社会，是弘扬和发展社会主义先进文化的一条基本而重要的路径。

人民对美好生活的向往就是我们的奋斗目标，增进民生福祉是我们坚持立党为公、执政为民的本质要求，让老百姓过上好日子是我们一切工作的出发点和落脚点，补齐民生保障短板、解决好人民群众急难愁盼问题是社会建设的紧迫任务。必须以保障和改善民生为重点加强社会建设，尽力而为、量力而行，一件事情接着一件事情办，一年接着一年干，在幼有所育、学有所教、劳有所得、病有所医、老有所养、住有所居、弱有所扶上持续用力，加强和创新社会治理，使人民获得感、幸福感、安全感更加充实、更有保障、更可持续。

为了保障和改善民生，要继续按照坚守底线、突出重点、完善制度、引导预期的思路，在收入分配、就业、教育、社会保障、医疗卫生、住房保障等方面推出一系列重大举措，注重加强普惠性、基础性、兜底性民生建设，推进基本公共服务均等化。要始终着眼于国家长治久安、人民安居乐业，建设更高水平的平安中国，完善社会治理体系，健全党组织领导的自治、法治、德治相结合的城乡基层治理体系，推动社会治理重心向基层下移，建设共建共治共享的社会治理制度，建设人人有责、人人尽责、人人享有的社会治理共同体。

五、在"坚守底线、接续奋斗"中美化生态

在"坚守底线、接续奋斗"中美化生态，就是要始终坚持以"坚守底线、接续奋斗"为根本原则和行为准则，持续加强、着力改善中国特色社会主义生态建设。在"坚守底线、接续奋斗"中美化生态，是弘扬和发展社会主义先进文化的一条基本而重要的路径。

生态文明建设是关乎中华民族永续发展的根本大计，保护生态环境就是保护生产力，改善生态环境就是发展生产力，决不能以牺牲环境为代价换取一时的经济增长。必须坚持绿水青山就是金山银山的理念，坚持山水林田湖草沙一体化保护和系统治理，像保护眼睛一样保护生态环境，像对待生命一样对待生态环境，更加自觉地推进绿色发展、循环发展、低碳发展，坚持走生产发展、生活富裕、生态良好的文明发展道路。

必须继续从思想、法律、体制、组织、作风上全面发力，全方位、全地域、全过程加强生态环境保护，推动划定生态保护红线、环境质量底线、资源利用上线，开展一系列根本性、开创性、长远性工作。必须着力实施主体功能区战略，建立健全自然资源资产产权制度、国土空间开发保护制度、生态文明建设目标评价考核制度和责任追究制度、生态补偿制度、河湖长制、林长制、环境保护"党政同责"和"一岗双责"等制度，制定修订相关法律法规。必须优化国土空间开发保护格局，建立以国家公园为主体的自然保护地体系，持续开展大规模国土绿化行动，加强大江大河和重要湖泊湿地及海岸带生态保护和系统治理，加大生态系统保护和修复力度，加强生物多样性保护，推动形成节约资源和保护环境的空间格局、产业结构、生产方式、生活方式。必须着力打赢污染防治攻坚战，深入实施大气、水、土壤污染防治三大行动计划，打好蓝天、碧水、净土保卫战，开展农村人居环境整治，全面禁止进口"洋垃圾"。

六、在"加强党建、强化保障"中复兴中国

在"加强党建、强化保障"中复兴中国，就是要始终坚持以"加强党建、强化保障"为根本保证和关键举措，不断加强党的自身建设，始终坚持全面从严治党，不断提高党的凝聚力、执行力、战斗力、创造力，从而推动中华民族伟大复兴中国梦的顺利实现。在"加强党建、强化保障"中复兴中国，是弘扬和发展社会主义先进文化的一条最重要最根本的路径。

习近平总书记强调指出，打铁必须自身硬，办好中国的事情，关键在党，关键在党要管党、全面从严治党。必须以加强党的长期执政能力建设、先进性和纯洁性建设为主线，以党的政治建设为统领，以坚定理想信念宗旨为根基，以调动全党积极性、主动性、创造性为着力点，不断提高党的建设质量，把党建设成为始终走在时代前列、人民衷心拥护、勇于自我革命、经得起各种风浪考验、朝气蓬勃的马克思主义执政党。必须以永远在路上的清醒和坚定，坚持严的主基调，突出抓住"关键少数"，落实主体责任和监督责任，强化监督执纪问责，把全面从严治党贯穿于党的建设各方面。

我们党来自人民、植根人民、服务人民，一旦脱离群众就会失去生命力，全面从严治党必须从人民群众反映强烈的作风问题抓起。必须发扬钉钉子精神，持之以恒纠治"四风"，反对特权思想和特权现象，狠刹公款送礼、公款吃喝、公款旅游、奢侈浪费等不正之风，切实解决群众反映强烈、损害群众利益的突出问题，推进基层减负，倡导勤俭节约、反对铺张浪费。

马克思主义信仰、共产主义远大理想、中国特色社会主义共同理想，是中国共产党人的精神支柱和政治灵魂，也是保持党的团结统一的思想基础。必须坚持用党的创新理论武装党员干部的头脑，推进学习型党组织建设。必须贯彻新时代党的组织路线，践行信念坚定、为民服务、勤政务实、敢于担当、清正廉洁的新时代好干部标准，突出政治素质要求、树立正确用人导向，强化党组织领导和把关作用，纠正选人用人上的不正之风。各级领导干部必须解决好世界观、人生观、价值观这个"总开关"问题，珍惜权力、管好权力、慎用权力，自觉接受各方面监督。必须始终坚持党管人才原则，实行更加积极、更加开放、更加有效的人才政策，深入实施新时代人才强国战略，加快建设世界重要人才中心和创新高地。必须不断健全组织体系，以提升组织力为重点，增强党组织政治功能和组织功能，推动党的组织和党的工作全覆盖。必须坚持纪严于法、执纪执法贯通，用好监督执纪"四种形态"，强化政治纪律和组织纪律，带动各项纪律全面严起来。必须始终坚持依规治党，严格遵守党章，形成比较完善的党内法规体系，严格制度执行，不断提高党的建设科学化、制度化、规范化水平。

第四节　社会主义先进文化凝练与弘扬的"开大责任"

作为开放大学特别是市州开放大学，怎样在"社会主义先进文化的凝练与弘扬"中担负起自己应尽的责任呢？我们认为，主要应当从以下五个方面着眼着力：

一、在完善人才培养方案中凝练与弘扬先进文化

在完善人才培养方案中凝练与弘扬先进文化，就是要在不断修订、逐步完善、锐意创新开放教育专业人才培养方案的过程中，悉心凝练、大力弘扬社会主义先进文化的精华精神。在完善人才培养方案中凝练与弘扬社会主义先进文化，是市州开放大学在"社会主义先进文化的凝练与弘扬"中应当担负起的首要责任。

在完善人才培养方案中凝练与弘扬社会主义先进文化，市州开放大学应当注重四点：一是确立特定开放教育专业人才培养目标时，要悉心凝练、大力弘扬社会主义先进文化的精华精神，把"理想""信念""奋斗""创新"等元素融入其中；二是遴选特定开放教育专业人才培养课程与教材时，要悉心凝练、大力弘扬社会主义先进文化的精华精神，优先选择那些与社会主义先进文化内涵内蕴密切相关的课程与教材；三是筹划特定开放教育专业人才培养方式方法时，要悉心凝练、大力弘扬社会主义先进文化的精华精神，统筹运用基于社会主义先进文化精华弘扬的教育教学方式方法；四是组织特定开放教育专业人才培养绩效考评考试时，要悉心凝练、大力弘扬社会主义先进文化的精华精神，改革创新开放教育专业人才培养绩效考评模式和考试办法。

二、在改革开放教育教学中凝练与弘扬先进文化

在改革开放教育教学中凝练与弘扬先进文化，就是要在精心谋划、逐步实施、不断深化开放教育教学改革创新的过程中，悉心凝练、大力弘扬社会主义先进文化的精华精神。在改革开放教育教学中凝练与弘扬社会主义先进文化，是市州开放大学在"社会主义先进文化的凝练与弘扬"中应当担负起的重要责任之一。

在改革开放教育教学中凝练与弘扬社会主义先进文化，市州开放大学应当抓住四个环节：一是在改革开放教育面授导学课程结构中凝练与弘扬社会主义先进文化的精华精神，把"团结合作""开拓创新""融合发展"等元素融入其中；二是在改革开放教育网上学习交流机制中凝练与弘扬社会主义先进文化的精华精神，把"民主""交流""合作""奋斗"等元素融入其中；三是在改革开放教育实践教学机制中凝练与弘扬社会主义先进文化的精华精神，把"理想""信念""奋斗""发展"等元素融入其中；四是在改革开放教育学员管理机制中凝练与弘扬社会主义先进文化的精华精神，把"奋斗""发展""公正""法治"等元素融入其中。

三、在加强学习支持服务中凝练与弘扬先进文化

在加强学习支持服务中凝练与弘扬先进文化，就是要在精心设计、积极实施、不断加强开放教育学员的学习支持服务的过程中，悉心凝练、大力弘扬社会主义先进文化的精华精神。在加强学习支持服务中凝练与弘扬社会主义先进文化，是市州开放大学在"社会主义先进文化的凝练与弘扬"中应当担负起的重要责任之一。

在加强开放教育学员学习支持服务中凝练与弘扬社会主义先进文化，市州开放大学应当突出四点：一是在加强开放教育学员学习指导中凝练与弘扬社会主义先进文化的精华精神，把指导学员学会开放教育学习与弘扬社会主义先进文化精华精神有机结合起来；二是在加强开放教育学员学习支持中凝练与弘扬社会主义先进文化的精华精神，把支持学员解决开放教育学习问题与弘扬社会主义先进文化精华精神有机结合起来；三是在加强开放教育学员学习服务中凝练与弘扬社会主义先进文化的精华精神，把服务学员提高开放教育学习水平与弘扬社会主义先进文化精华精神有机结合起来；四是在加强开放教育学员学习激励中凝练与弘扬社会主义先进文化的精华精神，把激励学员践行开放教育学习文化与弘扬社会主义先进文化精华精神有机结合起来。

四、在推进开放教育科研中凝练与弘扬先进文化

在推进开放教育科研中凝练与弘扬先进文化，就是要在高度重视、持续实施、着力推进开放教育科学研究的过程中，悉心凝练、大力弘扬社会主义先进文化的内容精华和精神内蕴。在推进开放教育科研中凝练与弘扬社会主义先进文化，是市州开放大学在"社会主义先进文化的凝练与弘扬"中应当担负起的一种重要责任。

在推进开放教育科学研究中凝练与弘扬社会主义先进文化，市州开放大学应当做好四项工作：一是在推进开放教育科研谋划中凝练与弘扬社会主义先进文化的精华精神，引导和支持学校教职员工在"发奋图强"中精心谋划开放教育科研项目和课题；二是在推进开放教育科研行动中凝练与弘扬社会主义先进文化的精华精神，引导和支持学校教职员工在"团结合作"中持续强化开放教育科研行动；三是在推进开放教育科研收获中凝练与弘扬社会主义先进文化的精华精神，支持和帮助学校教职员工在"求实创新"中不断采摘开放教育科研成果；四是在推进开放教育科研激励中凝练与弘扬社会主义先进文化的精华精神，支持和激励学校教职员工在"接续奋斗"中不断提升开放教育科研水平。

五、在改进开大办学管理中凝练与弘扬先进文化

在改进开大办学管理中凝练与弘扬先进文化，就是要在高度重视、切实加强、不断改进开放大学办学管理的过程中，悉心凝练、大力弘扬社会主义先进文化的内容精华和精神内蕴。在改进开大办学管理中凝练与弘扬社会主义先进文化，也是市州开放大学在"社会主义先进文化的凝练与弘扬"中应当担负起的一种重要责任。

在改进开放大学办学管理中凝练与弘扬社会主义先进文化，市州开放大学应当抓住"五手"：一是坚持"建设""发展"为本，在加强和改进办学重大决策中凝练与弘扬社会主义先进文化的精华精神；二是坚持"坚决""有力"为要，在加强和改进办学中层执行中凝练与弘扬社会主义先进文化的精华精神；三是坚持"求实""求为"为上，在加强和改进办学一线操作中凝练与弘扬社会主义先进文化的精华精神；四是坚持"凝神""聚力"为核，在加强和改进办学党务管理中凝练与弘扬社会主义先进文化的精华精神；五是坚持"有序""有效"为重，在加强和改进办学校务管理中凝练与弘扬社会主义先进文化的精华精神。

第五节　社会主义先进文化凝练与弘扬的"开大贡献"

作为开放大学特别是市州开放大学，怎样在"社会主义先进文化的凝练与弘扬"中作出自己的积极"贡献"呢？我们认为，主要应当从以下六个方面发力作为：

一、在建设先进文化教育资源上作出"开大贡献"

在建设先进文化教育资源上作出"开大贡献"，就是要在大力开发、努力建设社会主义先进文化教育资源上倾心倾力，作出无愧于市州开放大学的贡献。在建设社会主义先进文化教育资源上作出"开大贡献"，是市州开放大学在"社会主义先进文化的凝练与弘扬"中应当作出的首要贡献。

在建设社会主义先进文化教育资源上作出"开大贡献"，市州开放大学领导班子及其有关部门、有关教育工作者和管理者至少应当抓住三点：一是开发和建设社会主义先进文化教育课程资源，可以在开放教育相关专业开设《社会主义发展简史》《社会主义先进文化》之类的课程或相关课程专题等；二是开发和建设社会主义先进文化教育教材资源，可以组织校内外专家力量编撰出版《社会主义先进文化概论》《社会主义先进文化教程》之类的教材，编撰相关专题讲义讲稿等；三是开发和建设社会主义先进文化教育教学资源，可以组织校内外专家和教师编撰、制作、审改、收集"社会主义先进文化"专题教案、PPT、典型案例、思考训练题、考试测验题、优秀学员学习论文等。

二、在强化先进文化教育教学上作出"开大贡献"

在强化先进文化教育教学上作出"开大贡献"，就是要在着力强化、不断改进社会主义先进文化教育教学上用心用力，作出无愧于市州开放大学的贡献。在强化社会主义先进文化教育教学上作出"开大贡献"，是市州开放大学在"社会主义先进文化的凝练与弘扬"中应当作出的重要贡献之一。

在强化社会主义先进文化教育教学上作出"开大贡献"，市州开放大学领导班子及其有关部门、有关教育工作者和管理者至少应当突出三点：一是强化基于社会主义先进文化引领的教育教学理念，在开放教育教学实践中坚持以社会主义先进文化为引领，切实强化"发奋""合作""服务""创新"等教育教学理念；二是强化基于社会主义先进文化滋润的教育教学行为，在开放教育教学实践中注重社会主义先进文化的滋润，切实强化"发奋进取""团结合作""支持服务""创新发展"等教育教学行为；三是强化基于社会主义先进文化支撑的教育教学效益，在开放教育教学实践中坚持以社会主义先进文化为支撑，切实强化"师生合作""教学服务""模式创新""专业发展"等教育教学效益。

三、在健全先进文化教育机制上作出"开大贡献"

在健全先进文化教育机制上作出"开大贡献"，就是要在着力健全、不断完善社会主义先进文化教育机制上用功使劲，作出无愧于市州开放大学的贡献。在健全社会主义先进文化教育机制上作出"开大贡献"，是市州开放大学在"社会主义先进文化的凝练与弘扬"中应当作出的重要贡献之一。

在健全社会主义先进文化教育机制上作出"开大贡献"，市州开放大学领导班子及其有关部门、有关教育工作者和管理者至少应当抓住四点：一是健全社会主义先进文化教育的决策机制，在加强调研、加强策划、加强沟通、加强论证的基础上，科学决策本区域本校社会主义先进文化教育方案；二是健全社会主义先进文化教育的实施机制，在遴选教材、遴选教师、管实教学、管住学员的过程中，精实组织本区域本校社会主义先进文化教育实施；三是健全社会主义先进文化教育的调控机制，在抓好人力调控、物力调控、时间调控、空间调控的过程中，着力抓好本区域本校社会主义先进文化教育调控；四是健全社会主义先进文化教育的考评机制，在做好内容考评、方法考评、过程考评、结果考评的过程中，切实做好本区域本校社会主义先进文化教育考评。

四、在提高先进文化教育质量上作出"开大贡献"

在提高先进文化教育质量上作出"开大贡献"，就是要在切实提高、不断提升社会主义先进文化教育质量上呕心沥血，作出无愧于市州开放大学的贡献。在提高社会主义先进文化教育质量上作出"开大贡献"，是市州开放大学在"社会主义先进文化的凝练与弘扬"中应当作出的一种重要贡献。

在提高社会主义先进文化教育质量上作出"开大贡献"，市州开放大学领导班子及其有关部门、有关教育工作者和管理者至少应当做到三点：一是在精心设计、悉心备课、匠心教授、慧心训练的过程中，切实提高社会主义先进文化课程教育质量；二是在精选专题、深研专题、巧讲专题、完成专题的过程中，切实提高社会主义先进文化专题教育质量；三是在布设元素、呈现元素、用好元素、激化元素的过程中，切实提高社会主义先进文化元素教育质量。

五、在多出先进文化教育成果上作出"开大贡献"

在多出先进文化教育成果上作出"开大贡献"，就是要在又多又好地获取社会主义先进文化教育成果上不遗余力，作出无愧于市州开放大学的贡献。在多出社会主义先进文化教育成果上作出"开大贡献"，又是市州开放大学在"社会主义先进文化的凝练与弘扬"中应当作出的一种重要贡献。

在多出社会主义先进文化教育成果上作出"开大贡献"，市州开放大学领导班子及其有关部门、有关教育工作者和管理者至少应当注重三点：一是通过加强科研课题研究、加强论文撰写发表、加强教材编撰出版、加强学术专著撰著出版等努力，又多又好地获取社会主义先进文化教育科研成果；二是通过开发教材资源、用活教师资源、创新教学实施、改进学员管理等努力，又多又好地获取社会主义先进文化教育教学成果；三是通过实施专题教育、开展主题活动、加强定向实践、树立学员典型等努力，又多又好地获取社会主义先进文化教育实践成果。

六、在造就先进文化教育名师上作出"开大贡献"

在造就先进文化教育名师上作出"开大贡献"，就是要在精心培育、大力造就社会主义先进文化教育名师上多措并举，作出无愧于市州开放大学的贡献。在造就社会主义先进文化教育名师上作出"开大贡献"，也是市州开放大学在"社会主义先进文化的凝练与弘扬"中应当作出的一种重要贡献。

在造就社会主义先进文化教育名师作出"开大贡献"，市州开放大学领导班子及其有关部门、有关教育工作者和管理者至少应当坚持三点：一是采取出台政策、开发项目、创设环境、宣传名师等措施，积极引导教师成长为社会主义先进文化教育名师；二是采取酝酿人选、定向培训、资金倾斜、减轻负担等措施，鼎力支持教师发展为社会主义先进文化教育名师；三是采取创优评先、晋职晋级、增资加薪、鼓励嘉奖等措施，强劲激励教师造就为社会主义先进文化教育名师。

【思考与训练】

一、社会主义先进文化的基本涵义是什么？它有哪些重要价值？

二、我国社会主义先进文化凝练的精华体现为哪些要素？

三、弘扬社会主义先进文化应当运用什么样的基本路径？

四、在凝练与弘扬社会主义先进文化上，市州开放大学应当承担哪些基本责任？

五、市州开放大学为凝练与弘扬社会主义先进文化可以做出哪些贡献？作为市州开放大学学员，你打算怎样贡献自己的一份力量？

第五章 改革开放强国文化的凝聚与发扬

改革开放，是我们党的基本路线的一个基本点，也是中国特色社会主义道路的鲜明特色。1978年12月召开的党的十一届三中全会，开创了党和国家新的历史时期。坚持改革开放，是我们的强国之路。40年多来，中国特色社会主义正是在不断推进改革开放中向前发展的。没有改革开放，就没有中国特色社会主义。实行改革开放以来的40多年，是中国经济实力、科技实力、教育实力、文化实力、军事实力、外交实力、综合国力等大发展、大增强、大提升的40多年，也是"改革开放强国文化"逐步形成、强力凝聚、持续发扬的40多年。习近平总书记指出，中国进行改革开放，顺应了中国人民要发展、要创新、要美好生活的历史要求，契合了世界各国人民要发展、要合作、要和平生活的时代潮流。在新时代征程上，我们要大力发扬改革开放强国文化，激发奋进动力，汇聚起更加磅礴的力量，把新时代建设发展、改革开放事业不断向前推进。正因如此，《文化教育导读》把"改革开放强国文化的凝聚与发扬"列为第五章。作为市州开放大学学员，应当认真学习、深入领会、努力践行"改革开放强国文化的凝聚与发扬"这一章内容，自觉而努力地为"改革开放强国文化的凝聚与发扬"贡献智慧和力量。

第一节　改革开放强国文化的涵义、特征与价值

一、改革开放强国文化的基本涵义

要准确解读、深入领会、完整把握改革开放强国文化的基本涵义，须从以下三个层次着眼：

（一）改革开放的基本涵义

改革开放，是1978年12月十一届三中全会中国开始实行的对内改革、对外开放的政策。中国的对内改革先从农村开始，1978年11月，安徽省凤阳县小岗村实行"分田到户，自负盈亏"的家庭联产承包责任制（大包干），拉开了中国对内改革的大幕。在城市，国营企业的自主经营权得到了明显改善。

1979年7月15日，中央正式批准广东、福建两省在对外经济活动中实行特殊政策、灵活措施，迈开了改革开放的历史性脚步，对外开放成为中国的一项基本国策。作为中国的强国之路，改革开放是社会主义事业发展的强大动力。改革开放建立了社会主义市场经济体制。1992年邓小平南方谈话发布中国改革进入了新的阶段。改革开放使中国发生了巨大的变化。1992年10月召开的党的十四大宣布新时期最鲜明特点是改革开放，中国进入新的改革时期。2013年中国进入全面深化改革新时期。2017年10月召开的党的十九大宣布中国进入全面深化改革开放的新时代。

改革开放是中国共产党在社会主义初级阶段基本路线的两个基本点之一，中共十一届三中全会以来进行社会主义现代化建设的总方针、总政策，是强国之路，是党和国家发展进步的活力源泉。改革，即对内改革，就是在坚持社会主义制度的前提下，自觉地调整和改革生产关系同生产力、上层建筑同经济基础之间不相适应的方面和环节，促进生产力的发展和各项事业的全面进步，更好地实现广大人民群众的根本利益。开放，即对外开放，是加快我国现代化建设的必然选择，符合当今时代的特征和世界发展的大势，是必须长期坚持的一项基本国策。

（二）改革开放强国的基本涵义

强国，既是一个名词，又是一个动词。作名词用时，"强国"的意思是在国际关系中起着决定性作用的国家，它具有巨大的政治影响，拥有巨大的资源和军事力量。作动词用时，"强国"的意思是"使国家繁荣富强"，使国家拥有巨大的资源和军事力量，具有巨大的政治影响力和国际影响力。毫无疑问，在"改革开放强国"语境中，"强国"用作动词，是"使国家繁荣富强"的意思。

所谓"改革开放强国"，就是通过长期坚持、不断深化对内实行改革、对外实行开放的基本国策，使国家实现繁荣富强、人民实现幸福安康、民族实现伟大复兴的活动过程及其结果。

（三）改革开放强国文化的基本涵义

所谓"改革开放强国文化"，则是指全党全军全国各族人民通过40多年的"改革开放""富国强国"的奋斗、探索和实践，而逐步形成、凝聚和发扬开来的价值理念、理论体系、思想意识、精神品质、道德风尚、思维方式、行为规范、法律制度、科技发明、教育传播、文艺精品、典型物态等文化结晶。

二、改革开放强国文化的基本特征

改革开放强国文化的基本特征大致有五：

（一）民族性

改革开放强国文化，是在中国共产党的领导下，中国各族人民在中国大地上经过40多年奋斗、探索和实践，而逐步形成、凝聚和发扬开来的文化体系和文化形态。可见，改革开放强国文化具有十分鲜明的中国特色，也即民族性。

（二）先进性

改革开放强国文化是中国特色社会主义文化体系的重要组成部分，无疑属于社会主义性质的文化，而不是其他性质的文化。社会主义文化是比资本主义文化、封建主义文化更先进的文化形态。可见，改革开放强国文化具有无可比拟的先进性。

（三）开放性

改革开放40多年，既是中国共产党带领中国人民以开放的文化视野、坚定的文化自信走中国特色社会主义道路、建设社会主义现代化强国的伟大历程，又是中国共产党带领中国人民推动中华优秀传统文化创造性转化、创新性发展，继承革命文化，发展社会主义先进文化，激发全民族文化创新创造活力，文化视野愈加开放、文化自信愈加坚定的伟大历程。可见，改革开放强国文化具有持续呈现的开放性。

（四）创新性

改革开放强国文化的形成与凝聚，在很大程度上来源于开拓创新，来源于中华优秀传统文化的创造性转化和创新性发展，来源于中国革命红色文化的创造性赓续和创新性发展，来源于社会主义先进文化的创造性传扬和创新性发展，来源于外国优秀文化的创造性借鉴和创新性运用。可见，改革开放强国文化具有多维发力的创新性。

（五）实践性

改革开放强国文化是中国特色社会主义伟大实践成就的集中反映，是中国改革开放40多年前无古人伟大实践成果的高度凝聚，也是推动未来中国特色社会主义伟大实践特别是全面深化改革开放伟大实践取得更加辉煌成就、更加丰硕成果的精神动力。可见，改革开放强国文化具有功力卓著的实践性。

三、改革开放强国文化的重要价值

站在新时代的历史方位，从全党全国的工作大局出发，改革开放强国文化的凝聚和发扬，至少具有以下三点重要价值：

（一）改革开放强国文化是全面建设社会主义现代化强国的重要力量支撑

党的十九大向全党同志和全国人民吹响了全面建设社会主义现代化强国的进军号角。而发端于改革开放启动初期、探索于改革开放全面展开时期、成型于改革开放科学推进时期、升华于改革开放全面深化时期的改革开放强国文化，在中国特色社会主义建设新时代，必将为全面建设社会主义现代化强国提供坚强的思想保证、强大的精神力量和"润物细无声"的道德滋养。所以说，改革开放强国文化是全面建设社会主义现代化强国的重要力量支撑！

（二）改革开放强国文化是实现中华民族伟大复兴的重要力量支撑

文化兴国运兴，文化强民族强。没有高度的文化自信，没有文化的繁荣兴盛，就没有中华民族的伟大复兴。而以"解放思想，更新理念""实事求是，务实求真"" 与时俱进，顺势而上"" 勇于开拓，锐意创新"" 攻坚克难，破冰突围"" 整体联动，系统集成"" 全面深化，持续推进"" 坚韧变革，精准重构"为价值理念、思想精髓和精神要义的改革开放强国文化，在中国特色社会主义建设新时代，必将为实现中华民族伟大复兴的中国梦提供坚强有力的思想保证、强大持续的精神力量和健康丰富的道德滋养。所以说，改革开放强国文化是实现中华民族伟大复兴中国梦的重要力量支撑！

（三）改革开放强国文化是推动构建人类命运共同体的重要力量支撑

历史和现实都表明，人类文明是由世界各国各民族共同创造的。文化是历史的积淀、智慧的结晶，引领着历史前进方向和时代发展潮流，昭示着人类从哪里来、到哪里去。中国共产党是为中国人民谋幸福的政党，也是为人类进步事业而奋斗的政党。中国共产党始终把为人类作出新的更大的贡献作为自己的使命。当今世界正经历百年未有之大变局，既充满希望，也充满挑战，加强文化交流、文明互鉴的重要性更加凸显。只有坚持推动文明相通、文化相融，拉紧各国人民相互尊重、相互理解的精神纽带，才能更好构建人类命运共同体。在新的历史起点上凝聚和发扬改革开放强国文化，就是要不断提升中华文化影响力，积极借鉴世界优秀文化成果，坚定维护世界文明多样性，推动人类命运共同体理念更加深入人心，为人类文明进步作出新的更大贡献。所以说，改革开放强国文化是推动构建人类命运共同体的重要力量支撑！

第二节　改革开放强国文化的凝聚结晶

改革开放强国文化内涵丰富、要素齐全、内容繁多、结构复杂。这里，我们只能"繁中求简"，尝试把改革开放强国文化的价值理念、思想精髓、精神要义等结晶，凝聚、凝练为以下八大要素、64个字：

一、解放思想，更新理念

40多年来，我们党领导全国人民坚持解放思想、更新理念，实事求是、务实求真，大胆地试、勇敢地改，干出了一大片新天地，打开了一系列新局面。从实行家庭联产承包、乡镇企业异军突起、取消农业税牧业税和特产税到农村承包地"三权"分置、打赢脱贫攻坚战、实施乡村振兴战略，从兴办深圳等经济特区、沿海沿边沿江沿线和内陆中心城市对外开放到加入世界贸易组织、共建"一带一路"、设立自由贸易试验区、谋划中国特色自由贸易港、成功举办首届中国国际进口博览会，从"引进来"到"走出去"，从搞好国营大中小企业、发展个体私营经济到深化国资国企改革、发展混合所有制经济，从单一公有制到公有制为主体、多种所有制经济共同发展和坚持"两个毫不动摇"，从传统的计划经济体制到前无古人的社会主义市场经济体制再到使市场在资源配置中起决定性作用和更好发挥政府作用，从以经济体制改革为主到全面深化经济、政治、文化、社会、生态文明体制和党的建设制度改革，党和国家机构改革、行政管理体制改革、依法治国体制改革、司法体制改革、外事体制改革、社会治理体制改革、生态环境督察体制改革、国家安全体制改革、国防和军队改革、党的领导和党的建设制度改革、纪检监察制度改革等一系列重大改革扎实推进，各项便民、惠民、利民举措持续实施，使改革开放成为当代中国最显著的特征、最壮丽的气象。

上述40多年改革开放的成功实践雄辩地证明：解放思想、更新理念，是实施和推进改革开放的思想基础、行为先导、力量源泉，也是改革开放强国文化的核心价值、思想精髓、精神要义和凝聚结晶之一。

所谓解放思想、更新理念，是指打破习惯势力和主观偏见的束缚，研究新情况，解决新问题，确立新思想，树立新理念，使思想理念冲破旧理念、旧习惯、旧势力的禁锢和束缚，把主观世界的思维意识与变化了的客观实际结合起来，克服那些不符合实际的"寻常理念""习惯思维"和"主观偏见"，用发展变化的理论观点、思想理念和思维方式创造性地改造客观世界。解放思想、更新理念，是开启改革开放的逻辑起点，是推进改革开放的强大动力，是深化改革开放的必由之路。

改革开放永无止境，思想解放、更新理念也永无止境，这是被改革开放伟大实践反复证明了的科学论断。毛泽东同志指出："夺取全国胜利，这只是万里长征走完了第一步。"改革开放作为决定实现"两个一百年"奋斗目标、实现中华民族伟大复兴的关键一招，在中国特色社会主义伟大征程中也只是万里长征"接力跑"的一小步。正如习近平总书记强调的，"只有顺应历史潮流，积极应变，主动求变，才能与时代同行"，坚持将改革开放进行到底，务必将解放思想、更新理念挺在前面。

二、实事求是，务实求真

所谓实事求是、务实求真，是指从实际对象出发，探求事物的内部联系及其发展的规律性，认识事物的本质，按照事物的实际情况办事；探求客观的实际，寻求问题的本真，切实分析问题，着力解决问题。毛泽东在《改造我们的学习》中指出："实事"就是客观存在着的一切事物，"是"就是客观事物的内部联系，即规律性，"求"就是我们去研究。毛泽东认为，"是"就是事物的规律，"求是"就是认真追求、研究事物的发展规律，找出周围事物的内部联系，作为我们工作的向导。毛泽东还解释说：学习马克思主义要"有的放矢"，"的"就是中国革命，"矢"就是马克思列宁主义。中国共产党人之所以要找"矢"，就是为了要射中国革命这个"的"。这种态度就是"实事求是"的态度。"这种态度，有实事求是之意，无哗众取宠之心。这种态度，就是党性的表现，就是理论和实践统一的马克思列宁主义的作风"。

实事求是、务实求真，是我们党和国家40多年来实施和推进改革开放的思想路线、思想作风、思维方式、行为方式等要素的高度凝练和集中呈现，也是改革开放强国文化的核心价值、思想精髓、精神要义和凝聚结晶之一。

说到实事求是、务实求真，我们不能不想起"十一届三中全会后的拨乱反正"这个"典型案例"：

【案例5-1】 十一届三中全会后的拨乱反正

平反"文化大革命"时期造成的大量冤假错案，有步骤地处理新中国成立以来的许多历史遗留问题，是推进全面拨乱反正的一项重要内容。党的十一届三中全会后，一度因为"两个凡是"而推进困难、进展缓慢的平反冤假错案工作开始按照实事求是、有错必纠的原则，加快了工作步伐。

1979年4月，在邓小平、陈云等的推动下，中共中央决定由中央纪委和中央组织部成立"刘少奇案件复查组"，复查工作正式启动。复查组花了近一年的时间对刘少奇的各项"罪状"进行了周密的调查研究，最终以可靠的事实逐条否定了强加给刘少奇的罪名。1980年2月，十一届五中全会通过《关于为刘少奇同志平反的决议》。5月17日，刘少奇追悼大会在人民大会堂隆重举行。此后，因刘少奇问题受牵连的近3万人也得以昭雪。

到1982年年底，大规模的平反冤假错案工作基本结束。全国共平反、纠正大约300万干部的冤假错案，恢复47万多名党员党籍，撤销12万多名党员受到的处分，解脱了数以千万计无辜受株连的干部和群众。

1979年1月11日，中共中央作出《关于地主、富农分子摘帽问题和地、富子女成分问题的决定》。这份决定全文不过676个字，却直接改变了全国几千万人的命运。据统计，1977年年底全国尚有地主分子279.7万人，富农分子189.5万人，合计469.2万人。1983年7月到1984年10月，对最后一批地、富、反、坏分子79260人，进行评审摘帽。《决定》使得全国先后有大约440多万人被摘掉地主、富农的帽子；有大约2000多万人结束了30年来备受歧视的生活。数以千万计的地主、富农家庭出身的子女以及子女的子女们，终于从"惟成分论""血统论"的桎梏中解放出来，重新焕发了生命力。

此外，中央还决定对1957年在反右派斗争扩大化中错划的右派分子进行甄别改正。到1981年上半年，全国共改正54万多人的"右派"问题，占原划右派总数55万人的98%。原为劳动者的小商小贩、手工业者也被从原资产阶级工商业者中区别出来。到1981年11月，全国共有70多万小商小贩、手工业者及其他劳动者恢复了作为社会主义劳动者的身份。

历时20个月，数易其稿，经过党内多次大小范围的讨论和修改，《决议》起草工作终于完成。1981年6月，党的十一届六中全会审议和通过《关于建国以来党的若干历史问题的决议》。《决议》解决了科学评价毛泽东、毛泽东思想和确立中国社会主义现代化建设正确道路这样两个相互联系的重大历史课题，为党和国家发展确定了正确方向。《决议》的通过标志着党在指导思想上的拨乱反正胜利完成。

——摘引自2021年3月24日中国青年网

三、与时俱进，顺势而上

与时俱进由来已久。1910年初，蔡元培撰写《中国伦理学史》。针对清朝末年中国思想文化界抱残守缺、固步自封的局面，蔡元培通过中西文化对比，指出"故西洋学说则与时俱进"。他把散见于中国古书中的"与时偕行""与时俱化""与时俱新"等激励人的说法概括综合为"与时俱进"。

江泽民同志在党的十六大报告中指出："坚持党的思想路线，解放思想、实事求是、与时俱进，是我们党坚持先进性和增强创造力的决定性因素。与时俱进，就是党的全部理论和工作要体现时代性，把握规律性，富于创造性。"这一重要论断，不仅丰富了党的思想路线的内涵，从党的思想路线的高度进一步强调了弘扬与时俱进精神的极端重要性，而且对什么是与时俱进、如何做到与时俱进作出了精辟论述，提出了明确要求。这对于我们全面把握与时俱进的科学内涵和精神实质，坚持时代性、规律性、创造性的统一，具有重要的指导意义。

所谓与时俱进、顺势而上，就是指我们的思想、素质、行为、业绩等要坚持与时代一起进步，顺时势不断发展。与时俱进、顺势而上，是我们党和国家40多年来实施和推进改革开放的价值理念、思想路线、思想意识、思维方式、行为方式等要素的创新凝练和生动呈现，也是改革开放强国文化的核心价值、思想精髓、精神要义和凝聚结晶之一。

从下面这个反映改革开放以来我党对中国特色社会主义事业总体布局认识升华的"链接"中，我们不能不强烈地感受到我们党与时俱进、顺势而上的思想品格和精神风格！

【链接5-1】 继往开来的崭新篇章

宏伟的事业，总是在不断奋进中拓展；壮丽的篇章，总是在不懈奋斗中续写。我们党对中国特色社会主义事业总体布局的认识经历了一个从初步尝试，到逐渐深化，最终趋于完善的过程。

党的十一届三中全会后，以邓小平同志为核心的党的第二代中央领导集体拨乱反正，把建设"四个现代化"、努力发展社会生产力确立为压倒一切的中心任务。邓小平在设计"三步走"发展战略的过程中，提出"两手抓""两手都要硬"，强调社会主义不但要有高度的物质文明，还要建设高度的社会主义精神文明。党的十二届六中全会首次提出总体布局的概念，明确了"一个中心、三个坚定不移"的要求。

以江泽民同志为核心的党的第三代中央领导集体，提出了建设有中国特色社会主义政治文明的方针。党的十五大围绕建设富强民主文明的社会主义现代化国家的目标，将经济、政治、文化建设有机地统一起来，标志着"三位一体"总布局的初步形成。江泽民同志在党的十六大报告中提出"政治文明"的科学命题，使经济建设、政治建设、文化建设"三位一体"总布局更加明晰。党的三代领导集体相继为丰富和发展社会主义建设理论作出了重要贡献。

实践发展永无止境，认识真理永无止境，理论创新永无止境。党的十六大后，以胡锦涛同志为总书记的党中央坚持以科学发展观统领经济社会发展全局，在十六届六中全会上提出构建社会主义和谐社会的战略思想和重大任务，将中国特色社会主义事业总布局由"三位一体"拓展为经济建设、政治建设、文化建设、社会建设"四位一体"。

新世纪新阶段，面对资源约束趋紧、环境污染严重、生态系统退化的严峻形势，党中央把关注的目光更多地投向生态文明建设这个薄弱环节。党的十七大第一次明确提出建设生态文明。党的十八大把生态文明建设提高到中国特色社会主义事业总体布局的高度加以阐述和部署，从而将中国特色社会主义事业总体布局拓展为"五位一体"。

——摘引自2013年1月8日《解放军报》

四、勇于开拓，锐意创新

所谓开拓创新，是指人们为了发展的需要，运用已知的信息，不断突破常规，发现或创造某种新颖、独特的有社会价值或个人价值的新事物、新思想的活动。

所谓勇于开拓、锐意创新，就是要让自己的思想和思维始终充满创造性、创新性，清醒而坚定地与时代同步前进，勇敢无畏地做前人没有做过的事情，坚决专注地把自己的新思想、新思维落实到行动上。

勇于开拓、锐意创新，是我们党和国家40多年来实施和推进改革开放的价值理念、思想意识、精神品质、思维方式、行为方式等要素的创新凝练和生动呈现，也是改革开放强国文化的核心价值、思想精髓、精神要义和凝聚结晶之一。

综观40多年改革开放的实践和探索历程，我们可以发现，党和国家勇于开拓、锐意创新的宏观政策、战略举措、重大项目、历史事件、典型案例、模范人物可谓比比皆是、随处可见。其中，在我们记忆中最具冲击力、吸引力、影响力的"典型案例"，莫过于"创办经济特区"！

【案例5-2】 创办经济特区

1979年，中共中央作出了创办经济特区的决策。以创办经济特区为标志，中国的对外开放迈出了重要步伐。

党的十一届三中全会后，创办经济特区的设想逐步形成。1979年4月，中共中央工作会议召开，广东省委负责人在向中央领导同志作汇报时，建议中央下放若干权力，允许在毗邻港澳的深圳市、珠海市和重要侨乡汕头市开办出口加工区。这一建议得到了中央领导同志的重视。邓小平在与广东省委负责同志谈话时表示：还是叫特区好，陕甘宁开始就叫特区嘛！中央没有钱，可以给些政策，你们自己去搞，杀出一条血路来。

在深入细致的调查研究基础上，7月15日，中共中央、国务院批转了广东、福建两省省委关于在对外经济活动中实行特殊政策和灵活措施的报告，决定对广东、福建两省的对外经济活动给予更多的自主权。同时决定，先在深圳、珠海两市划出部分地区试办出口特区，待取得经验后，再考虑在汕头、厦门设置特区。

1980年5月16日，中共中央和国务院批准《广东、福建两省会议纪要》。"出口特区"被正式改名为"经济特区"。同年8月，五届全国人大常委会第十五次会议审议批准在深圳、珠海、汕头、厦门设置经济特区，并通过了《广东省经济特区条例》。这标志着中国的经济特区正式诞生了。

1984年1月24日至2月15日，邓小平先后视察了深圳、珠海、厦门三个经济特区，对特区建设的成就给予了充分肯定，并分别为三个经济特区欣然挥笔题词。

经济特区取得的令人瞩目的巨大成就，向世界展示了中国改革开放的坚定决心，同时也为逐步扩大对外开放和推进经济体制改革提供了丰富的经验。

——引自《光明日报》2019年10月12日第3版

五、攻坚克难，破冰突围

所谓攻坚克难，原意是攻占坚固堡垒，克服层层困难的意思，指军队作战攻克难关，夺取胜利；现在常常用来形容或鼓励人们克服各种艰难险阻，圆满完成任务。所谓破冰突围，原意是指破除坚冰，突破包围；现在常常用来形容或鼓励人们排除巨大困难，突破重重阻力，成功实现预定目标。

这里的"攻坚克难，破冰突围"，是指在科学理论的指引和党的正确领导下，人们克服各种艰难险阻，突破重重阻力障碍，圆满完成改革开放的目标任务的过程。攻坚克难、破冰突围，是我们党和国家40多年来实施和推进改革开放的价值理念、精神风格、意志品质、行为方式等要素的创新凝练和生动呈现，也是改革开放强国文化的核心价值、思想精髓、精神要义和凝聚结晶之一。

回顾40多年改革开放的不凡历程，凝聚和凸现"攻坚克难，破冰突围"这一核心价值、思想精髓、精神要义的典型案例可谓数不胜数。其中，最让人难以忘怀的莫过于"脱贫攻坚战"及其凝聚的"脱贫攻坚精神"。试看下面这个"链接"：

【链接5-2】 脱贫攻坚精神

脱贫攻坚精神是："上下同心、尽锐出战、精准务实、开拓创新、攻坚克难、不负人民。"脱贫攻坚精神是在脱贫攻坚伟大斗争中锻造形成的。

脱贫攻坚精神是中国共产党性质宗旨、中国人民意志品质、中华民族精神的生动写照，是爱国主义、集体主义、社会主义思想的集中体现，是中国精神、中国价值、中国力量的充分彰显，赓续传承了伟大民族精神和时代精神。

2021年9月，党中央批准了中央宣传部梳理的第一批纳入中国共产党人精神谱系的伟大精神，脱贫攻坚精神被纳入。

如果说上面这个"链接"凝聚和凸现的主要是"攻坚克难"的精髓的话，那么坚决打好污染防治三大攻坚保卫战，即坚决打赢蓝天保卫战，着力打好碧水保卫战，扎实推进净土保卫战的重大战略举措，凝聚和凸现的则主要是"破冰突围"的精髓。

六、整体联动，系统集成

所谓整体联动、系统集成，就是指在推进和深化改革开放的过程中，对各个部分、各个维度、各个方位、各个环节等要素进行整体性联动、系统性集成，从而推动改革开放不断走实走深走好。整体联动、系统集成，是我们党和国家40多年来特别是十八大以来，实施和推进改革开放的价值取向、思想理念、思维模式、行为方式等要素的创新凝练和生动呈现，也是改革开放强国文化的核心价值、思想精髓、精神要义和凝聚结晶之一。

党的十八大以来，以习近平同志为核心的党中央团结带领全党全国各族人民，全面审视国际国内新的形势，通过总结实践、展望未来，深刻回答了新时代坚持和发展什么样的中国特色社会主义、怎样坚持和发展中国特色社会主义这个重大时代课题，形成了习近平新时代中国特色社会主义思想；坚持统筹推进"五位一体"总体布局、协调推进"四个全面"战略布局，坚持稳中求进工作总基调，对党和国家各方面工作提出一系列新理念新思想新战略，推动党和国家事业发生历史性变革、取得历史性成就；以巨大的政治勇气和智慧，提出全面深化改革总目标是完善和发展中国特色社会主义制度、推进国家治理体系和治理能力现代化，着力增强改革系统性、整体性、协同性，着力抓好重大制度创新，着力提升人民群众获得感、幸福感、安全感；推出1600多项改革方案，啃下了不少硬骨头，闯过了不少急流险滩，改革呈现全面发力、多点突破、蹄疾步稳、纵深推进的局面。

七、全面深化，持续推进

所谓全面深化、持续推进，就是指从经济、文化、政治、社会、生态、党建等方面全面深化改革，从一二三产业全方位扩大开放，并采取各种政策措施持续推进改革开放。全面深化、持续推进，是我们党和国家40多年来特别是十八大以来，实施和推进改革开放的价值取向、思想理念、思维模式、行为方式等要素的创新凝练和生动呈现，也是改革开放强国文化的核心价值、思想精髓、精神要义和凝聚结晶之一。试看下面这个"链接"：

【链接5-3】　十八大以来改革开放的重大突破

党的十八大以后，中国共产党团结带领全国各族人民，重整行装再出发，把改革开放作为实现"两个一百年"奋斗目标、实现中华民族伟大复兴中国梦的关键一招，以完善和发展中国特色社会主义制度、推进国家治理体系和治理能力现代化为全面深化改革的总目标，奋力开拓，社会主义市场经济体制不断完善，社会主义民主法治不断健全，文化领域体制机制逐步完善，民生领域制度建设不断推进，生态环境保护制度框架基本形成，全面从严治党逐步实现制度化、规范化，国防和军队改革实现历史性突破。"解决了许多长期想解决而没有解决的难题，办成了许多过去想办而没有办成的大事，推动党和国家事业发生历史性变革"，取得了改革开放和社会主义现代化建设全方位、开创性的历史性成就，中华民族迎来了从站起来、富起来到强起来的伟大飞跃。这些历史性成就中最大的成就，就是形成了习近平新时代中国特色社会主义思想；这些历史性变革中最深刻的变革，就是"我国社会主要矛盾已经转化为人民日益增长的美好生活需要和不平衡不充分的发展之间的矛盾"。

党的十八大以来，中国改革开放重整行装再出发，以人民为中心的改革立场更加鲜明，改革的广泛性、深刻性前所未有，改革的系统性、整体性、协同性前所未有，改革任务的复杂性、艰巨性前所未有，改革的决心和勇气前所未有，改革取得的重大突破、重大成就前所未有。十八大是我们党领导全国各族人民全面深化改革的新起点，开启了中国特色社会主义新时代。

——摘引自 2020 年 3 月 26 日中华人民共和国国史网　作者：李正华

八、坚韧变革，精准重构

所谓坚韧变革、精准重构，就是指在经济、文化、政治、社会、生态、党建等方面的改革开放过程中，坚韧不拔地实施变革，精准精实地进行重构。坚韧变革、精准重构，无疑是我们党和国家 40 多年来特别是十八大以来，实施和推进改革开放的价值取向、思想理念、思维模式、行为方式等要素的创新凝练和生动呈现，也是改革开放强国文化的核心价值、思想精髓、精神要义和凝聚结晶之一。试看下面这个"链接"：

【链接5-4】　十八大以来改革开放的变革重构

党的十八大以来，中国改革开放紧紧围绕经济、政治、文化、社会、生态文明、党的建设六大主线，完善和发展中国特色社会主义制度，推进国家治理体系和治理能力现代化，奋力开拓，不仅有效应对了复杂国际政治经济形势的风云变幻，而且在相当不利的条件下取得了经济的中高速平稳增长，推出各领域标志性、支柱性改革，取得了重要领域和关键环节改革的突破。

经济体制改革整体推进、重点突破。为适应和引领经济发展新常态，中央作出推进供给侧结构性改革的重大决策，"三去一降一补"取得阶段性成效。制定国有企业改革系列文件，有序进行国有企业改革，放开电力、石油、天然气、盐业等行业竞争性环节和公用基础设施、公共服务市场准入，公有制为主体、多种所有制经济共同发展的社会主义初级阶段基本经济制度不断完善。开展市场准入负面清单试点，建立公平竞争审查制度，制定完善产权保护制度的意见，推动建立公开透明平等的市场规则。全面推开"营改增"试点，实施资源税改革、税收征管体制改革。稳步推进利率汇率市场化、人民币国际化，实施存款保险制度。推动新型城镇化体制创新、户籍制度改革、农村土地制度改革等，促进城乡、区域间要素自由流动和优化配置。

党的领导、人民当家作主、依法治国有机统一的制度建设全面加强。十八大明确政治体制改革的七项主要任务，十八届三中全会确定全面深化改革的总目标，开辟了中国特色社会主义政治发展新境界。坚持在法治基础上推进改革与在改革中完善法治相统一，2014年10月，十八届四中全会作出《中共中央关于全面推进依法治国若干重大问题的决定》，明确了全面依法治国的总目标和总蓝图、路线图、施工图，标志着中国共产党对法治建设的理论探索和实践推进都达到新的高度。

着力培育和弘扬社会主义核心价值观、建设社会主义文化强国，文化体制改革向纵深推进。推动国有经营性文化单位转企改制，深化公益性文化事业单位内部改革，坚持把社会效益放在首位、推动社会效益和经济效益两个效益相统一的体制机制不断健全。

坚持以人民为中心的发展思想，围绕更好保障和改善民生、促进社会公平正义深化社会体制改革。改革收入分配制度，促进共同富裕，推进社会领域制度创新和基本公共服务均等化，加快形成科学有效的社会治理体制，努力使改革发展成果更多更公平惠及全体人民。围绕实现脱贫攻坚目标，推进精准扶贫、精准脱贫机制创新，全面建立健全脱贫攻坚领导责任制。统筹推进县域内城乡义务教育一体化改革发展，中西部和农村教育明显加强。城镇新增就业年均1300万人以上。城乡居民收入增速超过经济增速，中等收入群体持续扩大。统筹推进社会保障领域制度改革，实施机关事业单位养老保险制度改革，推进社会保障城乡统筹、有序衔接，覆盖城乡居民的社会保障体系基本建立。全面推开公立医院综合改革，全部取消药品价格加成，群众就医负担持续减轻。实施全面两孩政策，加强儿童医疗卫生服务改革。社会治理体系更加完善，社会大局保持稳定，国家安全全面加强。

生态文明建设体制改革加快推进，生态环境保护制度框架基本形成。制定出台生态文明体制改革总体方案，以8项基本制度为支撑统筹推进相关改革，初步建立起源头严防、过程严管、后果严惩的基础性制度框架。

国防和军队改革取得历史性突破。中共中央、中央军委坚持以新形势下的强军目标为引领，全面实施改革强军战略，着力实现强军目标、建设世界一流军队，国防和军队改革推进力度之大、触及利益之深、影响范围之广，前所未有。

党的建设制度改革协调推进，管党治党朝着实现制度化规范化方向发展。推动党的组织制度改革，制定落实新形势下党内政治生活若干准则，修订党员领导干部民主生活会若干规定。推动干部人事制度改革，构建科学有效的选人用人机制。推动基层组织建设制度改革，出台国有企业、社会组织、民办学校等领域党的建设制度。推动人才发展体制机制改革，制定实施深化人才发展体制机制改革意见。统筹推动中央和地方群团改革，发挥群团组织密切联系和服务群众作用。

——摘引自 2020年3月26日中华人民共和国国史网　作者：李正华

第三节　改革开放强国文化的发扬方略

按照以习近平同志为核心的党中央一系列重大决策、重要文件精神特别是习近平总书记2018年12月18日在庆祝改革开放40周年大会上的讲话精神，总结改革开放40多年的不凡历程和基本经验，新时代下发扬和践行改革开放强国文化，我们应当始终遵循和充分运用以下七大基本方略：

一、加强党的领导

加强党的领导，就是必须坚持党对一切工作的领导，不断加强和改善党的领导；这是我们在发扬和践行改革开放强国文化中应当始终遵循和充分运用的一大基本方略。

改革开放40多年的实践启示我们：中国共产党领导是中国特色社会主义最本质的特征，是中国特色社会主义制度的最大优势。党政军民学，东西南北中，党是领导一切的。正是因为始终坚持党的集中统一领导，我们才能实现伟大历史转折、开启改革开放新时期和中华民族伟大复兴新征程，才能成功应对一系列重大风险挑战、克服无数艰难险阻，才能有力应变局、平风波、战洪水、防非典、抗地震、化危机、战疫情，才能既不走封闭僵化的老路也不走改旗易帜的邪路，而是坚定不移走中国特色社会主义道路。

在新时代征程上，我们必须按照以习近平同志为核心的党中央所要求的，增强"四个意识"，坚定"四个自信"，做到"两个维护"，把党的领导贯彻和体现到改革发展稳定、内政外交国防、治党治国治军等各个领域。我们党要总揽全局、协调各方，坚持科学执政、民主执政、依法执政，完善党的领导方式和执政方式，提高党的执政能力和领导水平，不断提高党把方向、谋大局、定政策、促改革的能力和定力，确保改革开放这艘航船沿着正确航向破浪前行。

二、坚持人民中心

坚持人民中心，就是必须坚持以人民为中心，不断实现人民对美好生活的向往；这是我们在发扬和践行改革开放强国文化中应当始终遵循和充分运用的一大基本方略。

改革开放40多年的实践启示我们：为中国人民谋幸福，为中华民族谋复兴，是中国共产党人的初心和使命，也是改革开放的初心和使命。我们党来自人民、扎根人民、造福人民，全心全意为人民服务是党的根本宗旨，必须以最广大人民根本利益为我们一切工作的根本出发点和落脚点，坚持把人民拥护不拥护、赞成不赞成、高兴不高兴作为制定政策的依据，顺应民心、尊重民意、关注民情、致力民生，既通过提出并贯彻正确的理论和路线方针政策带领人民前进，又从人民实践创造和发展要求中获得前进动力，让人民共享改革开放成果，激励人民更加自觉地投身改革开放和社会主义现代化建设事业。

在新时代征程上，我们必须按照以习近平同志为核心的党中央所要求的，始终把人民对美好生活的向往作为我们的奋斗目标，践行党的根本宗旨，贯彻党的群众路线，尊重人民主体地位，尊重人民群众在实践活动中所表达的意愿、所创造的经验、所拥有的权利、所发挥的作用，充分激发蕴藏在人民群众中的创造伟力。我们要健全民主制度、拓宽民主渠道、丰富民主形式、完善法治保障，确保人民依法享有广泛充分、真实具体、有效管用的民主权利。我们要着力解决人民群众所需所急所盼，让人民共享经济、政治、文化、社会、生态等各方面发展成果，有更多、更直接、更实在的获得感、幸福感、安全感，不断促进人的全面发展、全体人民共同富裕。

三、推进理论创新

推进理论创新，就是必须坚持马克思主义指导地位，不断推进实践基础上的理论创新；这是我们在发扬和践行改革开放强国文化中应当始终遵循和充分运用的一大基本方略。

改革开放40多年的实践启示我们：创新是改革开放的生命。实践发展永无止境，解放思想永无止境。我们坚持理论联系实际，及时回答时代之问、人民之问，廓清困扰和束缚实践发展的思想迷雾，不断推进马克思主义中国化时代化大众化，不断开辟马克思主义发展新境界。

在新时代征程上，我们必须按照以习近平同志为核心的党中央所要求的，坚持以马克思列宁主义、毛泽东思想、邓小平理论、"三个代表"重要思想、科学发展观、习近平新时代中国特色社会主义思想为指导，坚持解放思想和实事求是有机统一。我们要强化问题意识、时代意识、战略意识，用深邃的历史眼光、宽广的国际视野把握事物发展的本质和内在联系，紧密跟踪亿万人民的创造性实践，借鉴吸收人类一切优秀文明成果，不断回答时代和实践给我们提出的新的重大课题，让当代中国马克思主义放射出更加灿烂的真理光芒。

四、走定中国道路

走定中国道路，就是必须坚持走中国特色社会主义道路，不断坚持和发展中国特色社会主义；这是我们在发扬和践行改革开放强国文化中应当始终遵循和充分运用的一大基本方略。

改革开放40多年的实践启示我们：方向决定前途，道路决定命运。我们要把命运掌握在自己手中，就要有志不改、道不变的坚定。中国特色社会主义道路是当代中国大踏步赶上时代、引领时代发展的康庄大道，必须毫不动摇走下去。

在新时代征程上，我们必须按照以习近平同志为核心的党中央所要求的，坚持以习近平新时代中国特色社会主义思想和党的十九大精神为指导，增强"四个自信"，牢牢把握改革开放的前进方向。我们要坚持党的基本路线，把以经济建设为中心同坚持四项基本原则、坚持改革开放这两个基本点统一于新时代中国特色社会主义伟大实践，长期坚持，决不动摇。

五、发挥制度优势

发挥制度优势，就是必须坚持完善和发展中国特色社会主义制度，不断发挥和增强我国制度优势；这是我们在发扬和践行改革开放强国文化中应当始终遵循和充分运用的一大基本方略。

改革开放40多年的实践启示我们：制度是关系党和国家事业发展的根本性、全局性、稳定性、长期性问题。我们扭住完善和发展中国特色社会主义制度这个关键，为解放和发展社会生产力、解放和增强社会活力、永葆党和国家生机活力提供了有力保证，为保持社会大局稳定、保证人民安居乐业、保障国家安全提供了有力保证，为放手让一切劳动、知识、技术、管理、资本等要素的活力竞相迸发，让一切创造社会财富的源泉充分涌流不断建立了充满活力的体制机制。

在新时代征程上，我们必须按照以习近平同志为核心的党中央所要求的，毫不动摇巩固和发展公有制经济，毫不动摇鼓励、支持、引导非公有制经济发展，充分发挥市场在资源配置中的决定性作用，更好发挥政府作用，激发各类市场主体活力。我们要坚持党的领导、人民当家作主、依法治国有机统一，坚持和完善人民代表大会制度、中国共产党领导的多党合作和政治协商制度、民族区域自治制度、基层群众自治制度，全面推进依法治国，巩固和发展最广泛的爱国统一战线，发展社会主义协商民主，用制度体系保证人民当家作主。我们要加强文化领域制度建设，举旗帜、聚民心、育新人、兴文化、展形象，积极培育和践行社会主义核心价值观，推动中华优秀传统文化创造性转化、创新性发展，传承中国革命红色文化、发展社会主义先进文化，努力创造光耀时代、光耀世界的中华文化。我们要加强社会治理制度建设，不断促进社会公平正义，保持社会安定有序。我们要加强生态文明制度建设，实行最严格的生态环境保护制度。我们要坚决破除一切妨碍发展的体制机制障碍和利益固化藩篱，加快形成系统完备、科学规范、运行有效的制度体系，推动中国特色社会主义制度更加成熟更加定型。

六、增强综合国力

增强综合国力，就是必须坚持以发展为第一要务，不断增强我国综合国力；这又是我们在发扬和践行改革开放强国文化中应当始终遵循和充分运用的一大基本方略。

改革开放40多年的实践启示我们：解放和发展社会生产力，增强社会主义国家的综合国力，是社会主义的本质要求和根本任务。只有牢牢扭住经济建设这个中心，毫不动摇坚持发展是硬道理、发展应该是科学发展和高质量发展的战略思想，推动经济社会持续健康发展，才能全面增强我国经济实力、科技实力、国防实力、综合国力，才能为坚持和发展中国特色社会主义、实现中华民族伟大复兴奠定雄厚物质基础。

在新时代征程上，我们必须按照以习近平同志为核心的党中央所要求的，围绕解决好"人民日益增长的美好生活需要和不平衡不充分的发展之间的矛盾"这个社会主要矛盾，坚决贯彻创新、协调、绿色、开放、共享的发展理念，统筹推进"五位一体"总体布局、协调推进"四个全面"战略布局，推动高质量发展，推动新型工业化、信息化、城镇化、农业现代化同步发展，加快建设现代化经济体系，努力实现更高质量、更有效率、更加公平、更可持续的发展。我们要坚持以供给侧结构性改革为主线，积极转变发展方式、优化经济结构、转换增长动力，积极扩大内需，实施区域协调发展战略，实施乡村振兴战略，坚决打好防范化解重大风险、污染防治等攻坚战。我们要坚持创新是第一动力、人才是第一资源的理念，实施创新驱动发展战略，完善国家创新体系，加快关键核心技术自主创新，为经济社会发展打造新引擎。我们要加强生态文明建设，牢固树立绿水青山就是金山银山的理念，形成绿色发展方式和生活方式，把我们伟大祖国建设得更加美丽，让人民生活在天更蓝、山更绿、水更清的优美环境之中。

七、全面从严治党

全面从严治党，就是必须坚持全面从严治党，不断提高党的创造力、凝聚力、战斗力；这也是我们在发扬和践行改革开放强国文化中应当始终遵循和充分运用的一大基本方略。

改革开放40多年的实践启示我们：打铁必须自身硬。办好中国的事情，关键在党，关键在坚持党要管党、全面从严治党。我们党只有在领导改革开放和社会主义现代化建设伟大社会革命的同时，坚定不移推进党的伟大自我革命，敢于清除一切侵蚀党的健康肌体的病毒，使党不断自我净化、自我完善、自我革新、自我提高，不断增强党的政治领导力、思想引领力、群众组织力、社会号召力，才能确保党始终保持同人民群众的血肉联系。

在新时代征程上，我们必须按照以习近平同志为核心的党中央所要求的，按照新时代党的建设总要求，以政治建设为统领，不断推进党的建设新的伟大工程，不断增强全党团结统一和创造活力，不断增强全党执政本领，把党建设得更加坚强、更加有力。我们要坚持用时代发展要求审视自己，以强烈的忧患意识警醒自己，以改革创新的精神加强和完善自己，在应对风险挑战中锻炼提高，在解决党内存在的突出矛盾和问题中净化纯洁，不断提高管党治党水平。我们要坚持德才兼备、以德为先、任人唯贤，着力培养忠诚干净担当的高素质干部队伍和宏大的人才队伍。我们要以反腐败永远在路上的坚韧和执着，深化标本兼治，坚决清除一切腐败分子，保证干部清正、政府清廉、政治清明，为继续推进改革开放营造海晏河清的政治生态。

第四节　改革开放强国文化凝聚与发扬的"开大使命"

作为市州开放大学，在改革开放强国文化凝聚与发扬的进程中，新时代下应当担当和完成什么样的历史使命？又应当怎样担当和完成这样的历史使命？我们认为，应当紧紧抓住以下五个环节：

一、在谋划事业发展上凝聚与发扬改革开放文化

谋划事业发展包括谋划、设计和编制学校、部门、教工各层面事业发展的中长期规划，是市州开放大学领导班子及其职能处室、二级院部和全体教职员工的基本使命之一；而在谋划事业发展上凝聚与发扬改革开放强国文化，则是市州开放大学凝聚与发扬改革开放强国文化的历史使命之一。

在谋划事业发展上凝聚与发扬改革开放强国文化，市州开放大学应当做好四项工作：一是准确把握"深化改革""扩大开放"的时代特征，以改革的勇

气、开放的视野，大胆筹划未来一个时期（如"十四五"、十年等）学校事业发展规划；二是用心吃透"上级政策""上级规划"的基本精神，以学生的恭敬、学者的严谨，认真构思未来一个时期（如"十四五"、十年等）学校事业发展规划；三是大力发扬"求真务实""开拓创新"的"改开"精神，以作家的激情、工匠的手法，精细编制未来一个时期（如"十四五"、十年等）学校事业发展规划；四是严格履行"集思广益""精修慎改"的工作程序，以民主的作风、集中的智慧，果断确定未来一个时期（如"十四五"、十年等）学校事业发展规划。

二、在聚焦内涵建设上凝聚与发扬改革开放文化

聚焦内涵建设包括专业建设、课程建设、教材建设、教法改革、教育科研等，是市州开放大学领导班子及其职能处室、二级院部和全体教职员工的基本使命之一；而在聚焦内涵建设上凝聚与发扬改革开放强国文化，则是市州开放大学凝聚与发扬改革开放强国文化的历史使命之一。

在聚焦内涵建设上凝聚与发扬改革开放强国文化，市州开放大学应当抓住五个环节：一是在"深化改革""扩大开放"中推进专业建设，坚持对接产业建专业，贴近行业做专业，校企合作办专业，顺应职场强专业；二是在"深化改革""扩大开放"中推进课程建设，坚持对接专业建课程，贴近职场做课程，校企合作创课程，知行合一强课程；三是在"深化改革""扩大开放"中推进教材建设，坚持对接课程选教材，满足需求编教材，学训结合用教材，合时创新活教材；四是在"深化改革""扩大开放"中创新教学方法，坚持因课制宜选教法，因生制宜用教法，因境制宜变教法，因用制宜创教法；五是在"深化改革""扩大开放"中提升教育科研，坚持健全制度引科研，项目驱动抓科研，团队协作做科研，成果导向促科研。

三、在倾力人才培养上凝聚与发扬改革开放文化

倾力开放教育人才培养，是市州开放大学领导班子及其职能处室、二级院部和全体教职员工的基本使命之一；而在倾力开放教育人才培养上凝聚与发扬改革开放强国文化，则是市州开放大学凝聚与发扬改革开放强国文化的历史使命之一。

在倾力开放教育人才培养上凝聚与发扬改革开放强国文化，市州开放大学应当注重五点：一是抓实创新开放教育学员的面授导学，不断提高面授导学课教学质量和水平，不断增强面授导学课对学员的教育力、影响力和吸引力；二是抓实创新开放教育学员的自学指导，不断提高自学指导的水平和效益，不断增强自学指导对学员的引领力、影响力和支持力；三是抓实创新开放教育学员的交互学习，不断提高交互学习的层次和效能，不断增强交互学习对学员的作用力、影响力和支撑力；四是抓实创新开放教育学员的助学服务，不断提高助学服务的能力和水平，不断增强助学服务对学员的亲和力、吸引力和影响力；五是抓实创新开放教育学员的实践教学，不断提高实践教学的质量和效能，不断增强实践教学对学员的吸引力、影响力和驱动力。

四、在加强社会服务上凝聚与发扬改革开放文化

加强社会服务包括非学历专业培训、职业培训、社区教育、老年教育、终身教育等，是市州开放大学领导班子及其职能处室、二级院部和全体教职员工的基本使命之一；而在加强社会服务上凝聚与发扬改革开放强国文化，则是市州开放大学凝聚与发扬改革开放强国文化的历史使命之一。

在加强社会服务上凝聚与发扬改革开放强国文化，市州开放大学应当注重四点：一是发扬改革开放强国文化的核心精神，做精做新社会服务实施方案，即精心策划、创新制订非学历专业培训、职业培训、社区教育、老年教育、终身教育等社会服务的实施方案；二是发扬改革开放强国文化的核心精神，做实做好社会服务活动过程，即务实优质地做好非学历专业培训、职业培训、社区教育、老年教育、终身教育等社会服务的活动过程；三是发扬改革开放强国文化的核心精神，做开做大社会服务范围规模，即逐步做开扩大非学历专业培训、职业培训、社区教育、老年教育、终身教育等社会服务的范围与规模；四是发扬改革开放强国文化的核心精神，做活做亮社会服务项目品牌，即不断做活做亮非学历专业培训、职业培训、社区教育、老年教育、终身教育等社会服务的项目品牌。

五、在完善学校治理上凝聚与发扬改革开放文化

完善学校治理包括学校领导班子治理、中层部门治理、教工民主治理等，

是市州开放大学的基本使命之一；而在完善学校治理上凝聚与发扬改革开放强国文化，则是市州开放大学凝聚与发扬改革开放强国文化的历史使命之一。

在完善学校治理上凝聚与发扬改革开放强国文化，市州开放大学领导班子及各类组织、各级干部、广大教工等主体特别是领导干部，应当遵循和运用六种基本方略：一是树立治理理念，解放思想，挑战自我，转变习惯性的管理理念，树立合时性的治理理念；二是学习治理科学，紧密联系学校事业发展的实际和自身实际，学习党中央、习近平总书记的有关论述和文件精神，学习当代治理科学，充实治理知识积累和理论准备，打牢提高治理能力的知识基础和理论基础；三是反思治理实践，适应学校事业发展和自我发展需要，反思本校、本部门、本人近几年来治理学校、治理校务、治理教学、治理事务、治理服务等实践活动，总结治理经验与教训，为提高治理能力奠定坚实工作基础；四是完善治理思路，紧扣学校事业发展中长期目标，改进完善治理学校、治理校务、治理教学、治理事务、治理服务等的思路和方案，为提高治理能力谋好篇布好局；五是激活治理思维，运用治理方法，为提高治理能力提供有力支撑；六是创新治理举措，构建治理机制，为提高治理能力提供坚强保障。

第五节　改革开放强国文化凝聚与发扬的"开大行动"

作为市州开放大学，在改革开放强国文化凝聚与发扬的进程中，新时代下应当开展和推进什么样的重大行动？又应当怎样开展和推进这样的重大行动？我们认为，应当聚力于"推进六项行动"：

一、切实推进"实体校园建设行动"

切实推进"实体校园建设行动"，是市州开放大学聚焦于"改革开放强国文化凝聚与发扬"应当开展和推进的一项重大行动。如属新建校区或整体搬迁新建的实体校园，应当按照"高起点规划、高标准设计、分阶段实施、分项目建设"的基本思路，切实而着力推进"实体校园建设行动"，努力打造现代化、高水平、高颜值的市州开放大学实体校园；如果是立足现有校区进行改造升级的实体校园，则应当按照"增加建筑存量、美化校舍姿容、增强办学功能、优化校园景观"的基本思路，切实而着力推进"实体校园建设行动"，切实提高市州开放大学实体校园的承载力、吸引力和影响力。

二、扎实推进"虚拟校园建设行动"

扎实推进"虚拟校园建设行动"，是市州开放大学聚焦于"改革开放强国文化凝聚与发扬"应当开展和推进的一项重大行动。无论新建校区或整体搬迁新建实体校园，还是立足现有校区进行改造升级实体校园，市州开放大学都应当高度重视、着力投入"虚拟校园建设"，大体按照"密切对接国开网、积极融入省开网、有序建设本校网、科学链接相关网"的基本思路，扎实而有力地推进"虚拟校园建设行动"，不断提高"虚拟校园"的建设水平和利用效益。

三、着力推进"智慧校园建设行动"

着力推进"智慧校园建设行动"，是市州开放大学聚焦于"改革开放强国文化凝聚与发扬"应当开展和推进的一项重大行动。市州开放大学应当按照"总体规划、分步实施、着眼长远、照顾当下"的基本思路，积极实施和着力推进学校"信息化2.0建设"与"智慧校园建设行动"，利用云平台、大数据、物联网等先进技术，构建高效智能、服务便捷的云端一体化教育教学、综合办公及服务环境，助力和推动学校事业发展中长期战略目标的圆满实现。

四、强力推进"文化建设提质创新行动"

强力推进"文化建设提质创新行动"，是市州开放大学聚焦于"改革开放强国文化凝聚与发扬"应当开展和推进的重大行动之一。市州开放大学应当在挖掘学校历史传承与文化积淀、适应新时代新形势新任务需要、紧扣学校未来发展愿景与战略目标等的基础上，强力推进"文化建设提质创新行动"；务实求真，开拓创新，集思广益，集腋成裘，精粹提炼和精准表述富有"开放大学"与"市州地域"特色的学校精神文化、物态文化、活动文化、制度文化、行为文化、品牌文化，着力构建和有序形成"以社会主义核心价值观为引领，融合中华优秀传统文化、中国革命红色文化、社会主义先进文化、改革开放强国文化、新时代民主复兴文化、市州地域特色文化、开放大学学习文化"的"一核多元"学校特色文化体系；从而持续增强师生员工的凝聚力、执行力、创造力和认同感、获得感、幸福感，努力锻造办学育人的特色品牌、优质品牌、金字品牌。

五、继续推进"双师型教师队伍打造行动"

继续推进"双师型教师队伍打造行动",是市州开放大学聚焦于"改革开放强国文化凝聚与发扬"应当开展和推进的重大行动之一。市州开放大学应当继续着力推进"双师型教师队伍打造行动",采取定期招聘、定向聘用、专职兼职结合、引进培养并举等多种举措,配齐建强师资队伍,确保办学育人需要,提升施教育人水平;采用教育人才与技能人才双向循环发展的模式,提高"双师型"教师占比,"双师型"教师达到50%以上;建立、充实和更新校外兼职教师资源库,兼职教师达到30%以上;着力培养一批校级、市级、省级乃至国家级专业(学科)带头人;着力培养和引进一批副高以上专业人才;着力培养一批校级、市级、省级乃至国家级优秀教师(包括优秀思政课教师、优秀辅导员、优秀教师等)。

六、持续推进"教育科研团队提升行动"

持续推进"教育科研团队提升行动",也是市州开放大学聚焦于"改革开放强国文化凝聚与发扬"应当开展和推进的重大行动之一。市州开放大学应当按照"精选主将组团、多方协力建团、项目驱动强团、引领教改用团、优胜劣汰精团"的基本思路,持续推进"教育科研团队提升行动",精心培育和合力打造一批水平高超、结构优化、能征善战、成果丰硕的教育科研团队,助推市州开放大学转型升级和跨越发展!

【思考与训练】

一、改革开放强国文化的基本涵义是什么?具有哪些重要价值?

二、改革开放强国文化的凝聚结晶有哪些主要元素?

三、发扬和践行改革开放强国文化,应当遵循和运用哪些基本方略?

四、在凝聚与发扬改革开放强国文化方面,市州开放大学应当担当和完成哪些基本使命?应当开展和推进哪些重大行动?

五、作为新时代的市州开放大学学员,应当怎样发扬与践行改革开放强国文化?

第六章　新时代民族复兴文化的彰显与传扬

新时代民族复兴文化，是中国共产党团结和带领全国各族人民在新时代建设改革发展实践中创造和积累的宝贵精神财富，是推动中华民族伟大复兴的"中国梦"实现的强大精神力量。有鉴于此，《文化教育导读》把"新时代民族复兴文化的彰显与传扬"列为第六章。作为市州开放大学学员，应当认真学习、深入领会、身体力行"新时代民族复兴文化的彰显与传扬"这一章内容，自觉而努力地为"新时代民族复兴文化的彰显与传扬"贡献智慧和力量。

第一节　新时代民族复兴文化的涵义、特征与价值

党的十八大以来，习近平总书记以中华民族伟大复兴为远景目标，不断在中国特色社会主义实践中深化认知，创造性地提出了中国梦、人类命运共同体、"四个全面"、国家治理现代化、"五位一体"、新发展理念等一系列具有开创性意义的新思想、新理论、新观点、新论断，继而形成和创立了习近平新时代中国特色社会主义思想。在习近平新时代中国特色社会主义思想的正确指引下，新时代民族复兴文化应运而生、合时而兴，而且生机勃勃、活力无限。

一、新时代民族复兴文化的基本涵义

（一）新时代的涵义

习近平在党的十九大上首次提出了中国特色社会主义新时代。他强调指出："经过长期努力，中国特色社会主义进入了新时代，这是我国发展新的历

史方位。"（习近平.决胜全面建成小康社会 夺取新时代中国特色社会主义伟大胜利——在中国共产党第十九次代表大会上的报告[M].北京：人民出版社，2017年版，第10页）"这个新时代，是承前启后、继往开来、在新的历史条件下继续夺取中国特色社会主义伟大胜利的时代，是决胜全面建成小康社会、进而全面建设社会主义现代化强国的时代，是全国各族人民团结奋斗、不断创造美好生活、逐步实现全体人民共同富裕的时代，是全体中华儿女勠力同心、奋斗实现中华民族伟大复兴中国梦的时代，是我国日益走近世界舞台中央、不断为人类作出更大贡献的时代。"（习近平.决胜全面建成小康社会 夺取新时代中国特色社会主义伟大胜利——在中国共产党第十九次代表大会上的报告[M].北京：人民出版社，2017年版，第10-11页）

由上可知，所谓新时代，是指党的十八大以来中国共产党和全国人民所处的历史方位和历史时期。

（二）新时代民族复兴文化的涵义

改革开放以来，中国共产党领导全国各族人民坚持和发展中国特色社会主义，取得了举世瞩目的成就，中华民族伟大复兴展现出前所未有的光明前景。正如习近平总书记在党的十九大报告中所指出的，"我们比历史上任何时期都更接近中华民族伟大复兴的目标，比历史上任何时期都更有信心、更有能力实现这个目标"。（习近平.决胜全面建成小康社会 夺取新时代中国特色社会主义伟大胜利——在中国共产党第十九次代表大会上的报告[M].北京：人民出版社，2017年版，第15页）

正是在这充满希望的历史节点上，习近平总书记提出了旨在实现中华民族伟大复兴的"中国梦"。这是以习近平同志为核心的党中央提出的重大战略思想，是党和国家面向未来的政治宣言。中华民族伟大复兴的"中国梦"，是和平、发展、合作、共赢的梦，不仅造福中国人民，而且造福各国人民，与各国人民的美好梦想是相通的。其基本内涵是：实现国家富强、民族振兴、人民幸福。它着眼于坚持和发展中国特色社会主义，体现了中国共产党高度的历史担当和使命追求，深刻揭示了近代以来中国历史发展的主线，形象描绘了中华民族不懈奋斗的历史过程，集中展现了中国特色社会主义的宏伟愿景。

所谓新时代民族复兴文化，就是十八大以来中国共产党团结和带领全国各族人民，以习近平新时代中国特色社会主义思想为理论指引，以实现中华民族伟大复兴为奋斗目标，在继承和弘扬中华优秀传统文化、中国革命红色文化、社会主义先进文化、改革开放强国文化的基础上，在新时代建设改革发展中形成和创造的理论体系、价值理念、精神谱系、行为规范、制度架构、文化物态等综合体。

二、新时代民族复兴文化的基本特征

新时代民族复兴文化具有以下五个基本特征：

（一）以"新时代"为历史方位

新时代民族复兴文化来源于中华优秀传统文化、中国革命红色文化、社会主义先进文化、改革开放强国文化的传承、接续、弘扬和光大，发展于党的十八大以来这一特定的历史方位和历史时期。可见，新时代民族复兴文化是以"新时代"为历史方位形成和发展起来的文化体系。

（二）以"新思想"为根本遵循

新时代民族复兴文化的形成与发展，始终离不开习近平新时代中国特色在社会主义思想这一"新思想"的战略指引和科学导航，是全党和全国各族人民始终以习近平新时代中国特色在社会主义思想这一"新思想"为核心引领和根本遵循而砥砺奋进、不懈努力的结果。可见，新时代民族复兴文化是以习近平新时代中国特色社会主义思想这一"新思想"为核心引领和根本遵循而形成与发展起来的文化体系。

（三）以"共产党"为领导核心

推进新时代中国特色社会主义伟大实践，实现中华民族伟大复兴的宏伟目标，必须始终坚持以党的坚强领导和顽强奋斗激励全体中华儿女不断奋进，凝聚起同心共筑中国梦的磅礴力量。坚持和加强中国共产党的领导，是形成和发展新时代民族复兴文化的核心力量，也是彰显和传扬新时代民族复兴文化的核心力量。因此，始终坚持以"共产党"为领导核心，是新时代民族复兴文化的重要特征之一。

（四）以"人民群众"为依靠力量

实现中华民族伟大复兴的中国梦，必须紧紧依靠人民群众，充分调动最广大人民群众的积极性、主动性、创造性。发展和传扬新时代民族复兴文化，也必须紧紧依靠人民群众，充分调动最广大人民群众的积极性、主动性、创造性。可见，始终坚持以"人民群众"为依靠力量，是新时代民族复兴文化的又一重要特征。

（五）以"民族复兴"为奋斗目标

中华民族是一个伟大的民族，不仅仅在于我们有着悠久的历史和灿烂的文化，更主要的在于我们这个民族，在面对各种磨难和挫折时所展现出来的那种"天行健，君子以自强不息"的伟大精神。实现中华民族伟大复兴，就是中华民族近代以来最伟大的梦想，也是新时代中华民族砥砺奋进、接续奋斗的价值目标。因此，始终坚持以"民族复兴"为奋斗目标，也是新时代民族复兴文化的重要特征之一。

三、新时代民族复兴文化的重要价值

新时代民族复兴文化的重要价值体现为以下五点：

（一）新时代民族复兴文化是增强和坚定理论自信的重要支撑

新时代民族复兴文化，是以习近平新时代中国特色社会主义思想为核心为引领，通过传承、弘扬、融合、发展、创新等活动而产生的文化结晶；也是彰显新时代中国化马克思主义理论精髓与理论力量的理论结晶。面对世界百年未有之大变局，面对全球治理之大变革，面对国内国际经济双循环之新格局，增强和坚定全党全国人民特别是党员干部的理论自信，极为重要，极为紧迫。而新时代民族复兴文化正好是增强和坚定理论自信的重要支撑。

（二）新时代民族复兴文化是增强和坚定道路自信的有力支持

新时代民族复兴文化，既是以习近平同志为核心的党中央团结和带领全党全国各族人民坚定不移走中国特色社会主义道路的文化成果，又是彰显新时代中国特色社会主义道路正确性、合理性与成功性的经典案例。面对世界风云变幻莫测的客观情势，面对各国道路多元选择的复杂局面，面对大国竞争日趋激烈的严重状况，面对新冠疫情肆虐全球的艰难境况，全党全国人民特别是党员干部务必增强和坚定自己的道路自信，"不畏浮云遮望眼""乱云飞渡仍从容"，不断增强走中国特色社会主义道路的自信心、自觉性和坚定性。可见，新时代民族复兴文化正好是增强和坚定道路自信的有力支持。

（三）新时代民族复兴文化是增强和坚定制度自信的关键元件

十八大以来，以习近平同志为核心的党中央从严治党、从精治国、从战治军，先后制定、修订、出台了一系列法律、法规、政策、规章、制度，不断完善和健全了新时代中国特色社会主义制度体系，同时也从很大程度上完善和健全了新时代民族复兴文化体系（因为制度文化是一种重要的文化形态，新时代中国特色社会主义制度体系是新时代民族复兴文化体系的重要组成部分），从而为增强和坚定全党全军全国各族人民的制度自信提供了真切的客观依据与有力的关键元件。可见，新时代民族复兴文化是增强和坚定制度自信的关键元件。

（四）新时代民族复兴文化是增强和坚定文化自信的根本底气

十八大以来，习近平总书记立足新时代的历史方位，紧紧围绕发展中国特色社会主义的时代任务，对中华民族伟大复兴进程中的文化发展作出了一系列新论断新指引，对新时代民族复兴文化的本质内涵、理论体系与精神谱系等进行了不断扩充和高度凝练。没有高度的文化自信，没有文化的繁荣兴盛，就没有中华民族的伟大复兴。当前，我国社会思潮激荡，西方和平演变等政治图谋日益凸显，全党全国各族人民特别是广大党员干部务必增强和坚定文化自信。而新时代民族复兴文化正是全党全国各族人民特别是广大党员干部增强和坚定文化自信的重要资源与根本底气所在。

（五）新时代民族复兴文化是实现民族复兴的精神动力

实现中华民族伟大复兴，是全党和全国各族人民的共同梦想，承载着千百年来中华儿女的共同期盼，见证着近代以来无数炎黄子孙魂牵梦绕的夙愿，昭示着国家富强、民族复兴、人民幸福的光明前景。新时代民族复兴文化是实现中华民族伟大复兴"中国梦"的强大精神动力，是中华民族不断创造新辉煌、铸造新奇迹的精神力量。习近平总书记强调："实现中国梦必须走中国道路，必须弘扬中国精神，必须凝聚中国力量。"（《十八大以来重要文献选编》（上），中央文献出版社，2014年，第234—235页）新时代民族复兴文化始终保持着强大的凝聚力、感染力和号召力，最大程度发挥出价值引领和凝心聚力的作用，彰显出跨越时空的时代价值和永恒魅力，是实现中华民族伟大复兴的精神动力。

第二节　新时代民族复兴文化的彰显语态

任何一种文化的思想内涵、内容要素、精神品质等等，都需要借助特定的语态予以呈现和彰显。新时代民族复兴文化更是这样。归纳起来说，新时代民族复兴文化的彰显语态主要有如下八个要素：

一、高瞻远瞩，清醒勇毅

党的十八大以来，习近平总书记以高瞻远瞩的战略眼光、清醒勇毅的历史自觉、深沉坚定的文化自信，融汇古今、联通中外，在波澜壮阔的伟大实践中唤醒激活、弘扬光大中华优秀传统文化，使之焕发出勃勃生机活力，进而造就了活力无限的新时代民族复兴文化。

以习近平同志为核心的党中央，从稳中求进实现经济社会持续健康发展到保障民生使群众增强获得感、幸福感、安全感，从三大攻坚战取得关键进展到改革开放迈出重要步伐，从加强制度建设到参与全球治理，勾勒出今日之中国在中华民族伟大复兴的战略全局和世界百年未有之大变局中的历史经纬，驾驭"中国号"巨轮乘风破浪、坚定前行，不断开创党和国家事业发展的新局面。

习近平总书记曾经告诫我们：回顾历史不是为了从成功中寻求慰藉，更不是为了躺在功劳簿上、为回避今天面临的困难和问题寻找借口，而是为了总结历史经验、把握历史规律，增强开拓前进的勇气和力量。我们要牢记中国共产党是什么、要干什么这个根本问题，永葆历史自觉、勇挑历史重担、增强历史自信，埋头苦干、勇毅前行，为实现第二个百年奋斗目标、实现中华民族伟大复兴的中国梦而不懈奋斗。

总之，"高瞻远瞩，清醒勇毅"是新时代民族复兴文化的彰显语态之一。

二、深沉睿智，坚定自信

文化自信，是一个国家、一个民族对自身文化价值、文化观念、文化传统和文化发展之路的高度认同和坚定信心，是一个国家民族精神、治国理念、发展道路的根本支撑，是更基础、更广泛、更深厚的自信，是更基本、更深沉、更持久的力量。中华民族有着强大的文化创造力。每到重大历史关头，文化都能感国运之变化、立时代之潮头、发时代之先声，为亿万人民、为伟大祖国鼓与呼。坚定文化自信，事关国运兴衰、事关文化安全、事关民族精神独立性的大问题。实现中华民族伟大复兴，必须坚定中国特色社会主义道路自信、理论自信、制度自信、文化自信。

上下五千年，纵横九万里。知所从来，方明所往。坚定文化自信，务必读懂古老而伟大的中华民族为何生生不息，领悟源远流长的中华文明如何博大精深。只有这样，才能坚定守护中华民族文化根脉的历史自觉和文化自信。坚定文化自信，就是要坚持社会主义核心价值体系，坚持这个主流文化、弘扬这个主流文化；坚定文化自信，并不是闭关锁国、唯我独尊、盲目的排外，而是要从容面对世界各种文化，摒弃消极因素，吸纳积极思想，博采百家之长，兼集八方精义，以自信的姿态去加强文化交流、实现文化交融、敢于文化交锋。

总之，"深沉睿智，坚定自信"是新时代民族复兴文化的彰显语态之一。

三、以史鉴今，资政治国

"问渠那得清如许？为有源头活水来"。璨若星河的文化宝藏，正如"有源之水"，滋养着一代又一代中华儿女。而中国共产党从成立之日起，既是中国先进文化的积极引领者和践行者，又是中华文化的忠实传承者和弘扬者。从"人生自古谁无死，留取丹心照汗青"的大义凛然，到"苟利国家生死以，岂因祸福避趋之"的刚健勇毅，再到如今"请党放心、强国有我"的庄严宣誓，文化带给我们的精神力量早已代代守护，薪火相传。传承好、发扬好、利用好这股源源不断的文化力量，我们将在全面建设社会主义现代化国家的"康庄大道"上昂首阔步、行稳致远，在实现中华民族伟大复兴中国梦的伟大征程上披荆斩棘、一路高歌。只有认真回望来时的路，我们才能在文化的传承中寻找到通往胜利的"制胜密码"，才能"不畏浮云遮望眼"，不断赢得新的伟大成就。试看下面这个"链接"：

【链接6-1】 以史鉴今 资政治国

2021年7月1日，庆祝中国共产党成立100周年大会，习近平总书记发表重要讲话。100面红旗迎风飘扬，100响礼炮声震寰宇，100步正步震撼人心，"请党放心、强国有我"的誓言久久回荡……

礼序乾坤、乐和天地。承自古老礼乐文化的庆典，仿佛一种隐喻——只有涵养过辉煌灿烂的文明，一个民族才能砥砺复兴的壮志；只有身处于风雷激荡的时代，一种文明才能焕发生命的光彩。

2021年岁末年终，北京京西宾馆，中央经济工作会议举国关注。

习近平总书记在会上深刻指出，"坚持正确政绩观，敬畏历史、敬畏文化、敬畏生态，慎重决策、慎重用权"。

一个定调新一年中国经济发展航向的重要会议，习近平总书记以3个"敬畏"告诫与会同志，对历史与文化的重视发人深省。

"打铁必须自身硬"！

党的十八大以来，一场力度、广度、深度空前的反腐败斗争在神州大地纵横涤荡。全面从严治党，成为新时代中国共产党治国理政的鲜明特征。

"凡将立国，制度不可不察也"。千百年前，记载商鞅变法理论的《商君书》留下箴言。

今天，秉持"制度优势是一个国家的最大优势"，党的十九届四中全会在党的历史上首次系统描绘和部署中国之治"制度图谱"，筑牢中国长治久安的制度根基。

"以战止战、以武止戈"。习近平总书记提出"能战方能止战，准备打才可能不必打，越不能打越可能挨打"这一战争与和平的辩证法，以改革强军战略，引领新中国成立以来最为广泛、最为深刻的国防和军队改革。

2013年11月，党的十八届三中全会。

此时，中国处于民族复兴的关键时期，世界处于百年变局演变的重要阶段。深化改革的路怎么走？

问题与挑战，清晰而紧迫。

古人云："不谋万世者，不足谋一时；不谋全局者，不足谋一域。"

"全面深化改革是关系党和国家事业发展全局的重大战略部署，不是某个领域某个方面的单项改革。"习近平总书记就《中共中央关于全面深化改革若干重大问题的决定》向全会作说明，将古老智慧诠释出新的时代内涵。

以"完善和发展中国特色社会主义制度、推进国家治理体系和治理能力现代化"为总目标，中国开启了全面深化改革新征程。波澜壮阔的改革背后，是"谋全局者"的胸怀与战略。

从哪里来，到哪里去。根植于历史的文化，往往已告诉我们未来的答案。

在创新、协调、绿色、开放、共享的新发展理念中，在"以国内大循环为主体、国内国际双循环相互促进"的新发展格局中，我们品读出"革故鼎新""贵和尚中""天人合一"等历史智慧。

从防汛救灾工作部署，到"粮食多了是问题，少了也是问题"的国家"大账"，再到"十四五"规划纲要设置专章对统筹发展和安全作出战略部署，习近平总书记关心的大事小情，我们看到"明者防祸于未萌，智者图患于将来"的清醒。

法兰克福、伦敦、纽约书展上，有一本书成为当之无愧的"明星图书"——《习近平谈治国理政》。

著名外交家基辛格一语中的："这本书为了解一位领袖、一个国家和一个几千年的文明打开了一扇清晰而深刻的窗口。"

"如果没有中华五千年文明，哪里有什么中国特色？如果不是中国特色，哪有我们今天这么成功的中国特色社会主义道路？"

2021年仲春，福建武夷山。习近平总书记专程来到九曲溪畔的朱熹园，回望历史，感慨万千。

"问渠那得清如许？为有源头活水来。"跨越千年，朱子余音犹在。灿若星河的文化遗产，恰如"有源之水"，滋养中华民族绵延不绝。

穿越历史的回响，习近平总书记鲜明指出，要特别重视挖掘中华五千年文明中的精华，把弘扬优秀传统文化同马克思主义立场观点方法结合起来，坚定不移走中国特色社会主义道路。

——摘引自《人民日报》2022年1月4日新华社记者述评《贯通中华文脉照亮复兴之路》

总之，"以史鉴今，资政治国"是新时代民族复兴文化的彰显语态之一。

四、以文培元，凝神铸魂

十八大以来，以习近平同志为核心的党中央始终坚持以文培元、凝神铸魂，将传统文化内涵创造性凝结于核心价值观中，使之作为凝魂聚气、强基固本的基础工程，推动优秀传统文化跨越时空、历久弥新，在新时代绽放新光彩。新时代的中国，在优秀传统文化滋养下，我们党用习近平新时代中国特色社会主义思想教育人，用党的理想信念凝聚人，用社会主义核心价值观培育人，用中华民族伟大复兴历史使命激励人，堪当重任的时代新人纷纷涌现，善行义举蔚然成风，植根于中华文化的文明之风持续吹入"寻常百姓家"。试看下面这个"链接"：

【链接6-2】 以文培元 凝神铸魂

天安门广场东侧，国家博物馆游人如织。基本陈列《古代中国》和《复兴之路》，成为人们参观"打卡"的首选。

穿过历史的烽烟，展厅内现代中国历经沉沦与抗争、奋斗与崛起取得的辉煌成就，与中华民族的灿烂文化交相辉映，绘就一幅波澜壮阔的中华文明长卷。

时间拨回到9年前，习近平总书记在此抚今追昔，饱含深情提出"中国梦"："我以为，实现中华民族伟大复兴，就是中华民族近代以来最伟大的梦想。"

只有创造过辉煌的民族，才懂得复兴的意义；只有经历过苦难的民族，才对复兴有着深切渴望。

赓续中华民族"自强不息"的特质，蕴藏中国人民"家国天下"的情怀，饱含近代以来"振兴中华"的探索，中国梦唤醒了中国人民最深厚的文化基因，成为团结海内外中华儿女的最大同心圆。

在厚植文化基因中凝聚精神力量，正是中国梦文化内涵激发出的澎湃动力。

一个时代的价值观念，根植于一个国家特有的历史文化中。

面对复杂严峻的国际竞争，在当代中国坚守文化自信，应该树立怎样的价值观？

五四运动95周年之际，习近平总书记走进绿树婆娑的北大校园，在同师生座谈时这样回答：

"经过反复征求意见，综合各方面认识，我们提出要倡导富强、民主、文明、和谐，倡导自由、平等、公正、法治，倡导爱国、敬业、诚信、友善，积极培育和践行社会主义核心价值观。"

"富强、民主"与"民惟邦本""本固邦宁"的质朴理想相互连通；

"爱国、敬业"汲取"丹心报国""天道酬勤"的精神追求；

"诚信、友善"吸收"人而无信、不知其可""己所不欲、勿施于人"的古代智慧；

……

以习近平同志为核心的党中央将传统文化内涵创造性凝结于核心价值观中，使之作为凝魂聚气、强基固本的基础工程，推动优秀传统文化跨越时空、历久弥新，在新时代绽放新光彩。

激活传统文化，使社会主义核心价值观的影响像空气一样无所不在、无时不有，习近平总书记念兹在兹：

"深入挖掘和阐发中华优秀传统文化讲仁爱、重民本、守诚信、崇正义、尚和合、求大同的时代价值"。主持中央政治局集体学习，提出使中华优秀传统文化成为涵养社会主义核心价值观的重要源泉。

"我们倡导的社会主义核心价值观，体现了古圣先贤的思想"。来到北京市海淀区民族小学，为他们上了一堂生动的"社会主义核心价值观"课程。

"要坚持以社会主义核心价值观为引领，坚持创造性转化、创新性发展"。在陕西考察，强调找到传统文化和现代生活的连接点。

在习近平总书记引领下，立足于中华优秀传统文化的社会主义核心价值观，化作百姓日用不觉的行为准则，成为凝聚社会共识的"最大公约数"。

新时代的中国，在优秀传统文化滋养下，用习近平新时代中国特色社会主义思想教育人，用党的理想信念凝聚人，用社会主义核心价值观培育人，用中华民族伟大复兴历史使命激励人，堪当重任的时代新人纷纷涌现，善行义举蔚然成风。

以文培元，习近平总书记注重在落细、落小、落实上下功夫。

这是发生在人民大会堂金色大厅里的感人一幕：

"你们这么大岁数，身体还不错。你们别站着了，到我边上坐下。"

2017年11月17日，在同全国精神文明建设表彰大会代表合影时，看到黄旭华和黄大发两位代表年事已高，习近平总书记关切地请他们坐在自己身边。

用行动诠释出礼敬贤德、尊老爱老的传统美德，习近平总书记暖人心窝的话语举动传为佳话。

2015年2月17日，农历大年廿九，空气中充满春天的味道。当天，中共中央、国务院在人民大会堂举行春节团拜会。

"不论时代发生多大变化，不论生活格局发生多大变化，我们都要重视家庭建设，注重家庭、注重家教、注重家风"……

约1400字的讲话中，习近平总书记用三分之一篇幅讲述了"家"的意义，生动传递出"天下之本在国，国之本在家"。

"修身齐家"的传统美德薪火相传、生生不息，习近平总书记言传身教、身体力行。

把"严以修身"摆在"三严三实"之首，叮嘱"有什么样的家教，就有什么样的人"，勉励广大青年牢记"从善如登，从恶如崩"……

如今，伴随着文明家庭、文明校园等精神文明创建活动深入开展，尊老爱幼、勤俭节约等植根于传统文化的文明新风吹进百姓心田，广大人民以更加奋发有为的精神状态砥砺前行，迈向崭新征程。

——摘引自《人民日报》2022年1月4日新华社记者述评《贯通中华文脉照亮复兴之路》

总之，"以文培元，凝神铸魂"是新时代民族复兴文化的彰显语态之一。

五、文脉传承，历久弥新

党的十八大以来，习近平总书记在系列重要讲话中灵活运用古籍典章中的名言佳句，金声玉振，史鉴昭昭，树立了古为今用、推陈出新的典范。谈利民，讲"利民之事，丝发必兴；厉民之事，毫末必去"；谈为政，讲"政者，正也。其身正，不令而行；其身不正，虽令不从"；谈立德，讲"一心可以丧邦，一心可以兴邦，只在公私之间尔"；谈任贤，讲"宰相必起于州部，猛将必发于卒伍"；谈廉洁，讲"新松恨不高千尺，恶竹应须斩万竿"，等等。这些古为今用的解读，不仅展示了中华优秀传统文化的魅力，而且赋予其鲜活的当代价值与内涵，闻者无不觉得过瘾解渴、豁然开朗、醍醐灌顶。

摒弃消极因素，继承积极思想，学古不泥古、破法不悖法，实现中华文化的创造性转化和创新性发展，正是新时代中华民族复兴文化滚滚向前的强大内驱力。

总之，"文脉传承，历久弥新"是新时代民族复兴文化的彰显语态之一。

六、交流互鉴，命运与共

"大道之行也，天下为公。"文明在交流碰撞中愈发多姿多彩，文明在互尊互鉴中更显丰富动人。从历史深处缓缓走来，中华文明之所以能够饱经风霜而历久弥坚，中华民族之所以在世界有地位、有影响，不是靠穷兵黩武，不是靠对外扩张，而是在于中华民族自古就是讲究"以和为贵"的民族，中华文化从不具有排他性、攻击性，而是有着"海纳百川有容乃大"的"肚量"，依靠中华文化的强大感召力和吸引力，在包容并蓄中不断向前发展、绽放新机。当前，世界百年未有之大变局与疫情交织，以邻为壑还是同舟共济，已经成为关乎"地球村"持续发展的重中之重。古老大国用加速构建人类命运共同体的宽广胸襟，以"一带一路"建设的非凡智慧，向世界提出了"中国方案"，展示了"中国力量"，这是中华文明图景的卓越之处。

总之，"交流互鉴，命运与共"是新时代民族复兴文化的彰显语态之一。

七、融汇古今，联通中外

新时代民族复兴文化，源自于中华民族5000多年文明历史所孕育的中华优秀传统文化，熔铸于党领导人民在革命、建设、改革中创造的革命文化和社会主义先进文化，植根于中国特色社会主义伟大实践。其形成发展过程实际上是一个"融汇古今、联通中外"的过程。

随着网络技术的发展和文化输入方式的多样化，西方文化大量涌入，我们对此既不能有文化自卑心态，也不能有文化自大心态，而应该以平等的、不卑不亢的态度来对待，并对其中优秀文明成果加以批判地借鉴和吸收。传统文化中精华与糟粕并存，我们也要批判地继承。

总之，我们应该以开放的心态，兼容并包的气度，改革创新的精神，在"融汇古今，联通中外"中，不断为新时代民族复兴文化的彰显和传扬"开疆拓土""修桥铺路""加油鼓劲""献计出力"。

可见，"融汇古今，联通中外"是新时代民族复兴文化的彰显语态之一。

八、坚持不懈，久久为功

中华民族是历经沧桑、百折不挠的伟大民族，中国人民是勤劳勇敢、自强不息的伟大人民，中国共产党是敢于斗争、敢于胜利的伟大政党。十八大以来，以习近平同志为核心的党中央反复强调，全体党员和干部务必发扬"钉钉子"精神，一抓到底，一以贯之，坚持不懈，久久为功，攻克更多的"娄山关""腊子口"，勇往直前，不断开创中国特色社会主义事业新局面。毫无疑问，"坚持不懈，久久为功"，也是新时代民族复兴文化的彰显语态之一。试看下面这个"案例"：

【案例6-1】 范仲淹坚持不懈而成功

宋代大文学家范仲淹自幼失去了父亲。母亲为了使自己和儿子得以生存下去，只得改嫁到了长山的朱家。

等到范仲淹长到十几岁时，才知道这个父亲并非是自己的亲生父亲。小仲淹觉得自己堂堂七尺男儿，改了别人的姓是一种屈辱，说什么也要恢复自己原来的"范"姓，因此他跟养父之间产生了矛盾，从家出走，住进了山醴泉寺的僧房里。他一直昼夜苦读，坚持不懈。

寺庙里的日子是十分清苦的，而年仅十几岁的范仲淹正是长身体的时期，饭量特别大。每次吃饭时，他端起碗来，仅几口就扒得精光，还没到下一顿就已经饿得头晕眼花，所以看书时无法集中精力。怎么办呢?思来想去，他想出了个办法，每天早晨煮好一锅稀粥，等到放冷了凝结成粥块之后，他就用刀在上面划个十字，切成四块，早晚饭各吃两块。而下饭的菜呢，更加简单，仅切一点儿咸菜末儿就行了。

范仲淹在醴泉寺住的这段时期里，读了很多书，懂得了许多道理，长了不少知识。为了开阔眼界，增长自己的学问，三年过后，他不远千里来到当时的"南都"应天府（就是现在的河南商丘），进了当时很有名气的南都学舍，拜著名学者戚同文为师。起初，他仍然像在醴泉寺时一样，每天早晚还能有稀粥可吃，可是后来连稀粥也供不上了。

每当太阳落山时，他才胡乱吃点儿东西，算是一天的饭。可是他从来没有为吃饭这些问题分心，而是在学习上更加勤奋刻苦了。他为自己制订了严密的学习计划，每天不完成计划决不睡觉。到了严寒的冬夜里，每当学习感到疲倦时，他就用冷水来洗脸，提提精神。学习环境虽然这样艰苦，可是范仲淹却从没有叫过一声苦。

范仲淹就是凭着这样一股坚定的信念，十几年如一日，每日勤学苦练，后来终于取得了成就，成为北宋中期著名的政治家、军事家和文学家。

第三节　新时代民族复兴文化的传扬战略

对于新时代的中国共产党人和中国人民来说，在传扬、建设、践行新时代民族复兴文化方面，应当实施和运用哪些基本战略？具体地说，大致需要实施和运用以下八项基本战略：

一、传承中华民族传统文化战略

习近平总书记指出："中华优秀传统文化是我们最深厚的文化软实力，也是中国特色社会主义根植的文化沃土。"中华优秀传统文化，历经5000年岁月长河洗礼，底蕴深厚。5000年来积淀的深厚文化底蕴凝结着中华民族特有的精神标识，昭示着中华儿女独有的价值追求。它作为中华民族历史上各种文化思想、价值理念、道德传承、精神观念的总体，是促使一切中华文明和中国文化成果得以产生和发展的根本动力。中华文明和中国文化之所以在漫长的历史进程中不仅没有中断泯灭，反而生生不息、日益昌盛，就是因为中华优秀传统文化一直以来被一代又一代富有智慧的中华儿女不断传承与发扬，为我国文化理论的形成与发展提供着巨大的内生动力。根本不丢，才会枝繁叶茂。

新时代民族复兴文化，是历史进入新时代后我国文化的最新发展成果，毫无疑问中华优秀传统文化作为根本为其提供了丰富滋养和深厚底蕴。因此，大力传承发展中华优秀传统文化，坚定文化自信，担当起实现中华民族伟大复兴的历史使命，是传扬、建设、践行新时代民族复兴文化的首要战略（详见本书"第二章　中华优秀传统文化的集萃与传承"的相关论述）。

二、赓续中国革命红色文化战略

中国革命红色文化脱胎于中华民族优秀传统文化，同时又在中国革命血与火的斗争考验中，在马克思主义和毛泽东思想的科学指引下，中国共产党领导四万万中国人民浴血奋战，根据不同历史时期的革命实践不断进行再生再造、凝聚升华而成。中国革命红色文化是中国共产党和中国人民智慧和心血的结晶，是我们今天坚定文化自信、走中国特色社会主义道路的又一重要精神力量源泉，是新时代鼓舞亿万中华儿女实现中华民族伟大复兴的不竭动力。与此同时，新时代民族复兴文化必然内在地蕴含着中国革命红色文化的重要内容和精神血脉。

因此，新时代中国共产党人和中国人民务必大力发扬中国革命红色文化传统，传承中国革命红色文化基因，赓续共产党人精神血脉，始终保持革命者的大无畏奋斗精神，努力鼓起迈进新征程、奋进新时代的精气神。简言之，赓续中国革命红色文化，是传扬、建设、践行新时代民族复兴文化的基本战略之一（详见本书"第三章 中国革命红色文化的集锦与赓续"的相关论述）。

三、弘扬社会主义先进文化战略

从世界社会主义发展史的角度看，社会主义先进文化，是从空想社会主义到科学社会主义、从第一个社会主义国家建立到多个社会主义国家建立、从苏联社会主义模式探索到中国特色社会主义实践、从苏联东欧社会主义国家纷纷"倒台变色"到社会主义中国"风景这边独好"等艰难探索和曲折历程中形成和凝聚的文化结晶。

从中国社会主义发展史的角度看，社会主义先进文化，则是在继承中华优秀传统文化、弘扬中国革命红色文化、借鉴国际共产主义运动文化经验、吸收世界先进科技文化成果的基础上，全党全国各族人民历经社会主义建设探索、改革开放探索、新时代中国特色社会主义建设实践等70多年探索实践而逐步形成、持续凝聚的文化体系和文化结晶。

因此，在新时代，全党全国各族人民应当积极实施、充分运用"弘扬社会主义先进文化"的基本战略，牢牢把握社会主义先进文化的前进方向，以实现中华民族伟大复兴的中国梦为出发点和立足点，进一步全面深化文化体制机制改革创新，形成更新更优的文化体系和理论成果，为新时代进一步深化改革、扩大开放、夺取中国特色社会主义伟大胜利、加快实现中华民族伟大复兴提供重大的力量支持和坚强的软实力保障。简言之，弘扬社会主义先进文化战略，是传扬、建设、践行新时代民族复兴文化的基本战略之一（详见本书"第四章 社会主义先进文化的凝练与弘扬"的相关论述）。

四、发扬改革开放强国文化战略

我国从1978年实行改革开放以来的40多年，是中国经济实力、科技实力、教育实力、文化实力、军事实力、外交实力、综合国力等大发展、大增强、大提升的40多年，也是"改革开放强国文化"逐步形成、强力凝聚、持续发扬的40多年。

我国"改革开放强国文化"的形成逻辑，始终遵循着国家发展的时间逻辑和空间逻辑。在时间上，注重发展高科技；在空间上具有全球意识，致力于全球治理，致力于人类文化和文明的全面发展。同时，提出了"人类命运共同体""一带一路"倡议，加强中外文化交流与融合，彰显了中国文化振兴、拥抱全球文化的宏大气魄。

习近平总书记指出，中国进行改革开放，顺应了中国人民要发展、要创新、要美好生活的历史要求，契合了世界各国人民要发展、要合作、要和平生活的时代潮流。在新时代征程上，我们要大力发扬改革开放强国文化，激发奋进动力，汇聚起更加磅礴的力量，把新时代建设发展、改革开放事业不断向前推进。简言之，发扬改革开放强国文化，是传扬、建设、践行新时代民族复兴文化的基本战略之一（详见本书"第五章　改革开放强国文化的凝聚与发扬"的相关论述）。

五、实现"新的现代化"战略

建设社会主义现代化强国，实现中华民族伟大复兴，是中华民族的最高利益和根本利益。我们党领导中国人民进行的一切奋斗，归根到底都是为了实现这一伟大目标。

在新时代，围绕如何全面建设社会主义现代化这一重大问题，习近平总书记提出了一系列新思想新观点新要求。他指出，实现社会主义现代化和中华民族伟大复兴是坚持和发展中国特色社会主义的总任务，要在全面建成小康社会的基础上，分两步走全面建成社会主义现代化强国。他强调，"现代化的本质是人的现代化"，"我们要建设的现代化是人与自然和谐共生的现代化"，要"推进国家治理体系和治理能力现代化"，"要在坚持以经济建设为中心的同时，全面推进经济建设、政治建设、文化建设、社会建设、生态文明建设，促进现代化建设各个环节、各个方面协调发展"，等等。这些重大战略思想、重大理论观点、重大工作部署，极大深化了我们党对社会主义现代化建设规律的认识，有力指导和推动了我国社会主义现代化建设迈出坚实步伐。

可见，实现"新的现代化"，是传扬、建设、践行新时代民族复兴文化的基本战略之一。

六、推进"祖国统一"大业战略

党的十八大以来，习近平总书记站在党和国家事业发展全局和中华民族伟大复兴的战略高度，敏锐洞察国内外形势和台海形势新变化，深刻总结中央对台工作大政方针及实践，提出一系列新理念、新主张，作出一系列重大决策，实施一系列重大举措，引领对台工作取得新的重要进展，牢牢把握两岸关系主导权和主动权。

习近平总书记指出，解决台湾问题、实现祖国完全统一，是中国共产党矢志不渝的历史任务，是全体中华儿女的共同愿望。习近平总书记将两岸统一纳入到中华民族伟大复兴战略之中，一方面主张两岸同胞共同实现中华民族伟大复兴的中国梦，另一方面主张在共同实现中华民族伟大复兴的过程中来实现两岸和平统一。习近平总书记关于国家统一的重大政策主张，以和平统一为鲜明主线，科学回答了如何推动两岸关系和平发展、团结台湾同胞共同致力于实现民族伟大复兴和祖国和平统一的时代命题，丰富了新时代坚持"一国两制"和推进祖国和平统一基本方略的重要内涵，为新时代对台工作和两岸关系和平发展指明了方向。

可见，推进"祖国统一"大业，是传扬、建设、践行新时代民族复兴文化的一种基本战略。

七、实施"一带一路"倡议战略

习近平总书记在2013年9月和10月分别提出建设"新丝绸之路经济带"和"21世纪海上丝绸之路"的战略构想，强调相关各国要打造互利共赢的"利益共同体"和共同发展繁荣的"命运共同体"。"一带一路"在平等的文化认同框架下谈合作，是国家的战略性决策，体现的是和平、交流、理解、包容、合作、共赢的精神。

我们提出"一带一路"倡议，就是要发扬古代丝绸之路的精神，以平等互鉴、开放包容的博大胸襟，再次向世界敞开中国的大门，加强中国与世界各国特别是"一带一路"沿线国家之间在政策、设施、资金、贸易和民心方面的互联互通，推动不同文化的交流互鉴，这是中华民族文化自信在新的历史时期的新体现、新表达。

世界的发展需要中国，而中国也正以更加自信、更加开放的姿态去拥抱世界。中国通过"一带一路"倡议，主动将自身发展经验和发展机遇同世界各国分享。以共建"一带一路"为重点，中国与各方一道打造国际合作新平台，为世界共同发展增添新动力，这是中国作为一个负责任大国所体现出来的立己达人、兼济天下的国际情怀和使命担当。试看下面这个"案例"：

【案例6-2】 "一带一路"高质量发展背景下的中新互联互通项目

在"一带一路"共建国家携手努力不断描绘的高质量发展"工笔画"上，中国和新加坡第三个政府间合作项目——中新（重庆）战略性互联互通示范项目是浓墨重彩的一笔。

23日开幕的2021中新（重庆）战略性互联互通示范项目金融峰会再传好消息：中国与东盟的互联互通，正从基础设施建设和物流信息流联通，向金融合作领域深度拓展。

打造联结"一带"与"一路"的陆海新通道，构建中新跨境融资通道，打通中新国际数据通道……6年来，中新互联互通项目探索国际合作新模式，以高标准、可持续、惠民生为目标，不断拓展合作新领域，成为"一带一路"高质量发展的成功案例。

物流畅通，陆海新通道成"一带一路"联通生动写照

重庆团结村站，"一带一路"上的重要地标。

巨臂起舞，货柜如山，铁轨交错，车流如潮。"一带"与"一路"在这里牵手——

一列列中欧班列从此出发，向西驶向欧洲；一列列陆海新通道班列也从此出发，向南通达东盟国家。

疫情期间，陆海新通道开行量实现逆势上扬。陆海新通道运营有限公司数据显示，今年1至10月运输箱量同比增长68%，货值同比增长44%。

陆海新通道是中新互联互通项目的主要成果之一。而仅仅4年前，中国西部和东盟国家间的物流状况却是另一番景象——

大部分货物只能先向东运至沿海地区，再转运到东南亚，动辄近两个月；从东南亚进口的农副产品，经常因运输时间过长而发霉变质……

改变，发生在2017年。在中新互联互通项目框架下，西部相关省区市与新加坡等东盟国家合作打造全新的国际贸易物流通道，即陆海新通道。

它以重庆为运营中心，合作范围覆盖西部地区，利用铁路、海运、公路等运输方式，向南经广西、云南等沿海沿边口岸通达东盟国家，进而通达世界各地，物流时间比传统东向出海通道大幅缩短。

目前，陆海新通道铁海联运班列、国际铁路班列、跨境公路班车三种物流形态均已常态化运行，目的地已拓展至106个国家和地区的311个港口。

陆海新通道，助推中国西部进一步融入全球产业格局——

依托这条快捷的新通道，重庆小康集团在印尼投资建立汽车智能制造基地，2018年正式投产和批量销售。

"从川渝地区到雅加达，陆海新通道比传统江海联运节约20多天，交付时间大幅缩短，降低了运营成本。"重庆小康集团进出口公司总经理张兴燕说。

陆海新通道，为东盟国家架起抗击疫情的"生命通道"——

今年6月，满载口罩、隔离衣、防护服等抗疫物资的跨境公路班车，从重庆出发经云南磨憨口岸抵达老挝万象，为老挝抗击疫情提供物资支持。此前，陆海新通道也为新加坡等东盟国家送去防疫和生活物资。

陆海新通道，疫情期间在维护全球供应链安全方面也发挥了重要作用——

当韩国三星、法国迪卡侬等外企在东南亚生产的电子产品、服装出口欧洲遭遇海运难题时，国际铁路班列将货物从越南先运至重庆，再搭乘中欧班列前往欧洲。"无论在合作抗疫，还是推动经济合作方面，陆海新通道都展示出了它的标杆作用。"中国—东盟商务理事会执行理事长许宁宁说，这是人类命运共同体理念的一个生动诠释。

——摘自《重庆日报》2021年11月26日

可见，实施"一带一路"倡议，又是传扬、建设、践行新时代民族复兴文化的一种基本战略。

八、构建人类命运共同体战略

"推动构建人类命运共同体，不是以一种制度代替另一种制度，不是以一种文明代替另一种文明，而是不同社会制度、不同意识形态、不同历史文化、不同发展水平的国家在国际事务中利益共生、权利共享、责任共担，形成共建美好世界的最大公约数。"习近平总书记站在人类历史发展进程的高度，以深邃的战略眼光，直面人们心中的困惑迷茫，高瞻远瞩地提出了构建人类命运共同体的重大战略思想，给出了解决世界难题、回应时代之问的答案。

构建人类命运共同体的思想，既汲取了中华优秀传统文化精髓，又继承了人类社会发展优秀成果，是对人类文明智慧的创新性发展。亲仁善邻、协和万邦，是构建"人类命运共同体"的追求和向往。人们共同生活在同一个地球村里，随着各国相互联系、相互依存的程度日益加深，全球化已经成为不可逆转的历史大势，国家与国家之间、民族与民族之间越来越成为你中有我、我中有你的命运共同体。构建人类命运共同体，也是传扬、建设、践行新时代民族复兴文化的一种基本战略。

第四节　新时代民族复兴文化彰显与传扬的"开大智慧"

作为开放大学特别是市州开放大学，怎样在"新时代民族复兴文化的彰显与传扬"中奉献自己的智慧？我们认为，主要应当从以下五个方面着眼着力：

一、在学历继续教育中彰显与传扬民族复兴文化

办好学历继续教育，是办好市州开放大学的重头与主业。在学历继续教育中彰显与传扬新时代民族复兴文化，是办好新时代市州开放大学的重要使命和重点任务之一，也是在"新时代民族复兴文化的彰显与传扬"中亟待市州开放大学奉献的智慧之一。

为此，市州开放大学应当坚持多措并举，在学历继续教育中彰显与传扬新时代民族复兴文化。一要提高政治站位，把学习践行习近平新时代中国特色社会主义思想与彰显传扬新时代民族复兴文化有机结合起来，运用于学历继续教育实践之中；二要理清工作思路，让习近平新时代中国特色社会主义思想和新时代民族复兴文化"早进教材、常进教案、长进课堂、真进师生头脑"，促进学历继续教育事业发展；三要聚焦内涵建设，以学习践行习近平新时代中国特色社会主义思想为主题，以彰显传扬新时代民族复兴文化为主线，切实加强教材建设、队伍建设、平台建设、载体建设；四要着力改革创新，不断推动习近平新时代中国特色社会主义思想与新时代民族复兴文化的教育方式、教学模式、践行路径等要素的改革创新，不断提高习近平新时代中国特色社会主义思想与新时代民族复兴文化的教育教学质量和水平。

二、在非学历继续教育中彰显与传扬民族复兴文化

办好非学历继续教育是推动经济社会可持续发展的必然要求，是新形势下落实国家战略规划、推动学习型社会建设的必然选择。因此非学历继续教育一定是与时代潮流契合的教育，要与国家发展战略相契合，在教育中彰显与传扬民族复兴文化，助力中华民族伟大复兴。

办好非学历继续教育，是办好市州开放大学的大头与次主业。在非学历继续教育中彰显与传扬新时代民族复兴文化，是办好新时代市州开放大学的重要职能和重要任务之一，也是在"新时代民族复兴文化的彰显与传扬"中亟待市州开放大学奉献的智慧之一。

为此，市州开放大学应当抓住三个重点：一是在培训方向选择上，要注重政治方向的把握。非学历继续教育的内容不仅在于对学习者受训者专业技能、工作能力等"行"层面的提升，更应有对各类培训学员理想信念、爱国情怀、品德修养等"知"层面的引领。二是在培训课程设置上，要着力打造与"互联网+""一带一路""大众创业、万众创新""中国制造2025""人工智能""城镇化""乡村振兴"等与国家发展战略密切相关的课程，使更多人参与到顺应时代潮流的建设中来。三是在培训效果控制上，要以习近平总书记提出的"中国梦"为背景，打造更加灵活多样化的平台，谋求有教无类"中国教育梦"即育才梦的实现。

三、在社区教育中彰显与传扬民族复兴文化

在全面建成小康社会、实现中华民族伟大复兴"中国梦"的历史进程中，社区教育的重要性毋庸置疑。作为市州开放大学、市州社区大学，应当利用社区涉及面广、社区学习者众多、本校教育资源丰富等特点和优势，在社区教育中彰显与传扬新时代民族复兴文化，激发广大社区居民乃至更多市民的创造活力，提高广大社区居民乃至更多市民的综合素质特别是文明素质。在社区教育中彰显与传扬新时代民族复兴文化，是办好新时代市州开放大学特别是市州社

区大学的重要职能和重要任务之一，也是在"新时代民族复兴文化的彰显与传扬"中亟待市州开放大学特别是市州社区大学奉献的智慧之一。

为此，市州开放大学、市州社区大学应当作出积极有效的努力。一要精心制定社区教育培训计划，选择切合社区教育实际，推动社区教育培训品质和能力提升、社区家庭和睦、社区矛盾化解和问题解决的内容，从而精心制定长中近期社区教育培训计划。二要匠心开发社区教育培训教材，遴选组织编撰力量，匠心编写通俗易懂的校本社区教育教材，以培育和践行社会主义核心价值观为引领，以彰显与传扬新时代民族复兴文化为主线，确立社区教育培训工作目标和重点，做到融思想性、知识性、趣味性于一体，为社区居民群众所乐于接受。三要悉心组织社区教育培训活动，本着"有利于社区居民文化学习，方便社区居民日常生活"的原则，通过定期或不定期举办新时代民族复兴文化培训班、专题讲座、理论研讨、知识竞赛等多种形式，促进社区教育培训新时代民族复兴文化教育向纵深发展，务求理念新、方法优、效果好。

四、在终身教育中彰显与传扬民族复兴文化

党的十九大提出要"加快建设学习型社会，大力提高国民素质"。作为承担终身教育任务的市州开放大学，应当以"全民终身学习活动周"为抓手，广泛宣传终身学习理念，多方引导全民终身学习，努力营造全民终身学习的浓厚氛围。在终身教育中彰显与传扬新时代民族复兴文化，是办好新时代市州开放大学的重要职能和重要任务之一，也是在"新时代民族复兴文化的彰显与传扬"中亟待市州开放大学奉献的智慧之一。

为此，市州开放大学应当作出务实求为的努力。一是加强教育普及，拓展新时代民族复兴文化的普及广度，增强广大市民的认同度，将新时代民族复兴文化全方位地渗透到开放教育、社区教育、老年教育的文化素养类、职业技能类与生活休闲类等课程项目。二是开展特色活动，以新时代民族复兴文化为载体，提升各类活动的内容质量，努力做到"活动形式吸引人、活动内容留住人、活动成果影响人"。三是挖掘地域资源，紧扣新时代民族复兴文化的彰显与传扬，挖掘地域历史文化资源，推动终身教育教学走实走深，实现全民终身教育与新时代民族复兴文化的高度融合。

五、在社会服务中彰显与传扬民族复兴文化

搞好社会服务，是办好市州开放大学的重要一环。在社会服务中彰显与传扬新时代民族复兴文化，是办好新时代市州开放大学的基本职能和基本任务之一，也是在"新时代民族复兴文化的彰显与传扬"中亟待市州开放大学奉献的智慧之一。

为此，市州开放大学应当尽职尽责：一要全员强化社会服务意识，市州开放大学全体师生员工都要从各自岗位、角色的实际出发，切实强化社会服务意识，或通过教书育人强化社会服务意识，或通过服务育人强化社会服务意识，或通过管理育人强化社会服务意识，或通过读书做人强化社会服务意识，从而彰显与传扬新时代民族复兴文化精髓。二要准确解读社会服务功能，准确把握、始终校准市州开放大学可以实施和提供"人才培养式服务、职业培训式服务、社区教育式服务、终身教育式服务、科研支持式服务、文化惠民式服务、资源供给式服务"等社会服务功能，从而彰显与传扬新时代民族复兴文化内涵。三要竭诚开展社会服务行动，针对不同的社会服务对象，精选特定的社会服务类型，扎实而竭诚地开展特定的社会服务行动，从而彰显与传扬新时代民族复兴文化价值。四要不断提升社会服务质量，通过推进社会服务内容要素、方式方法、模式机制的改革创新，不断提高社会服务的质量、水平和效益，从而更好地彰显与传扬新时代民族复兴文化效能。

第五节 新时代民族复兴文化彰显与传扬的"开大力量"

作为市州开放大学特别是岳阳开放大学，怎样在"新时代民族复兴文化的彰显与传扬"中贡献自己的力量？我们认为，主要应当立足新发展阶段，突出开放引领，坚持质量为要，聚力转型发展，提升综合办学实力，为彰显与传扬新时代民族复兴文化贡献"开大力量"。

一、为彰显与传扬民族复兴文化培养输送合格人才

为彰显与传扬新时代民族复兴文化培养和输送合格人才，是市州开放大学特别是岳阳开放大学在"新时代民族复兴文化的彰显与传扬"中贡献力量的

首要方式与途径。今后一个时期，岳阳开放大学应当通过推进系列工程，积极为彰显与传扬新时代民族复兴文化培养输送合格人才，唱响服务地方经济社会发展的大风歌。一是实施存量人才扩容提质工程，不断完善学科门类，紧贴市场、产业、职业需求，根据岳阳市经济和社会发展需要调整学科门类、设置新专业，培养具备良好职业素养、自主学习和终身发展能力的技术技能型人才；二是实施乡村振兴人才培养工程，通过开放办学、信息化办学、一线办学等多种形式，把课上到田间地头，培养数以万计的乡村振兴急需专业人才和数以千计的乡村经济与社会管理人才；三是实施退役军人学历提升工程，与地方退役军人事务管理部门密切沟通、加强合作，动员、组织更多的退役军人接受开放大学的远程教育，提升学历层次和综合素质，从而提高就业创业质量和满意度；四是实施面向其他人群的学历提升工程，指导和支持机关干部、企业员工、事业职员、社会人、新职业人、待业人等群体增知强能、成长成才。

二、为彰显与传扬民族复兴文化培训提高职业人素质

为彰显与传扬新时代民族复兴文化培训和提高职业人素质，是市州开放大学特别是岳阳开放大学在"新时代民族复兴文化的彰显与传扬"中贡献力量的重要方式与途径之一。今后一个时期，岳阳开放大学应当通过多方面的努力，着力为彰显与传扬新时代民族复兴文化培训提高职业人素质，助力职业人爱岗敬业、干事创业、倾力成业。一是积极贯彻落实中央和教育部要求，实施新型产业工人培养培训计划，加强非学历教育培训，提升产业工人综合素质与专业技能；二是实施乡村振兴人才培训计划，策划、组织和开展各类乡村产业发展职业培训，促进新型职业农民的成长发展，助力乡村振兴战略的落地落实；三是实施创新创业扶持培训计划，发挥远程教育和信息化技术优势，构建起一所面向全体创客的"互联网"创业大学，采用"线上线下"结合的创新创业教育培训方式，打造服务岳阳创新创业教育的新平台；四是实施其他职业人职业培训计划，更多更好地策划、组织和实施中小学教师专业培训、事业单位人员技能培训、公务员素质提升培训、新经济组织管理者培训、新社会组织从业人员培训等，指导和帮助更多的职业人提升素质、强化技能、健康成长、强劲发展、打造成功。

三、为彰显与传扬民族复兴文化获取提供科研成果

为彰显与传扬新时代民族复兴文化获取和提供科研成果，是市州开放大学包括岳阳开放大学在"新时代民族复兴文化的彰显与传扬"中贡献力量的重要方式与途径之一。多年以来，岳阳开放大学紧紧围绕"为什么要建设市州开放大学？""建设什么样的市州开放大学？""怎样建设市州开放大学？"等一系列重大问题，切实加强科研领导，不断加强科研投入，注重推进科研项目，着力培植科研优势，持续获取科研成果。

今后一个时期，岳阳开放大学应当进一步加强科研学术工作，为彰显与传扬新时代民族复兴文化获取和提供更多更好的科研成果。一是坚持以科研项目建设为引领，力争课题申报、课题研究、课题结题再上新台阶；二是坚持以科研成果获取为取向，引导、支持和激励教职员工在"做精教育教学、做好课题研究、做优论文撰写、做成著作编撰"中努力获取更多更好的科研成果，凝聚学校发展新势能；三是坚持以信息化项目为支撑，再次争取省级教育信息化项目申报立项，实现学校教育信息化研究新突破；四是坚持以远教学会为窗口，进一步做优做强有地方特色、有实用价值的远教学会工作，强化科研学术服务，增强远教学会和科研学术工作新活力。

四、为彰显与传扬民族复兴文化开展供给社会服务

为彰显与传扬新时代民族复兴文化开展和供给社会服务，又是市州开放大学包括岳阳开放大学在"新时代民族复兴文化的彰显与传扬"中贡献力量的一种重要方式与途径。

今后一个时期，岳阳开放大学应当始终以开放的理念、创新的思维和实干的作风，以"勇立潮头"的责任担当，将实践教育公平作为自己的历史使命，追求新时代的大担当、大作为，努力打造服务社会的"样板"和"标杆"，为彰显与传扬新时代民族复兴文化开展和供给社会服务。一是搭建智慧学习环境，以学习者的发展为引领，构建基于互联网的自主学习和泛在学习的学习环境，使每位学习者都拥有充分的学习机会，并为学习者提供优质的学习资源，增强学习者职业选择和自主创业的素质；二是强化培训惠民，充分发挥示范引领作用，融合线上线下，积极开展"送教进社区"活动，为社区居民送去丰富

多彩的课程；三是以搭建社区居民文化交流平台、提升社区居民生活素养等为特色亮点，将社区教育融入社区治理，积极为社区居民提供社会服务；四是始终把筑牢中华民族共同体意识纳入社会服务全过程，以社区教育为载体，通过"一讲""一唱""一诵""一艺"开展"民族团结进社区"项目，增进民族认同感和自豪感。

五、为彰显与传扬民族复兴文化建树打造"开大样本"

为彰显与传扬新时代民族复兴文化建树和打造"开大样本"，也是市州开放大学特别是岳阳开放大学在"新时代民族复兴文化的彰显与传扬"中贡献力量的一种重要方式与途径。

今后一个时期，岳阳开放大学应当始终牢记"彰显与传扬新时代民族复兴文化"的重要使命，努力厚植办学基础，不断增强发展内力，实现办学功能和育人能力新跨越，无愧于"全国地市级示范性电大"老荣誉，打造"市州开放大学新样本"。一是不忘开大初心，牢固树立正确的办学方向，努力实现由追求自身生存发展向追求服务地方与立德树人的转变；二是发挥开大优势，着力夯实有效的办学基础，努力实现由低端服务向高效服务的转变；三是树立开大形象，不断提升可信的办学质量，努力实现由外延发展向内涵驱动的转变；四是弘扬开大文化，打造可信的办学品牌，努力实现由巩固自身地位向更高价值实现的转变。特别是要始终践行文化兴校战略，在物态文化、精神文化、管理文化、制度文化的建设上发力，培育师生自强不息、不畏艰险、昂扬向上、开放乐观的精神品质，大力营造具有时代特征和开放大学特色的良好校园风气，时刻彰显与传扬新时代民族复兴文化。

【思考与训练】

一、什么是新时代民族复兴文化？它的基本特征是什么？

二、新时代民族复兴文化的彰显语态有哪些？

三、如何理解构建人类命运共同体战略？

四、作为市州开放大学，应当怎样在社会服务中彰显与传扬民族复兴文化？

五、作为市州开放大学学员，应当怎样为彰显与传扬民族复兴文化贡献力量？请自选题目和角度，撰写一篇学习小论文，字数在 1000 字左右，要求主题鲜明，条理清楚，有论有据，表达顺畅。

第七章　岳阳地域特色文化的览要与发展

　　岳阳文化是千百年来岳阳社会政治和经济的反映，也是岳阳本土文化与长江文化（荆楚文化）、黄河文化（中原文化）融汇演化而成的多种文化与多元文化的结晶。岳阳开放大学的转型升级和发展离不开岳阳文化的浸润与支撑，岳阳开放大学教职员工的成长发展离不开岳阳文化的滋润与助力，岳阳开放大学学员的成长成才也离不开岳阳文化的润泽与教育。因此，《文化教育导读》把"岳阳地域特色文化的览要与发展"列为第七章。作为岳阳开放大学学员，应当认真学习、深入领会、着力践行"岳阳地域特色文化的览要与发展"这一章内容，自觉而努力地为"岳阳地域特色文化的览要与发展"贡献智慧和力量。

第一节　岳阳地域特色文化的涵义、特质与价值

一、岳阳地域特色文化的基本涵义

　　所谓地域文化，是指在一定的地域内所形成，并经过长期发展而成的包括了观念和风俗在内的，具有其地域特色的诸多文化因子的总和。作为一座悠久的国家历史文化名城，岳阳历经长达2500年的漫长演变和逐步发展。从远古时期的历史传说——黄帝时期的"三苗之居"，尧帝时后羿"屠巴蛇于洞庭，积骨为陵"，舜帝时"舜却苗民，更异其俗"，到先秦时期岳阳要塞文化的萌芽，秦后岳阳地域文化的逐步形成、近现代的发展和变迁，岳阳逐步形成了根

基深厚、特色鲜明的地域文化。

三皇五帝时期的远古传说，标志着岳阳文化与中华文明和道德文化的悠久渊源；屈原依楚地特色而创作的《楚辞》与《诗经》分庭抗礼，成为中国诗歌乃至整个中国文学浪漫主义的源头，而他九死不悔、忧国忧民、上下求索的精神影响着华夏的民族精神，也凝成了岳阳"忧国忧民"的龙舟文化；唐代大诗人孟浩然、李白、杜甫，宋代名家欧阳修、黄庭坚，都在岳阳留下了名篇。范仲淹的千古名篇《岳阳楼记》中的"先天下之忧而忧，后天下之乐而乐"更是岳阳市"忧乐精神"的源头和出处。而近现代，晚清的中兴志士左宗棠、郭嵩焘，近代教育大家范源濂，无产阶级革命家任弼时等无数岳阳优秀儿女前赴后继，投身历史潮流，影响着中国近现代历史发展。与此同时，岳阳地域神秘久远的巫楚文化，融合交汇的山水文化，独具特色的民俗文化和岳阳地域的精神内核，一起构筑了璀璨夺目的岳阳地域特色文化。

岳阳地域特色文化，既是湘楚文化的精华部分，也是中国传统文化的重要因子。一代又一代岳阳人民的辛勤劳动，特别是一代又一代杰出岳阳人士和优秀岳阳儿女的倾情付出，创造了辉煌灿烂的岳阳文化，尤其是塑造、凝聚成了包括九死不悔的求索精神、先忧后乐的爱国精神、鞠躬尽瘁的骆驼精神、英勇革命的平江起义精神等在内的精神气质。这些精神气质是岳阳地域特色文化的思想内核和精神内涵。

综上所述，岳阳地域特色文化，主要是指历朝历代岳阳人特别是杰出岳阳人士和优秀岳阳儿女奋斗、求索、凝聚、奉献而成，并代代相传的价值观念、道德风骨、精神气质、思维逻辑、处世规则、行为方略、文化典籍、社会习俗、文化物态等要素的高度融合与有机统一体。

二、岳阳地域特色文化的重要特质

岳阳地域特色文化的精神内核和精神内涵与湖湘文化乃至整个中华民族文化血脉融通、交相辉映，但它又具有重要而鲜明的特质。这主要表现在以下四个方面：

（一）岳阳文化是历史悠久、深沉厚重的文化

作为历史文化老城，岳阳文化有着悠久而厚重的特质。岳阳有着古老文化

地标岳阳楼、屈子祠、岳阳文庙，有着代表佛教文化的慈氏塔、圣安寺，有着历史意义的鲁肃墓、岳州关，有着神话色彩的二妃墓、柳毅井，有着代表传统技艺的岳州窑、青竹寺窑，有着近代史印记的左宗棠、郭嵩焘的故居，有着红色基因的平江起义旧址、任弼时故居；而小乔墓、传书亭、飞来钟、文星塔等文化地标散落在岳阳的青山绿水中，点缀着熠熠生辉的岳阳文化。

作为中华诗词之市，岳阳的文化地标彰显着底蕴深厚的文化。它包含着神秘久远的楚文化，远古动人的神话传说，还有着爱国诗人屈原，诗人李白、杜甫、韩愈、白居易、范仲淹等人留下的千古篇章。这些历史地标和文化地标都是岳阳深厚文化的印记。

（二）岳阳文化是上下求索、心忧天下的文化

岳阳文化包含着求索精神、忧乐精神、骆驼精神和平江起义革命精神。这些精神都无不继承着岳阳自古以来的爱国精神和忧国情怀。著名诗人余光中说过，"汨罗江是蓝墨水的上游"。战国时期，伟大的爱国诗人、楚国三闾大夫屈原被放逐在洞庭湖一带，依托当地的神话、民歌和方言，寄情楚地风物，创作了著名诗篇《楚辞》。而他饱含求索精神、独立人格和爱国精神的诗篇和怀石投江的爱国壮举为岳阳的地域文化注入了深厚的爱国情怀。唐代诗人杜甫的《登岳阳楼》、宋代范仲淹的《岳阳楼记》更是继承发展了屈子的爱国情怀，影响和激励着一代又一代岳阳人乃至湖南人、中国人。从左宗棠到近代史上无数的革命烈士，从任弼时的"骆驼精神"到平江起义的"革命精神"，每一代岳阳人无不坚守着爱国主义精神，牺牲自我以博得独立自由。历代先贤的"先忧后乐，团结求索"熏陶激励着一代代岳阳人，形成了岳阳鲜明的爱国主义精神文化。

（三）岳阳文化是山水一体、自然和谐的文化

岳阳作为国家优秀旅游城市、国家园林城市、中国魅力城市、中国金融生态城市，集名山、名水、名楼、名人、名文于一体；岳阳不仅有着悠久的历史文化，更是著名的风景胜地。岳阳有着闻名天下的洞庭湖，江南三大名楼之一的岳阳楼，风景秀丽的君山岛，历史悠久的屈子祠和岳阳文庙，还有二妃墓、柳毅井、鲁肃墓、越州关、佛塔慈氏塔，圣安寺等著名景点。

岳阳的水文化包含着秀丽的自然风景，如"浩浩汤汤，横无际涯，朝晖夕阴，气象万千"——波澜壮阔的洞庭湖，"遥望洞庭山水翠，白银盘里一青螺"——风光旖旎的君山岛，"南湖秋水夜无烟，耐可乘舟直上天"——秀美如画的南湖；洞庭湖的水文化也包含着丰富的人文风景，有着如岳阳楼、屈子祠、杜甫墓、柳毅井等240多处文化景观；同时，岳阳的水文化有着天人合一、人水和谐的生态思想。2014年，国务院对洞庭生态经济区规划请示批复，有力推动了洞庭湖生态经济区的建设。而近几年洞庭湖生态文明建设取得的一定成效也为我国其他相关地区生态经济区建设提供了一定的范本。

"楼观岳阳尽，川迥洞庭开"。"昔闻洞庭水，今上岳阳楼"。"曾携一鹤过岳阳，满城三日闻酒香"。作为江南三大名楼中始建时间最早，唯一保持着原址原貌的岳阳楼，有着独具特色的名楼文化。岳阳楼连接着历代文人的爱国情怀，从屈原到南朝的颜延之到杜甫再到范仲淹的名篇《岳阳楼记》，岳阳楼总是与心怀天下、忧国忧民的爱国精神相连。岳阳楼是中国古建筑楼观的艺术宝藏。它囊括了各个时代岳阳的建筑艺术水平，是典型的"三层、四柱、飞檐、纯木"建筑，全楼无一钉一铆，技艺精湛高超。岳阳楼还有着不同凡响的艺术价值。从历代文人的笔触到岳阳楼本身所包含黄色琉璃顶，紫檀木雕屏，张照的书法艺术，楼下的诗书碑廊等无不展现出岳阳楼深厚的历史文化底蕴。"洞庭天下水，岳阳天下楼，君山天下岛"凝成了岳阳山水一体、自然和谐的地域文化。

（四）岳阳文化是丰富多彩、融合多元的文化

岳阳不仅有洞庭水、岳阳楼，还有着巴陵戏、全鱼宴、岳州扇等丰厚的特色文化。岳阳现有1项人类非物质文化遗产——汨罗江畔端午习俗，6项国家非物质文化遗产——岳阳巴陵戏、平江九龙舞、岳阳花鼓戏、临湘花鼓戏、汨罗长乐故事、洞庭渔歌。这些独特而悠久的民俗文化使得岳阳人文荟萃、丰富多元。

南朝吴均在《续齐谐记》中写道，屈原在五月五日抱石跳江，百姓为了不让湖里的鱼啃食他的身体，向江中投入米团和食物，后来就演变成了吃粽子的习俗，继而发展成端午吃粽子、喝雄黄酒、插艾叶、佩戴香囊等习俗，这种习

俗是上古楚文化和端午的活态见证。岳阳巴陵戏形成于明末清初，有着岳阳独特的剧种声腔，与岳阳民间音乐相融合。花鼓戏是与巴陵戏基本相同的地方小戏，主要源于岳阳迎傩歌舞地花鼓等民间歌舞，约于清代形成，用岳阳方言演唱，成为了岳阳文化的活印记。平江的九龙舞、长乐故事、洞庭渔歌这些岳阳地区的非物质文化遗产，无不彰显着岳阳文化的独特性和顽强的生命力。而它们的与时俱进、不断发展又赋予了岳阳文化无限生机。岳州扇、川山毛笔、岳州瓷、岳阳楼文创、樟木雕塑，以及独具岳阳特色的盆景、编织、剪纸、皮影都使得岳阳文化形象而鲜活，成为了岳阳文化的活名片。国际龙舟赛、岳阳旅游文化节的举行，则使岳阳文化进一步的开放包容、与时俱进。

三、岳阳地域特色文化的重要价值

在新时代征程上，岳阳地域特色文化的览要与发展具有以下四个方面的重要价值：

（一）有助于岳阳特色文化的集萃传承、探索转化和创新发展

谋求和推动岳阳地域特色文化的览要与发展，特别是传承和践行以"求索精神、忧乐精神、骆驼精神、平江起义革命精神"为核心内容的岳阳文化精髓，有助于谋求和推动岳阳地域特色文化的集萃传承、创造转化和创新发展；就是有助于岳阳地域特色文化在集萃岳阳历史文化精华的过程中积极传承，在探索岳阳现实文化建设中着力转化，在创新岳阳文化事业发展中强劲发展。

（二）有助于岳阳综合实力的持续巩固、层次提升和跨越发展

谋求和推动岳阳地域特色文化的览要与发展，特别是传承和践行以"求索精神、忧乐精神、骆驼精神、平江起义革命精神"为核心内容的岳阳文化精髓，有助于岳阳综合实力的持续巩固、层次提升和跨越发展；就是有助于岳阳经济实力持续巩固、继续位居全省第二，有助于岳阳文化实力层次提升、彰显省域副中心城市的地位，有助于岳阳竞争实力跨越发展、凸现湖南自贸区岳阳片区的价值。

（三）有助于岳阳市民素质的持续强化、结构优化和发展转化

谋求和推动岳阳地域特色文化的览要与发展，特别是传承和践行以"求索精神、忧乐精神、骆驼精神、平江起义革命精神"为核心内容的岳阳文化精

髓，有助于岳阳市民素质的持续强化、结构优化和发展转化；就是有助于岳阳市民素质基础持续强化，有助于岳阳市民素质水平结构优化，有助于岳阳市民素质功能发展转化。

（四）有助于岳阳广大青年的健康成长、加快成才和走向成功

学习、传承和践行以"求索精神、忧乐精神、骆驼精神、平江起义革命精神"为核心内容的岳阳文化精髓，有助于引领、激励、鞭策岳阳广大青年包括岳阳开放大学学员不忘初心，牢记使命，砥砺前行，健康成长，加快成才，走向成功，为岳阳经济社会发展，为实现中华民族伟大复兴的"中国梦"贡献力量。

第二节 岳阳地域特色文化的览要成果

如前所述，岳阳地域特色文化历史悠久、深沉厚重，丰富多彩、融合多元，其内容深邃、成果丰盈。限于篇幅和水平，我们只能"览"其"要"者，从如下三个方面简述岳阳地域特色文化成果：

一、名扬天下的水文化

名扬天下的水文化，是岳阳地域特色文化中的重要内容、重要成果之一。

（一）优美的水城地理环境决定了岳阳文化是名扬天下的水文化

水是一切生命之源，是人类文明发祥的源泉。岳阳文化的产生与其所处的优美的水城地理环境有着密切的关系。岳阳位于北纬30度线附近的长江中游、湖南省东北部，临洞庭、长江，湘、资、沅、澧四水在此汇入洞庭湖，经城陵矶三江口入长江。境内各县水面在万亩以上的湖泊有横岭湖、黄盖湖、荷叶湖、冶湖、涓田湖、芭蕉湖、塌西湖、大荆湖、东湖、西湖等，城区周围还有南湖、东风湖、枫桥湖、翟家湖等众多湖泊环绕，是个名副其实的"水城"。

远古时，生活在洞庭湖区的百越先民们，在向大自然索取生存空间的斗争中，就懂得了择水而居的道理。水，既能灌溉农田，又能为他们提供丰富的水产品与便利的交通条件，也给人们带来了巨大的灾难。千百年来，长江与洞庭湖几乎每年都发生洪涝灾害。在当时生产力极端落后的情况下，人们无法抵御

这年复一年的自然灾害，只好向冥冥之中的上苍祈求保佑，其中最多的就是祈求龙神的保佑，并将其奉为部落的图腾，从而产生了最早的图腾文化、祭祀文化与风俗文化。

在后来长期的生产生活实践中，人们为防御洪水的侵袭，保障湖中航行的安全，在沿湖许多地方修建河神、江神等水神庙宇，以祈求神灵保佑，但仍无法根治水旱灾害的频繁侵袭。自宋代始，人们在湖区围湖造田，修筑堤坝，以锁住这桀骜不驯的洪水，演绎出一幕幕人与水斗的抗洪抢险的悲壮画面，产生出具有悲壮意义的"抗洪文化"。

（二）水域经济的发展促进了岳阳水文化的发展

千百年来，岳阳经济一直以水域经济为主，繁荣的水域经济促进了岳阳水文化的发展，具体体现在商业水文化与旅游水文化两个方面。

1.商业水文化

岳阳位于洞庭湖与长江交汇处，自古为南北交通要冲。水路，西通巴蜀，东下沪宁，为三湘四水货物通航集散之地，是长江中游地区的重要商埠，是湖南唯一的出口口岸与物资转运站。自古以来，湖南内地的所有物产都须经岳阳，再通江达海，运至全国乃至全世界各地。

水域经济的繁荣，促进了岳阳商业经济的发展；而商业经济的繁荣也促进了商业水文化的发展，并派生出服饰文化、饮食文化、酒文化、茶文化、说唱文化、会馆（帮会）文化、建筑文化等，具有鲜明的岳阳地方特色与水文化特色，其中比较有代表性的有会馆文化、茶文化、饮食文化、街巷文化。试看下面这个"链接"：

【链接7-1】 岳阳会馆文化、茶文化、饮食文化、街巷文化

（1）会馆文化。清末以后，各商业行业（含水运业）都建有自己的行业帮会与会馆，以管理本行业的商业活动。各行业有自己供奉祭祀的行业神，每年都要举行隆重的祭祀活动。各行业还有自己的行业隐语与术语，订有自己的行业条规，以规范本行业的经营活动，从而产生了"会馆文化"。这些行业会馆以外地商人为多，以水运业与渔行业最大。如渔行业的三圣宫会与水运业的

洞庭会，会馆都设在洞庭庙，都祀奉洞庭王爷。每年新谷登场，这些从事水上生产的行会，都要举行庙会，祈求洞庭龙王爷，保佑他们在湖上行船时的安危与祸福。

（2）茶文化。岳阳历来产茶叶。明朝时，岳州君山银针茶被列为朝廷贡茶。其叶泡入开水后，根根竖立，三起三落，清香可口，1956年，在德国莱比锡举行的国际博览会上获金奖。历代，滨湖各县的茶叶都来岳阳经销。茶市的兴盛，带动了茶馆业的兴起，市民们可在茶馆里品茗、下棋、看书、听说唱艺术。由此，岳阳专营茶叶生意的一条街巷被命名为茶巷子，又演绎出清凉可口的"茶文化"。

（3）饮食文化。洞庭湖水域宽阔，水草肥美，湖水清澈，鱼类品种多，产量大。岳阳人喜食鱼，靠近湖边有条专营水产品的街巷，因鱼得名，曰鱼巷子。岳阳人烹鱼，极讲吃法，淡、咸、干、鲜，煎、炒、蒸、煮，五花八门。岳阳饮食业独创的"巴陵全鱼席"，以洞庭湖淡水鱼为主，精制出四十二样全鱼做成的菜肴，深受中外客人好评。这种风味独特的饮食文化，更具岳阳地方特色。

（4）街巷文化。岳阳滨湖临江，是个名副其实的水城。自古以来，一些街巷就以池、井、湾、河、湖、桥等带水的地名命名。据清《光绪巴陵县志》载，与水有关的街巷就有：街河口、梅溪桥、吊桥、双井巷、鱼巷、茶巷、马家湾巷、剪刀池巷、洞庭巷等10条街巷，民国后又有13条街巷名称与水有关。此外，老城区还有71口古井。从而形成具有浓郁水文化特色的"街巷"文化。

——节选自邓建龙文《岳阳文化是源远流长的水文化》

2.旅游水文化

随着市场经济的发展，旅游被注入浓厚的商业气息。岳阳是国务院命名的国家级旅游风景名胜区，古迹众多，风景秀丽，有6处是国家级文物保护单位，有25处是省级文物保护单位，是公认的旅游胜地。在人文景观中，有自古为江南三大名楼之一的"洞庭天下水，岳阳天下楼"；有位于洞庭湖中，波逐浪涌，云蒸霞蔚，神秘传奇的君山岛；有风光旖旎，号称"东方日内瓦"的南湖；有风云际会的三江口，郁郁葱葱的金鹗山，荷叶飘香的团湖，以及屈子祠、鲁肃墓、小乔墓、文庙、慈氏塔等风景名胜。同时，岳阳是湘鄂赣与湘鄂西两个革命根据地的组成部分，革命遗址众多，也是重要的红色旅游目的地。

革命纪念地有平江起义旧址、任弼时故居、湘鄂赣省苏维埃政府驻地旧址、新四军平江通讯处旧址等。每年都有数以百万计的海内外游客来岳阳观光旅游，旅游已成为岳阳经济的主要支柱产业，也成为宣传岳阳、介绍岳阳的重要媒介。因此，旅游成为一种文化产业，与商业文化一起成为岳阳的主体文化。龙舟文化就是岳阳比较有代表性的旅游水文化。试看下面这个"链接"：

【链接7-2】 岳阳龙舟文化

　　龙舟竞渡是为纪念楚大夫屈原，源自岳阳的一种民间祭祀活动。屈原是战国时楚国的三闾大夫，也是伟大的爱国主义诗人与政治家、思想家，世界公认的四大文化名人之一。因遭人诬陷，被贬谪流放到岳阳。他心忧楚国的灭亡，去国怀乡，仗剑沿洞庭湖四处奔波。先后在洞庭湖畔写下《九歌》《离骚》《九章》《天问》等楚辞名作。他"路漫漫其修远兮，吾将上下而求索"，用近三十年的时间，组织勤王匡复故国，却不被人理解，也无法成功。他悲愤莫名，痛不欲生，仰天长啸，牢骚满腹，"长太息以掩涕泣，哀民生之多艰"。他的这种忧患意识感染了岳阳人。他投汨罗江自殉后，年年五月初五日人们都要包粽子投江送给他吃，并划龙形之舟，沿江梭巡，以防鱼鳖伤其身。后来，这种划龙舟巡江又演变成龙舟竞渡，并演绎出灿烂的"龙舟文化"，流传至今，传向世界。

　　岳阳作为龙舟的发源地，数千年来一直沿袭着这种古老的民俗活动。其实，这种"龙舟文化"还应上溯到远古的图腾文化，源远流长。先民们在将龙奉为图腾的时候，就已有乘龙舟升天的故事与传说。岳州府县历代志书记载，岳州府城每年农历五月初五，都要自南津港至岳阳楼举办龙舟竞渡。上世纪九十年代，政府每年都要举办全国乃至世界级的"龙舟节"，将旅游文化与商业文化结合起来，"龙舟搭台，经贸唱戏"，让古老的龙舟文化为当代的经济建设服务。

　　　　　　　　　　——节选自邓建龙文《岳阳文化是源远流长的水文化》

二、历久弥新的精神文化

　　自古以来，岳阳就是一方有历史厚度、文化深度、情怀温度的土地，就是这块土地孕育了岳阳历久弥新的精神文化，即涵养了形态独特、魅力无穷的岳阳精神——"求索精神、忧乐精神、骆驼精神和平江起义革命精神"。作为新时代的岳阳人特别是岳阳青年、岳阳党员干部，应当认真学习、准确解读、深刻把握这"四种精神"，把这"四种精神"运用并融入到实际学习、生活和工作中去。

（一）求索精神

屈原是中国历史上伟大的爱国诗人，"路漫漫其修远兮，吾将上下而求索"的壮怀，描绘了屈原在政治生涯以及生活中的不懈追求，是求索精神的源泉，至今有着深远影响。桀骜不驯、奋发图强、矢志不移的楚文化是求索精神的生长土壤；经世致用、积极有为的儒家思想和中原文化是求索精神的内在支撑；道家思想对于宇宙人生的独特领悟是求索精神的气脉神韵。求索精神主要体现在对个体存在价值的追求，对国家人民命运的索求，对人类终极理想的诉求和对宇宙自然知识的探求。这种求索精神在中国历史中具有无限的广延性，对中华民族意识具有重要的构建作用。

屈原一生都对楚国充满眷恋，希望追随明君，却在追求理想的道路上屡屡受挫，最终带着对民生的忧虑、对自己理想抱负未能实现的遗憾，以及"莫足与为美政"的绝望一起跳进汨罗江。他为了理想和信念一生不懈斗争，矢志不渝，"虽九死其犹未悔"，不惜以生命相殉，给世人留下了永久的敬仰和怀念。千百年来，这种求索精神始终萦绕在岳阳人的心头。一代又一代岳阳人民孕育并积淀着求索精神，奠定了岳阳人民自强不息，面对恶劣的自然社会环境从不屈服、不懈追求的奋斗精神。也正是由于这个原因，岳阳文化具有"独立不羁，坚忍不怠"的特殊品格。

岳阳人民这种艰苦奋斗、自强不息的求索精神，与岳阳人刚健质朴、吃苦耐劳的民风相结合，使岳阳在中国近代一百多年的历史上，发挥了重要的作用。不论是"咸同军兴"时期，还是戊戌变法时期，不论是自立军运动，还是辛亥革命前的多次武装起义，岳阳人总是敢于牺牲，舍身殉国，前仆后继。在新民主主义革命中，岳阳一大批革命家和成千上万的革命先烈所表现的伟大革命气概与英勇献身精神，更是惊天地而泣鬼神，亘古今而塞天地。弘扬求索精神，牢固树立新发展理念，将"创新、协调、绿色、开放、共享"的发展理念贯穿到我们新时代岳阳人的学习、工作和生活中，正是新时代求索精神对我们的要求。试看下面这个"链接"：

【链接7-3】 屈原

屈原（前340年—前278年），战国时期楚国人，芈姓，屈氏，名平，字原，以字行；又在《离骚》中自云："名余曰正则今，字余曰灵均"。出生于楚国丹阳（今湖北省宜昌市境内），是楚武王熊通之子屈瑕的后代，是一个黄老之学的传播者。屈原是中国最早的浪漫主义诗人，中国文学史上第一位留下姓名的伟大的爱国诗人。他的出现，标志着中国诗歌进入了一个由集体歌唱到个人独唱的新时代。

屈原是"楚辞"的创立者和代表作者，也开创了"香草美人"的传统。屈原也是政治家，任三闾大夫、左徒兼管内政外交大事。吴起之后，在楚国另一个主张变法的就是屈原。他主张对内举贤能，修明法度，对外力主联齐抗秦。后因遭贵族排挤，被流放沅湘流域。

（二）忧乐精神

忧乐精神是岳阳地域特色文化的核心内容。范仲淹《岳阳楼记》中的"先天下之忧而忧，后天下之乐而乐"这句名言生动诠释了"忧乐精神"，其核心价值是"以天下为己任"的担当意识。这种精神与中国共产党人的价值追求和精神品格颇为契合。"先忧后乐"的人文情怀在岳阳人身上表现得非常充分。自古以来，众多的岳阳人无论在何种情况下都能"心忧天下"，与国家民族休戚相关。这种对祖国、民族和人们极其深厚的感情，是中华民族生生不息的力量源泉。

在古代忧乐精神的影响下，近代岳阳大地产生了众多的心忧天下的爱国主义思想家和革命家。左宗棠在青年时代就以"身无半亩，心忧天下"相标榜，表现了"书生岂有封侯想，为播天威守太平"的强烈政治追求，他后来成为洋务运动的重要人物。湖南更是不乏具有忧乐精神的伟人，特别是新民主主义革命时期，在湖南涌现出来的以毛泽东、刘少奇、任弼时、彭德怀、贺龙、罗荣桓等为代表的一大批无产阶级革命家，他们将"心忧天下"的爱国主义传统演绎得淋漓尽致，将之提升到新的高度。毛泽东在青少年时代同样以"身无分文，心忧天下"自勉，表现了"书生意气，挥斥方遒，指点江山，激扬文字，粪土当年万户侯"的豪迈气概和"问苍茫大地，谁主沉浮"的强烈历史责任感。

在新时代，看一个人有没有忧乐精神，很重要的一个方面是看他有没有担当精神。担当精神既是我们共产党人的重要品格，也是激发动力、汇聚合力、迸发活力的重要基础。作为岳阳人特别是岳阳青年、岳阳党员干部，我们要涵养新时代的忧乐精神，为实现"两个一百年"奋斗目标、实现中华民族伟大复兴的中国梦注入强大精神动力。时刻保持一心为民、心系群众的公仆情怀，心中常思百姓之苦，脑中常谋富民之策。我们要清醒认识到前进道路从来不是一片坦途，必然会面对各种重大挑战、重大风险、重大阻力、重大矛盾，在工作和生活中要多些敬畏、多些坚守、多些担当，让忧患意识化为自觉、成为习惯、融入实践，自觉做到居安思危、知危图安；坚守积极的人生态度，敢于担当责任，勇于直面矛盾，善于解决问题。

（三）骆驼精神

骆驼精神就是对党和人民的事业高度负责的精神，就是默默奉献、踏实工作、不计个人得失的大公无私的精神。这种精神是中国共产党的优良传统和作风的浓缩，是党的群众路线的生动体现。任弼时同志就是一个革命的"骆驼"，他一直恪守的人生训条"一怕工作少，二怕麻烦人，三怕多用钱"，体现了他心里只装着人民，公而忘私，坚定信念，严于律己，朴素节俭，任劳任怨，精益求精，鞠躬尽瘁，追求真理，脚踏实地，不辞重负的骆驼精神。

新时代时代需要"骆驼精神"，人民的事业离不开"骆驼精神"。作为岳阳人特别是岳阳青年、岳阳党员干部，要以任弼时为榜样，深深铭记并时时鞭策自己，像骆驼一样任劳任怨，在艰苦的沙漠环境中，仍能坚持抵达终点；要时刻培养和牢记为人民服务的宗旨意识，一言一行为人民着想，求真务实为人民服务，勤勉廉洁为人民信任。试看下面这个"链接"：

【链接7-4】 任弼时

任弼时同志1904年4月30日出生，湖南汨罗人，1920年8月，16岁的他加入上海社会主义青年团，不久赴莫斯科东方大学学习，1922年冬转为中国共产党党员，从此成为一名坚定的共产主义战士。任弼时同志是伟大的马克思主义者，杰出的无产阶级革命家、政治家、组织家，中国共产党和中国人民解放军的卓越领导人，他担任过我党和军队许多重要领导职务，是以毛泽东同志为核心的中国共产党第一代中央领导集体的重要成员之一。在1945年的中共七届一中全会上，任弼时当选为中央政治局委员、书记处书记，与毛泽东、刘少奇、周恩来、朱德同列为中央五大书记。任弼时同志对事业和工作恪守着"能坚持走一百步，就不该走九十九步"的准则，长期抱病工作，过度劳累使病情突然加重，于1950年10月27日在北京逝世，终年46岁。

他的生命只有46年，却以全党公认的"骆驼精神"，为中国人民解放事业鞠躬尽瘁、呕心沥血奋斗了30年，不仅建树了彪炳史册的丰功伟绩，也给后人留下了宝贵的精神财富。叶剑英元帅评价任弼时说："他是我们党的骆驼，中国人民的骆驼，担负着沉重的担子，走着漫长的艰苦的道路，没有休息，没有享受，没有个人的任何计较。他是杰出的共产主义者，是我们党最好的党员，是我们的模范。"

（四）平江起义革命精神

平江起义革命精神的本质特征是担当时代重任，其价值追求是以民为中心，其鲜明特点是勇于奉献牺牲。彭德怀率部开赴平江的任务本是"清乡""剿共"，但彭德怀与滕代远等同志一道，顺应时代潮流，最终把镇压革命的命令变成武装起义的行动。平江起义的领导者就这样担当起他们那一代人该担当的责任。

平江起义后第二天，红五军对县城缴获的官盐和地主存粮进行处理，一百多万斤盐和数万担粮先低价出卖一半，剩下的都分给了地方游击队和贫苦的工农群众，实现了革命成果与人民共享，体现了以民为中心的价值追求。

"用我的热血凝成革命的鲜花"。这是红五军在转战途中留下的标语，它是革命者的誓言，也是革命者的实践。领导平江起义的党员团队中，除彭德怀和滕代远外，其余8人都没能见到共和国的诞生，他们牺牲时年龄最大的33岁，最小的仅23岁！整个革命战争年代，平江共产党员和革命群众牺牲20万人以上，在册革命烈士达2.1万人，其中平江起义部队转战湘鄂赣过程中牺牲的就有1.7万人，体现了勇于奉献牺牲的鲜明特点。

作为新时代的岳阳人特别是岳阳青年、岳阳党员干部，面对复杂形势和繁重任务，我们要努力传承和弘扬平江起义革命精神，坚决拥护中国共产党的领导，进一步坚定理想信念，强化使命担当，始终坚持以人民为中心，永葆革命激情，勇于奉献牺牲，奋力谱写富饶美丽幸福新湖南的岳阳篇章，在革命先辈们用生命和鲜血开辟的道路上不懈奋斗、永远奋斗！试看下面这个"链接"：

【链接7-5】 平江起义

平江起义，是指土地革命时期（1928年7月22日），国民党军湖南省独立第5师一部在中国共产党的领导下，于湖南省平江县举行的武装起义，是湖南农民运动的中心运动之一。

1928年7月上旬，中共湖南省委派滕代远到湘鄂赣边界地区恢复湘鄂赣边特委，并同独立第五师的党组织取得联系，准备必要时举行起义。7月中旬，敌人发现独立第五师第三团营长黄公略是共产党员，下令立即逮捕。在这种紧急情况下，彭德怀、滕代远等领导第一团，于22日在平江起义。

平江起义后，湖南军阀纠集六个团的兵力进行围攻。8月1日，红五军撤出平江县城，转战于平江、浏阳和江西的万载、修水、铜鼓，湖北的通山一带，进行游击战争，开辟了湘鄂赣革命根据地。12月中旬，彭德怀、滕代远率领红五军主力到井冈山与红四军会合，其余部分武装在黄公略的领导下，继续在湘鄂赣边区坚持游击战争。

三、淳朴浓厚的民俗文化

岳阳民俗文化丰富多彩，具有淳朴浓厚的显著特征。比较有代表性的有屈原传说、屈子祠祭、巴陵戏、平江影戏、平江民歌、柳毅传书传说、临湘花鼓戏、岳州扇制作技艺、十三村酱菜制作技艺、华容夹叶点子、平江花灯戏等。

大多为国家级非物质文化遗产或湖南省非物质文化遗产。

（一）屈原传说

屈原传说为国家级非物质文化遗产，内容丰富，从中可以让人们更清楚地认识和了解屈原这一伟大爱国诗人。屈原在汨罗期间完成了光辉著作《离骚》《天问》《九歌》及《九章》中部分篇章的创作，为后世留下了宝贵的文化遗产，也在民间留下了众多的传说和故事。1953年，世界和平理事会确认屈原为世界四大文化名人之一。

（二）屈子祠祭典

屈子祠祭典为湖南省第二批非物质文化遗产，主要分布在汨罗江中下游地段（上至新市，下至磊石山，汨罗江与湘江汇合处）及汨罗江中下游两岸的归义、百丈、红花、楚塘和屈原管理区以北一带。汨罗江中下游是屈原晚年生活、居住的地方。汨罗市屈原纪念馆为该项目的保护主体。祭祀屈原主要是为了纪念屈原，通过参与这项活动，可增强中华民族的凝聚力，对促进和谐社会的发展起到积极的推进作用。同时，龙舟竞渡可以说是人民群众丰衣足食的具体表现，祭祀典礼也是人民群众对"风调雨顺""国泰民安"的良好祈福，符合中华民族对美好事物积极追求的传统。

（三）巴陵戏

巴陵戏为国家级非物质文化遗产，民间又称岳州班，是湖南省重要的戏曲剧种之一，主要流行于湖南的岳阳、益阳、常德、湘西、长沙及邻近的湖北、江西部分地；渊源系明代万历年间传入的昆腔，明末清初弋阳腔流入湖南，对巴陵戏高腔的出现产生了较大影响。清代乾隆年间，巴陵戏吸收其他剧种的艺术因素，以唱弹腔为主，兼唱昆腔和杂腔小调，逐渐发展成一个较为稳定的戏曲声腔剧种。

巴陵戏现存传统剧目三百七十多出，内容多取材于历史演义和话本，以反映历代政治、军事斗争题材为主，其中的代表性剧目有《打严嵩》《九子鞭》《夜梦冠带》《崔子弑齐》《打差算粮》《张飞滚鼓》《三审刺客》等。巴陵戏在湖南省乃至全国的地方大戏剧种中占有重要地位。其舞台语言、剧目、声腔、音乐、表演乃至演出习俗中承载着大量与岳阳有关的历史文化信息，是研究岳阳历史文化和民风民俗的"活化石"，又是研究中国戏曲流变和地方剧种成型、发展的宝贵资料。

（四）平江影戏

平江影戏为湖南省非物质文化遗产，自明清传入平江，至今已有六七百年。平江位于湖南省东北角，湘、鄂、赣三省交界处，地域宽广，但影戏演唱大同小异，风格基本统一。它有两个特征：一是原创者名姓失传；二是没有文学剧本。艺人说"戏在心里"，流传下来的剧目都是历代艺人一字一句口口相传的。

（五）平江民歌

平江民歌为湖南省第二批非物质文化遗产，是产生并流行于湖南平江县域的民间歌曲。平江是一方古老的沃土，也是全国著名的将军县。自唐代开始，随着中国五次人口迁徙，先后从江西、广东、福建等地迁入平江的姓氏达100多个。多地域人口的融合，创造了平江特有的民间艺术和平江土语，形成了平江"十里三音"的语言特色，加之这里受地缘封闭的天然屏障的保护，保持了平江民间艺术特色的稳定性。平江民歌大体分为革命歌谣类、民歌类、仪式歌（习俗陈规）类、情歌类、山歌类、儿歌类、巫师音乐类等七类。

（六）湖南柳毅传书传说

湖南柳毅传书传说为湖南省非物质文化遗产，形成于洞庭湖区，主要讲述的是湘湘书生柳明英上京赶考，偶遇被财主金百万家置于荒野牧羊的龙女三公主。柳问明情由，慨然为其下海传书，使其重获新生。三公主的兄长龙太子一怒之下，将金家的八百里庄园沉降为洞庭湖。几经周折，二人义重情真，终于结为夫妻。湖南柳毅传书故事展现出奇异浪漫的色彩和清新俊逸的风格，自唐代以来在民间广为流传。

柳毅传书传说保存了岳阳人民一定历史阶段生活的心理状态与民俗民情，体现了古代岳阳人民健康的价值观，具有较高的历史价值；已成为中华民族乐于为善、见义勇为的优秀品德的重要载体，是构建和谐社会、促进中华民族传统道德教育的宝贵材料。

（七）临湘花鼓戏

临湘花鼓戏为湖南省第一批非物质文化遗产，是由岳阳花鼓戏发展而来，后期又受长沙花鼓戏的影响，形成以岳阳花鼓戏为主体，兼唱长沙花鼓戏和临湘地方小调的花鼓戏演唱风格，使用的舞台语言是临湘方言。

（八）岳州扇制作技艺

"岳州扇"是全国三大名扇之一，是一种优秀的民间传统手工艺产品，是全国扇子行业中的杰出代表。它的制作工艺、表现形式等都承载着丰富的岳阳历史文化价值，是研究岳阳文化和传统工艺的宝贵财富，也是研究中国扇业文化、传统手工形成与发展的宝贵资料。

（九）十三村酱菜制作技艺

十三村酱菜制作技艺是以湘北民间传统手工生产制作技艺为起源，以三国文化为底蕴，以传统手工技艺为主结合现代生产技艺的传统酱菜制作技艺。其产品从原料的大棚种植，到祖传密法的制作以及土法窖藏各环节，均为原生态方法，产品口味独特，口感以湖湘人的偏辣为主，综合了川味的麻辣，北方风味的甜酸，形成了自成一体的辣中有麻、麻中有酸、酸中有甜的独特的大众化风味。主要产品有：古香榨菜、精制剁辣椒、兰花萝卜、沉香腐乳、八味豆豉、乡里豆瓣、腊八豆、芝麻麦酱、什锦菜、酸辣豆角等。

（十）端午节（汨罗江畔端午习俗）

汨罗江畔端午节习俗是第一批国家级非物质文化遗产，汨罗市人民政府为保护主体。它涵盖了屈原文化、龙舟文化、节庆文化等多重内容，与一条名江（汨罗江）、一位名人（屈原）、一座古祠（屈子祠）紧紧连为一体，并派生了一项龙舟竞渡运动。除办家宴、吃粽子、插艾挂菖、喝雄黄酒、赛龙舟、观龙舟、回娘家、辞端午外，还包括偷神木、雕龙头、唱赞词、龙舟下水、龙头上红、朝庙等具有独特文化内涵的祭龙、祭屈习俗。

（十一）华容夹叶点子

华容夹叶点子为湖南省第一批非物质文化遗产，是流传于湖南省华容县的民间打击乐艺术。"夹叶"是指两副钹一前一后相互夹杂叩击，"点子"就是指根据不同节奏和情绪打击出的乐谱，是湘北地区最为独特的民间打击乐艺术。它主要流传在老华容人居住的丘陵山区与相邻地区，如东山、三封寺、胜峰、万庾、鲇鱼须、南山、终南、操军、治河渡等乡镇。

　　"华容夹叶点子"的原始功能是人们为了防御野兽和抗击"强人"而传递消息、呼吁救助。随着社会的进步，"华容夹叶点子"的原始功能逐渐淡化，并发展成为一种人们自我娱乐方式，以其热烈、大气、铿锵、激越、声响穿透力强的特点，再加上"点子"（曲谱）多，变化多，和谐动听，适宜营造欢乐、热闹的喜庆氛围，而广泛应用于男婚女嫁、迎宾接客、社日、过年过节、办丧送葬、龙灯花鼓等一切需要营造欢乐、热烈、祥和、喜庆气氛的场合，是华容城乡随处可见的人们喜闻乐见的民间艺术形式之一。

　　（十二）平江花灯戏

　　平江花灯戏为湖南省第一批非物质文化遗产，在民间被称为灯戏，是流行于湖南平江县境内和浏阳东乡一带的汉族传统戏剧，其历史悠久，早在明朝就有记载。它以平江方言和长沙官话相结合，提炼为舞台语言。传统剧目有100多个。先期的剧目多为艺人创作，反映农村生活，泥土气息浓郁。

第三节　岳阳地域特色文化的发展举措

　　在新时代征程上，怎样促进与推动岳阳地域特色文化的转化和发展？我们认为，应当充分运用以下六种基本举措：

一、注重把舵定向，发展特色文化

　　促进与推动岳阳地域特色文化的转化和发展，无论是地方党委政府，还是各级党政机关部门领导班子，或者是企事业单位领导班子，首先都应当注重把舵定向；就是要把稳本地区、本部门、本单位文化建设的"船舵"，定好本地区、本部门、本单位文化建设的"方向"——凝心聚力、培根铸魂、以人为本、以文化人。在稳稳把住"船舵"、紧紧锁定"方向"的基础上，再着力把"求索精神、忧乐精神、骆驼精神和平江起义革命精神"等岳阳精神，发扬光大、转化运用于本地区、本部门、本单位建设改革发展的实践之中，进而孕育更丰富的文化智慧，凝聚更强劲的精神力量，不断加力"五个文明"建设，不断深化体制机制改革创新，不断推动经济社会高质量发展。总之，注重把舵定向，是转化和发展岳阳地域特色文化的首要举措。

二、注重贯通古今，发展特色文化

促进与推动岳阳地域特色文化的转化和发展，各级地方党委政府及其工作部门的领导班子以及企事业单位领导班子，应当注重贯通古今、融合各代；就是要把古代优秀的岳阳地域特色文化资源与当代丰富的岳阳地域特色文化资源有机结合起来，把古代典型的岳阳地域特色文化资源与新时代鲜活的岳阳地域特色文化资源深度融合在一起，从而更好地发挥岳阳地域特色文化资源"凝心聚力、培根铸魂、以人为本、以文化人"的重要作用。毫无疑问，注重贯通古今、融合各代，是转化和发展岳阳地域特色文化的重要举措之一。

比如，在盘点古往今来岳阳地域特色文化代表人物的优秀事迹和对岳阳地域特色文化凝练与发展的贡献时，我们一方面要对新中国成立前涌现出来的岳阳地域特色文化代表人物满怀崇敬景仰之情，反复学习、不断品享、积极传承、努力弘扬他们的精神气质和高贵品质；另一方面也要对新中国成立以来逐步成长、发展和造就的岳阳地域特色文化新代表人物诸如毛致用、彭亮根、朱再保、张超、何光岳等，心怀尊敬倾慕之情，虚心学习、用心品赏、悉心汲取、倾心弘扬他们的精神气质和时代品质，从而不断转化和着力发展岳阳地域特色文化。

三、注重横向比较，发展特色文化

在中华文化的大系统中，岳阳地域文化与周边友邻地域文化包括湖南的长沙文化、益阳文化，江西的九江文化，湖北的荆州文化、咸宁文化等，既交相辉映，又各有千秋。因此，作为岳阳各级各部门各单位领导班子、党员干部，应当对岳阳地域特色文化与其他友邻地域文化，注重加以横向比较、虚心学习、认真汲取友邻地域文化的长处和精华，从而更好地转化和发展岳阳地域特色文化。注重横向比较、博采众长，是转化和发展岳阳地域特色文化的重要举措之一。从下面这个"链接"中，我们可以初步了解"长沙文化""九江文化""咸宁文化"这些友邻地域文化的各自特色。

【链接7-6】　长沙精神·九江精神·咸宁精神

1.长沙精神。自古以来，长沙就是湖湘地区的政治、经济、文化、军事、教育中心，历史辉煌，文化灿烂，名贤荟萃，人才辈出。正是这辉煌的历史、灿烂的文化，优秀的人才，培育出了最具民族特色的"心忧天下，敢为人先"的人文精神，也正是这种"先忧后乐"的忧患意识，激励着一代又一代长沙学子前仆后继，奋勇争先，在中国历史的紧要关头，肩负救亡图存的神圣使命。长沙精神是什么？长沙精神就是"心忧天下，敢为人先"。翻开历史画卷，长沙子弟"修身、齐家、治国、平天下"的报国思想光芒四射。古代汨罗江畔，屈原赋《离骚》自沉；湘江岸边，贾谊《吊屈原》忧郁而终。近代史上，左宗棠"舆棺出征"平边疆，安边界；谭嗣同"我自横刀向天笑，自留肝胆两昆仑"的浩然正气；毛泽东"农村包围城市"的伟大实践。在今天，勤劳智慧的长沙人民在中国共产党的领导下，解放思想，开拓创新，向着更高更远的目标迈进……这些令人瞩目的辉煌成就和远大抱负，标志着"敢为人先"的长沙人拼搏前进的不竭状态。"心忧天下，敢为人先"的长沙精神，时时刻刻在鼓舞着长沙人民继往开来，与时俱进，再造辉煌！

2.九江精神。九江城市精神主题词为："融汇九川、敢为人先、勇创实干、追求卓越"。九江市树：九江市十三届人大常委会第六次会议审议了市人民政府《关于确定九江市"市树、市花"的议案》，决定命名"樟树"为九江市市树，"荷花"为九江市市花。樟树根深叶茂，四季常青，象征着坚毅不拔、吉祥如意。樟树，又名香樟，为常绿乔木，树冠广展，枝叶茂密，绿荫蔽日，为优良的庭院、行道树种。香樟全身均有樟脑香气，可提取樟脑和樟油，用于工业及医药等，木材坚硬美观，是良好的家具用材。樟树自古为九江市人民喜爱并得到广泛栽种，是九江市现存古树最多的树种之一。九江境内最负盛名的"羲之樟""五爪樟""九头樟""青龙樟""千岁樟"屹立千年，焕发新姿。九江市花：荷花。荷花具有"迎骄阳而不畏，出淤泥而不染"的高尚品质，与九江市有颇深的历史和文化渊源，山有莲花峰，洞有莲花洞，地有荷花垄，庙有莲花驿寺，池有莲花池，北宋时期周敦颐著有《爱莲说》。

3.咸宁精神。城市精神是一所城市的灵魂，是它独特的风貌。"厚德尚学，勇毅笃行"是香城泉都、桂花之乡的咸宁精神。勇毅是一代人的使命。吴国珍，咸宁通城人，1933年率领当地赤卫队约千人进攻汀泗桥。他一马当先，冲上汀泗桥，不幸身中数弹，血洒疆场，为革命献出了年轻的生命，终年31

岁。这个年纪轻轻的男儿，身先士卒，屡立战功，用他的勇敢征服众人，堪称咸宁的青年楷模。他一生战功赫赫，为革命事业鞠躬尽瘁，死而后已。他做任何事都能有燕子垒窝的恒劲，蚂蚁啃骨的韧劲，老牛爬坡的拼劲。他坚毅的形象镌刻在咸宁人的心中，"勇毅"是他的代名词，也是咸宁精神的重要组成部分。笃行是一代人的面貌。它代表着忠贞不渝，踏踏实实，切实履行，专心实行，这使人想到"红色教授"钱亦石。他从小立鸿鹄志，勇做奋斗者，先去国外求学，又从苏联求学归来，再去往上海寻求救国办法。他从来不会因为包袱重而等待，困难多而不作为，有阵痛不前进，他"笃行"的态度令咸宁人敬仰。尚学是一代人的坚持。咸宁人是十分注重学习的，尤其是对青少年的教育，坚持着尚学代际相传，咸宁对青少年的教育让人看到了青年鲜活的力量。"厚德尚学，勇毅笃行"，这是咸宁精神，也是咸宁人所崇尚的精神，希望这八字精神把香城泉都建设得更加繁荣昌盛，让咸宁人更加幸福美满。

四、注重求真求精，发展特色文化

促进与推动岳阳地域特色文化的转化和发展，各级各部门各单位领导班子、党员干部务必注重求真求精、赋能见效。求真，就是要对转化和发展岳阳地域特色文化动真心、摸真情、明真理、出真招、下真功、见真效；求精，就是要对转化和发展岳阳地域特色文化精心策划、精细安排、精准施策、精诚使劲、精确到位、精益见效。只有这样，才能持续转化和大力发展岳阳地域特色文化，着力推动本地区本部门本单位文化建设乃至各方面建设事业向前发展。注重求真求精、赋能见效，又是转化和发展岳阳地域特色文化的一种重要举措。

五、注重创新超越，发展特色文化

转化和发展岳阳地域特色文化，各级各部门各单位领导班子、党员干部还须注重持续创新、不断超越，持续创新思想理念、思维方法、行为方式、工作机制，不断超越内涵标准、内容要素、呈现形态、表现风格等。只有这样，才能持续转化和大力发展岳阳地域特色文化，着力推动本地区本部门本单位文化建设乃至各方面建设事业不断向前发展。注重持续创新、不断超越，又是转化和发展岳阳地域特色文化的一种重要举措。

六、注重资源整合，发展特色文化

在转化和发展岳阳地域特色文化过程中，各级各部门各单位领导班子、党员干部往往会面对或可以找到内容丰富、形态多元、载体众多的岳阳地域特色文化资源乃至中华文化资源，包括中华优秀传统文化、中国革命红色文化、社会主义先进文化、改革开放强国文化、新时代民族复兴文化等不同内容的岳阳地域特色文化资源乃至中华文化资源，包括精神文化、物态文化、制度文化、活动文化、习俗文化、品牌文化等不同形态的岳阳地域特色文化资源乃至中华文化资源，包括纸质、电子、网络、移动终端等不同载体运载的岳阳地域特色文化资源乃至中华文化资源等。

如果我们能够注重资源整合和资源运用，把内容丰富、形态多元、载体众多的岳阳地域特色文化资源乃至中华文化资源整合、运用，必将有助于转化和发展岳阳地域特色文化，特别是有助于弘扬岳阳的"求索精神、忧乐精神、骆驼精神和平江起义革命精神"，不断推动本地区本部门本单位文化建设乃至各方面建设事业向前发展。因此，注重资源整合、资源运用，是转化和发展岳阳地域特色文化的重要举措之一。

第四节　岳阳地域特色文化览要与发展的"开大项目"

岳阳开放大学成长于岳阳这片热土，发展于岳阳地域特色文化历久浸染的这方区域，理应在岳阳地域特色文化的览要与发展上勇担重任，策划、实施和推进"岳阳开大项目"，从而贡献"岳阳开大智慧"，传递"岳阳开大力量"。从岳阳开放大学的实际看，可从以下六个方面策划、实施和推进"岳阳地域特色文化项目"：

一、策动"岳阳地域特色文化教材开发"项目

岳阳开放大学要把"岳阳地域特色文化教材开发"列为"岳阳地域特色文化览要与发展"方面的首选项目。为此，学校应当组织校内外精干专家力量，反复遴选教材开发选题，精心策划教材开发方案，适时启动教材开发项目，积极调控教材开发过程，着力确保教材开发成功，从而为开设岳阳地域特色文化的相关课程奠定坚实基础。比如，《岳阳文化要略》或《岳阳文化学习指要》可作为岳阳地域特色文化教材开发的备选选题。

二、启动"岳阳地域特色文化教育资源建设"项目

在上述"岳阳地域特色文化教材与课程开发"项目策划、启动和实施之后，岳阳开放大学应当把"岳阳地域特色文化教育资源建设"列为"岳阳地域特色文化览要与发展"方面的重要项目之一，尤其要聚力终身教育资源建设，充分发挥国家开放大学系统资源丰富的优势。要精心策划、适时启动、积极实施、着力推进"岳阳地域特色文化教育资源开发建设"，从而形成和打造具有岳阳开放大学和终身教育特色的"岳阳地域特色文化教育资源建设"的建设品牌，并为下一步形成和打造更具特色、更有价值的"岳阳地域特色文化研究""岳阳地域特色文化传承""岳阳地域特色文化教育"等办学品牌夯实基础。

三、开展"岳阳地域特色文化宣介传播"项目

岳阳开放大学应当充分发挥自身和国家开放大学系统办学功能，把"岳阳地域特色文化宣介传播"列为"岳阳地域特色文化览要与发展"方面的重要项目之一。要在认真吃透国家、省、市党委和政府及其国家开放大学有关决策精神，准确把握岳阳市情、社会实情和学校实况的基础上，精心策划"岳阳地域特色文化宣介传播"方案，积极开展"岳阳地域特色文化宣介传播"行动，着力扩大"岳阳地域特色文化宣介传播"效应，及时总结"岳阳地域特色文化宣介传播"经验，从而形成和打造具有岳阳开放大学和终身教育特色的"岳阳地域特色文化宣介传播"的宣传品牌。

四、推进"岳阳地域特色文化人才定向培养"项目

岳阳开放大学应当充分发挥自身的主要优势和主体功能，充分发挥处于国家开放大学系统终端的优势，把"岳阳地域特色文化专业人才定向培养"列为"岳阳地域特色文化览要与发展"方面的重要项目之一。要在认真吃透国家、省、市党委和政府及其国家开放大学文件精神，准确把握岳阳市情、职场行情和学校实况的基础上，精心策划"岳阳地域特色文化专业人才定向培养"方案，积极实施"岳阳地域特色文化专业人才定向培养"行动，着力推进"岳阳地域特色文化专业人才定向培养"项目，不断提高"岳阳地域特色文化专业人才定向培养"质量和水平，从而形成和打造具有岳阳开放大学特色的"岳阳地

域特色文化专业人才定向培养"的育人品牌。

五、加强"岳阳地域特色文化素质培训提升"项目

岳阳开放大学应当充分发挥开展终身教育、社会服务、职业教育与职业培训的办学功能，把"岳阳地域特色文化素质培训提升"列为"岳阳地域特色文化览要与发展"方面的重要项目之一。要在认真吃透上级党委政府及其有关部门和国家开放大学文件精神，准确把握社会需求和学校实际，精心策划"岳阳地域特色文化素质培训提升"方案，积极实施"岳阳地域特色文化素质培训提升"行动，着力加强"岳阳地域特色文化素质培训提升"项目，不断提高"岳阳地域特色文化素质培训提升"质量和效益，从而形成和打造具有岳阳开放大学特色的"岳阳地域特色文化素质培训提升"的服务品牌。

六、促进"岳阳地域特色文化教育科研"项目

促进"岳阳地域特色文化教育科研"项目是岳阳开放大学转型升级的基础和先导，是岳阳开放大学服务社会的迫切需要，是岳阳开放大学教学质量提升的重要引擎，是岳阳开放大学教师专业发展的有效途径，是岳阳开放大学学员能力提升的助推器。要从基础上、根源上树立正确的认识和观念，营造教育科学研究和项目建设的氛围；要创新、完善岳阳地域特色文化教育科研项目工作约束机制、激励机制、评价机制、经费保障与使用机制、产学研深度融合机制；要加强"岳阳地域特色文化教育科研"项目团队建设，提升教育科研建设水平；要加大"岳阳地域特色文化教育科研"项目成果的推广和转化力度，将成果应用到开放大学办学和教育教学实践中，解决开放大学办学和开放教育、继续教育、职业教育、终身教育、社区教育等教育教学实践中的实际问题。

第五节　岳阳地域特色文化览要与发展的"开大品牌"

打造"岳阳地域特色文化览要与发展"的"开大品牌"，岳阳开放大学应当从以下五个方面着力：

一、打造"岳阳地域特色文化各类人才定向培养"品牌

打造"岳阳地域特色文化专业人才定向培养"的育人品牌，是岳阳开放大

学在"岳阳地域特色文化览要与发展"上，需要凝心聚力、倾心打造的主打品牌。学校应当从开放办学发展的实际出发，精心统筹开放教育、职业教育、终身教育、继续教育、老年教育、社区教育等各类人才培养，切实加强课程和专业建设，在科学遴选与校本开发的有机结合中切实加强教材建设，在按规开课与按需开课的有机结合中切实加强课程建设，在循规守正与开拓创新的有机结合中深化教育教学改革，不断提高"岳阳地域特色文化岳阳开大各类人才定向培养"的质量与水平，从而聚力打造"岳阳地域特色文化专业人才定向培养"的育人品牌。

二、打造"岳阳地域特色文化素质培训与提升"品牌

打造"岳阳地域特色文化素质培训提升"的服务品牌，是岳阳开放大学在"岳阳地域特色文化览要与发展"上，需要高度重视、精心打造的重要品牌之一。学校应当始终切合地方经济社会发展的强烈需求，贴近学校社会服务功能与办学资源基础的客观实际，精心策划每一个"岳阳地域特色文化与职业素质"培训提升方案，精诚实施每一期"岳阳地域特色文化与职业素质"培训提升活动，精准达成每一项"岳阳地域特色文化与职业素质"培训提升目标，不断深化"岳阳地域特色文化与职业培训"模式机制的改革与创新，不断提高"岳阳地域特色文化素质培训提升"的质量与水平，从而聚力打造"岳阳地域特色文化素质培训提升"的服务品牌。

三、打造"岳阳地域特色文化教育资源开发"品牌

打造"岳阳地域特色文化教育资源开发"的办学品牌，是岳阳开放大学在"岳阳地域特色文化览要与发展"上，需要发挥优势、倾心着力打造的重要品牌之一。学校应当凸显开放大学担当终身教育主力军的作用，贯彻落实"岳阳地域特色文化览要与发展"目标任务，凝神聚力"岳阳地域特色文化教育"教材资源、课程资源、教学资源、学习资源、科研学术资源等资源建设和平台创新使用，尤其是网上资源的整合、开发与使用，充分发挥国家开放大学系统课程教学资源丰富的优势，为学校人才培养、职业素质培训、教育科学研究等供给充足可用的"岳阳地域特色文化教育资源"，为学校教师进修治学、学生自学探讨、各类学员自助学习等供给丰富可选的"岳阳地域特色文化学习资源", 从而聚力打造"岳阳地域特色文化教育资源开发建设"的办学品牌。

四、打造"岳阳地域特色文化教育科研成果研发"品牌

打造"岳阳地域特色文化教育科研成果研发"的学术品牌, 是岳阳开放大学在"岳阳地域特色文化览要与发展"上, 需要挖掘潜能、全力打造的一种重要品牌。学校应当充分认识深入开展"岳阳地域特色文化教育科研"并不断取得突破的重要性和必要性, 切实增强积极投身"岳阳地域特色文化教育科研"并不断获取成果的使命感和责任感; 始终聚焦于"岳阳地域特色文化教育资源开发建设""岳阳地域特色文化各类人才培养""岳阳地域特色文化素质培训提升"等方向, 凝心聚力搞科研, 倾心尽力抓科研; 力争立项和研究更多更高的"岳阳地域特色文化教育科研"课题, 撰写和发表更多更优的"岳阳地域特色文化教育科研"学术论文, 撰著出版更多更大的"岳阳地域特色文化教育科研"学术专著; 转化更多更好的"岳阳地域特色文化教育科研"项目成果, 培养更多更精的"岳阳地域特色文化教育科研"项目专家和领军人才, 从而打造"岳阳地域特色文化教育科研成果研发"的学术品牌。

五、打造"岳阳地域特色文化宣介传播"品牌

打造"岳阳地域特色文化宣介传播"的宣传品牌, 也是岳阳开放大学在"岳阳地域特色文化览要与发展"上, 需要创新推进、抓出特色的一种重要品牌。学校应当始终锁定事业发展中长期规划及其办学目标, 紧紧扣住"岳阳地域特色文化览要与发展"目标任务, 精心策划"岳阳地域特色文化宣介传播"的每一个实施方案, 精密组织"岳阳地域特色文化宣介传播"的每一项具体行动, 精准实现"岳阳地域特色文化宣介传播"的每一种目标预期, 持续提高"岳阳地域特色文化宣介传播"乃至整个"岳阳地域特色文化览要与发展"的品质和品位, 持续提高学校办学发展和人才培养的质量与水平, 为岳阳经济社会培养更多急需人才, 聚力打造"岳阳地域特色文化宣介传播"的宣传品牌。

【思考与训练】

一、岳阳地域特色文化具有哪些基本特征? 具有哪些重要价值?

二、岳阳地域特色文化的览要成果有哪些? 你是怎么理解的?

　　三、岳阳地域特色文化的发展举措有哪些？请你重点阐述其中二至三种举措。

　　四、在"岳阳地域特色文化的览要与发展"上，岳阳开放大学可以实施哪些项目？可以打造哪些品牌？

　　五、在发展与发扬岳阳地域特色文化的思想内核和精神内涵方面，你有哪些体会和感受？请选择某种岳阳精神写篇学习心得体会，字数在500字左右，要求题目自拟，主题鲜明，条理清楚，有论有据，表达流畅。

第八章　开放大学学习文化的集聚与践行

开放大学学习文化，是全国开放大学系统（包括原广播电视大学系统）师生员工历经40多年的探索和实践，逐步形成的现代远程开放教育背景下学习理念、学习价值、学习精神、学习规范、学习形态、学习模式、学习方法、学习制度、学习物态等的综合文化积淀。有鉴于此，《文化教育导读》把"开放大学学习文化的集聚与践行"列为第八章。作为市州开放大学学员，应当认真学习、深入领会、身体力行"开放大学学习文化的集聚与践行"这一章内容，持续不断地在"开放大学学习文化的集聚与践行"上发力使劲、落地见效。

第一节　开放大学学习文化的涵义、特征与价值

开放大学包括之前以开放教育为主体的广播电视大学，是我国进入改革开放时期之后特别是在倡导构建终身教育体系、推动全民终身学习的时代背景下，出现和发展起来的，以现代信息技术为支撑，实现师生跨越时空教学交流的一种新型高等教育形态、办学机构、办学系统。伴随着开放大学包括其前身广播电视大学40多年的发展历程，一种独特而先进的学习文化——"开放大学学习文化"或曰"开放教育学习文化"（以下统一采用"开放大学学习文化"这一概念）逐渐凝聚成体、持续发展成型、不断转化成势。

一、开放大学学习文化的基本涵义

作为一种客观存在，开放大学可以分为实体性开大、虚拟性开大和综合性开大等三种形态；开放大学文化可以分为实体性开大文化、虚拟性开大文化和综合性开大文化等三种形态；开放大学学习文化则可以分为实体性开大学习文化、虚拟性开大学习文化和综合性开大学习文化等三种形态。由此可见，我们应当了解三种形态开放大学学习文化的基本涵义：

（一）实体性开放大学学习文化的基本涵义

如同人们常见的许许多多大学一样，任何一所特定层级、特定具象的开放大学包括国家开放大学、省级开放大学、市州开放大学等，都会有实体性开放大学校园，有实体性开放大学文化，也有实体性开放大学学习文化。作为实体性开放大学学习文化，它总是蕴藏、包含、呈现于特定开放大学可见可感的各种形态校园文化，包括富有历史传统的校训、校风、校歌、校徽等精神文化，随处可见的校舍建筑、校园景观、教学用品、技术设备等物态文化，合理可行的教育政策、学校规章、教学管理制度等制度文化，丰富多彩的专题讲座、主题教育、竞赛比赛、文娱体育、劳动实践等活动文化之类文化形态之中。

所谓"实体性开放大学学习文化"，就是指蕴藏、包含、呈现于特定开放大学的精神文化、物态文化、制度文化、活动文化等各种实体性校园文化形态之中，有关开放教育学习的价值理念、动机态度、思想精神、模式路径、方式方法、行为规范、制度机制等的有机综合体。

（二）虚拟性开放大学学习文化的基本涵义

开放大学学习文化除了见之于上述实体性校园文化存在之外，更重要的还是通过借助计算机、网络、媒体等技术打造"数字化校园"而虚拟存在、凝聚和呈现的。一般来说，虚拟性开放大学系统主要包括动态更新的门户网站，快捷方便的学习支持服务体系，资源海量的网上图书馆等子系统；虚拟性开放大学学习文化，则分别存在、凝聚和呈现于动态更新的门户网站，快捷方便的学习支持服务体系，资源海量的网上图书馆等子系统之中。动态更新的门户网站，常常运载、传输、推送着特定开放大学办学发展的最新动态信息，是开放大学学校文化的重要载体之一；高质量、全方位、全天候的学习支持服务体系，集教师导助、学生（学员）自学、教学资源于一体，贯穿于开放教育施教与学习活动的全过程，是开放大学学习文化的主要载体；而网上图书馆也是开放大学学习文化的重要载体之一，师生均可以在电子阅览室浏览、下载、阅读所需信息，接受开放大学学习文化的滋润、教育和影响。

所谓"虚拟性开放大学学习文化"，就是指蕴藏、包含、呈现于各级开放大学网络空间包括门户网站、学习支持服务体系、图书馆等载体资源之中，有关开放教育学习的价值理念、动机态度、思想精神、模式路径、方式方法、行为规范、制度机制等的有机综合体。

（三）综合性开放大学学习文化的基本涵义

综观全国开放大学（含原广播电视大学）40多年特别是最近10多年来的发展历程，我们不难发现，几乎每一所开放大学都在"虚实结合"即"实体性开放大学"与"虚拟性开放大学"有机结合中培养各类人才，在"虚实相成"即"实体性开放大学文化"与"虚拟性开放大学文化"相辅相成中建设校园文化，在"虚实一体"即"实体性开放大学学习文化"与"虚拟性开放大学学习文化"融为一体中凝练学习文化。因此，本书所探讨所论述的"开放大学学习文化"，既不是仅指"实体性开放大学学习文化"，也不是仅指"虚拟性开放大学学习文化"，而是聚焦于"实体性"与"虚拟性"有机结合、深度融合的"综合性开放大学学习文化"。

所谓"综合性开放大学学习文化"，就是指全国开放大学（含原广播电视大学系统）系统师生员工历经40多年的不倦探索和奋力实践，基于实体虚拟校园融合和线上线下资源整合，逐步形成、凝聚和呈现的有关开放教育学习者学习、成长、发展的价值理念、动机态度、思想精神、模式路径、方式方法、行为规范、制度机制等的有机综合体。

二、开放大学学习文化的基本特征

从总体上看，开放大学学习文化具有以下四个方面的基本特征：

（一）实体性与虚拟性共生

与普通大学不同，作为没有围墙的大学，开放大学是建立在互联网上的大学。开放大学的优势不在于强大的物质基础，而在于基于网络的丰富教学资源。从很大程度上说，开放大学学习文化就是基于网络的大学学习文化；而承载和传播这种学习文化的载体，既包括校园、图书馆等物质形态，更包括运用现代远程教育手段和虚拟呈现的网络教育资源。可见，实体性与虚拟性共生，是开放大学学习文化具有的基本特征之一。

（二）稳态性与动态性并存

开放大学学习文化是开放大学文化积久沉淀下来的一部分，蕴含和凝聚于开放大学的精神文化、物态文化、制度文化、活动文化之中。一般来说，开放大学的精神文化如校训、校歌、校徽等元素，一旦确立之后就不会轻易改变，往往具有稳态性；而开放大学物态文化、制度文化、活动文化中的某些元素，有时却会与时俱进、顺势而变，具有一定的"动态性"。可见，稳态性与动态性并存，是开放大学学习文化具有的基本特征之一。

（三）多元性与专业性兼具

开放大学学习文化涵盖学生（学员）学习、成长、发展因素的方方面面，既具有很广的多元性，又具有很强的专业性，可谓多元性与专业性兼具。开放大学学习文化具有的多元性，能够最大限度地满足不同学习者的学习需要，为远程开放教育的持续发展注入强劲动力。同时，从"学习文化——教学文化——课程文化"这个逻辑框架中，我们可以发现开放大学学习文化具有很强的专业性，有利于满足成年在职人士继续深造、自我发展的迫切需要。可见，多元性与专业性兼具，又是开放大学学习文化具有的基本特征之一。

（四）服务性与开放性同在

开放大学学习文化是为了满足全民教育的需要，践行"教育面前人人平等"的价值理念，实质上是一种导学服务文化，其服务性直接体现在学习支持服务体系中。在这个网络体系中，师生是伙伴关系，学生是学习的主体，教师则转变为学生学习活动的引导者、设计者、策划者和协助者，为学生提供教导助学服务、资源服务和信息服务等。同时，这种学习文化的服务性由于借助现代信息技术的运用而衍生出了开放性，全社会成员都有权利接受远程开放教育服务。无论是广播电视大学时代，还是转型后的开放大学时代，开放性一直是远程开放教育的重要特征。可见，服务性与开放性同在，也是开放大学学习文化具有的基本特征之一。

三、开放大学学习文化的重要价值

开放大学学习文化的重要价值集中体现为这样"四种力量"：

（一）开放大学学习文化是支持学习者健康成长强劲发展的重要力量

开放大学学习文化的集聚与践行，有助于开放大学学生（学员）和各类学习者校正学习价值、完善学习理念、端正学习动机、培育学习精神、优化学习模式、创新学习方法、落实学习制度、规范学习行为，从而增强学习能力、提高学习效益，促进健康成长、强劲发展。因此，开放大学学习文化是支持学习者健康成长强劲发展的重要力量。

（二）开放大学学习文化是促进远程开放教育持续发展的重要力量

开放大学学习文化是远程开放教育事业发展的有力支柱和重要引擎之一，是促进远程开放教育事业持续发展的重要力量之一。因为，开放大学学习文化的集聚与践行，在促进开放大学学生（学员）和各类学习者激发学习热情、增强学习能力、提高学习效益、加快成长步伐、推动发展升级的同时，无疑有助于不断增强远程开放教育的吸引力、竞争力、影响力，从而不断促进远程开放教育事业又好又快发展。

（三）开放大学学习文化是推动学习型社会建设发展的重要力量

党的十八大把"建设学习型社会"列为全面建设小康社会的重要目标。而办好各级开放大学、促进远程开放教育事业持续发展，被普遍认为是建设全民学习、终身学习的学习型社会的重要载体和重要力量支撑。建设学习型社会，推动全民终身学习，有赖于开放大学（开放教育）学习文化的传播与践行，有赖于广大学习者更认真学习、更深入践行开放大学（开放教育）学习文化，努力培育全民终身学习、科学学习、有效学习的好习惯。因此，开放大学学习文化的集聚与践行，是推动学习型社会建设发展和全民终身学习的重要力量之一。

（四）开放大学学习文化是服务社会主义文化强国建设的重要力量

党的十八以来，以习近平同志为核心的党中央一再要求，扎实推进社会主义文化强国建设，全面提高公民素质，丰富人民精神文化生活，增强文化整体实力。走中国特色社会主义文化发展道路是文化自觉的表现，建设社会主义文化强国则是文化自信的表现。这种文化自觉和文化自信要求各级开放大学承担起广泛育人的历史责任。开放大学经过多年的实践发展，传播的广泛性和易受性使其具有了提升国民整体文化水平的功能。为了更好地发挥这项功能，开放大学更要高度重视、切实加强、不断推进学习文化的建设，精心集聚和努力践行开放大学学习文化，以不断满足党和国家提出的时代要求。因此，开放大学学习文化的集聚与践行，是服务社会主义文化强国建设的重要力量之一。

第二节　开放大学学习文化的集聚成果

凝练、集聚、表述和呈现开放大学学习文化成果，是加强和推进开放大学学习文化建设的一项重点工程，也是"开放大学学习文化的集聚与践行"这一章要探讨和阐述的重点内容。对"开放大学学习文化的集聚成果"的表述和呈现，可能"仁者见仁，智者见智"，本书难以一一介绍。这里，仅从学生（学员）和学习者学习成长发展的角度，紧扣"融合"这一主题，提炼和呈现这样十种要素：

一、修德开智融合

所谓修德开智融合，就是开放大学学生（学员）和学习者在参加远程开放教育的过程中，要始终坚持进修思想道德与开启智能智慧的有机结合、深度融合，从而把准学习成长定位、把稳发展升级航向。修德开智融合，是开放大学学习文化所凝练所集聚的成果要素之一。

事实上，多年以来，从国家开放大学到省级开放大学到市州开放大学，都一直坚持德育智育并举、修德开智融合的办学理念，在开设专业知识课程的同时，更将《习近平新时代中国特色社会主义思想》《马克思主义基本原理概论》《中国近现代史纲要》《毛泽东思想和中国特色社会主义理论体系概论》等思政德育课程列为重点课程；坚持将德育与增强四个认同意识教育、加强理想信念教育、践行社会主义核心价值观、开大日常管理结合起来，加强学生（学员）思想品德教育，培育和践行社会主义核心价值观；坚持通过加强面授导学、加强自学指导、加强助学服务、加强实践教学等环节的努力，不断开启学生（学员）的智能与智慧；坚持加强德育与智育的融通，加强修德与开智的融合。

二、线上线下融合

所谓"线上线下融合"，就是在"互联网+"背景下，实施并实现线上教学与线下教学的有机结合和深度融合。这是促进高等远程开放教育实现信息化发展的必然选择，也是开放大学学习文化所凝练所集聚的成果要素之一。

多年以来，各级开放大学以现代信息技术为重要支撑，利用远程开放教育优势，在现代信息技术与教育教学的深度融合上奋力探索，"实现办学网络立体覆盖全国城乡，为我国社会成员提供多样化继续教育服务和学习机会的重要保障"。

线上教学、线下教学各自有不可替代的独特价值与特有优势。线上线下融合式教学与学习，是有效整合线上教学与线下教学和学习各自优势、提高教学效益、体现"五育并举"、实现因材施教、促进学生（学员）更好发展的有计划实施的教学方式。相对于开放大学传统的线上线下教学，"互联网+"时代的线上线下相结合的教学模式具有一定的独特性。试看下面这个"链接"：

【链接8-1】　"互联网+"时代线上线下相结合的教学模式

1.教学媒介多元化。在"互联网+"时代，开放大学的教学主阵地从最初的广播、电视、录音、录像转移到互联网终端和移动设备上，互联网媒介的多元化满足了学习者随时随地的个性化学习需求。

2.教学资源多样化。随着现代信息技术的广泛应用，互联网、大数据和云技术被逐渐运用到现代教育教学中。开放大学已形成"云、路、端"三位一体的技术支撑模式，实现了数字化学习资源的共建共享。教师负责线上教育资源的设计与开发，并将与课程有关的文档、PPT课件、微视频、音频等资源发布到学习空间，学生根据自己的需要，通过互联网自主获取丰富的学习资源。教学资源的信息化、多样化和无限化，提升了学生学习的积极性和主动性。

3.教学的个性化。开放教育学习者的学习动机与学习需求极具多元化，线上线下教学是一种能够满足不同层次学习者个性化学习需求的全新教学模式。线上线下相结合的教学就是将教学过程从课堂内扩展到课堂外，从线下走到线上，实现"教"与"学"的线上线下有机结合。教师将教学内容按照知识点进行碎片化设计与重构，通过在线教学展示给学习者，学习者可以随时与教师进行互动交流，协作完成学习任务。

4.线上线下有机结合。单纯的线上或线下教学无法充分调动学生学习的积极性，线上和线下有机结合的教学方式，能够充分发挥两者优势，从而提高教学质量和教学效果。在线上，教师可以运用"互联网+"形式，为学生提供丰富的静态和动态素材，如微课、MOOC、视频等，并为学生提供在线教学和网上辅导。在线下，学生通过课堂与教师面对面交流互动，也可以通过听讲座、实地参观的方式，获得丰富的信息和知识。线上线下有机结合的教学和学习方式，使学生的学习更加便捷化、高效率。

5.教学内容和方式的变革。"互联网+"的出现，推动了原有知识体系、教学模式的变革，促使新兴慕课、翻转课堂、微课等一系列教学模式的出现，使课堂教学从组织结构到教学内容及教学方式均发生了巨大变化。开放大学利用丰富的网络资源，为学习者提供个性化、协作化的学习支持服务，从而让学生把学习和掌握知识作为内化自身能力的一种工具，为构建"互联网+"时代的个人知识体系奠定基础。

三、自学导学融合

所谓"自学导学融合"，就是开放大学学生（学员）要注重"个人自学与教师导学的有机结合与深度融合"。这是我国开放大学人才培养模式下重要的教学模式和学习模式、学习要略之一，也是开放大学学习文化所凝练所集聚的成果要素之一。

实施和注重"自学导学融合"，旨在将"学习者、教师和学校"三者力量统整起来，形成支持学习者学习的有力支撑。就是要在现代教学理论指导下，以学习者学习为中心，教师指导远程学习者利用多种媒体资源开展自主学习与协作学习，教师基于系统化的教学设计而进行多种方式的引导与辅导，学校通过天、地、人三网为学生（学员）自主学习提供全程学习支持服务。

开放大学从办学初期到现在一直应用了多种媒体教学，学生（学员）主要通过文字教材为主进行自主学习，与此同时利用电视、广播、音像教材、课件和计算机网络等多种形式进行自主学习。但是，随着科学技术的发展，开放大学的新技术利用率并不是很高，因而其独特性以及优势甚至在发展的过程中逐渐失去，现在甚至要远远落后于很多高校。在此基础上，开放大学也在积极寻求突破，建立了"国家开放大学学习网"这一国开新平台，寻求课程资源上的整合和突破。与此同时，学生（学员）的网络自主学习已经成为了开放教育发展的主要形式，以学生（学员）为中心，从学生（学员）的需要出发，积极结合学习支持服务系统的研究，选择更为全面多样化的学习模式，完善网络自主学习的形式，能够加强开放教育学生（学员）学习效果的控制，提高开放教育学生（学员）学习的有效性。

除了自学，"导学约课"也是开放大学特有的教学方法。我们先看看这个"链接"：

【链接8-2】　导学约课

"导学约课"是指学生（学员）可以根据自己的学习需要，与课程辅导教师约定"学习时间、学习内容、学习地点"。它针对每位学生（学员）不同的学习需求，提供个性化教育。

"导学约课"教学模式是在一定的开放教育思想和理论指导下，把导学和约课结合起来，经过开放教育的实践，形成的为学生（学员）提供个性化教学的教育教学理论框架以及具体的操作程序和方法。

"导学约课"改变了传统的面授形式，使开放教育的"面授课"产生了四个转变：一是改变了固定时间授课，学生（学员）可以与老师约定上课时间；二是改变了固定地点授课，学生（学员）可以与老师约定上课的地点；三是改变了固定方式授课，学生（学员）可以约定其他方式；四是改变了固定内容授课，学生（学员）可以与老师约定上课的内容。

"导学约课"教学模式践行"以人为本"的教育理念，充分发挥学生（学员）的主体性，充分考量不同学生（学员）的不同要求，为他们提供针对性的学习支持服务，使个性化教学成为可能。

"自学导学融合"的模式在一定程度上缓解了工学矛盾，满足了学生（学员）个性化学习需求。在此模式下，教师不仅是传统的授课者，更是"导师、帮促者、信息导航者、团队协作者、课程开发者、学术顾问、研究者、学习者"；学生（学员）不仅是知识的接受者，更是"能主动、善建构、会协作、有意图、善交流、入情境、善反思"的自主学习者。

四、自助互助融合

所谓"自助互助融合"，就是开放大学学生（学员）要注重"自助学习与学员之间互助学习的有机结合和深度融合"。这是开放大学办学育人模式运行下重要的学习模式和学习要略之一，也是开放大学学习文化所凝练所集聚的成果要素之一。

开放大学学生（学员）在学习过程中，除了自助学习之外，还可与同班同学交流讨论、互助学习，还可以与专任教师、班主任（助学辅导员）、教辅人员等人员组成互助小组，以提高专业学生（学员）自主学习能力为共同目标，以互联网即时通信工具（如 QQ 等）、移动终端即时通信工具（如微信等）为载体，构建基于专业知识、操作技能和学习任务的学习共同体。这样，学生（学员）通过线上、线下、局域网络等多种形式的对话、交流、共享、互动等形式，分享彼此的情感、体验和观念，将学生（学员）从"客体"生活状态转化为"主体"生活状态，使之具有强烈的认同感与自主性，并形成自主、平等、互助式的学习关系，充分发挥学习共同体的集体智慧和群体动力作用，提高学生（学员）学习的自主性、积极性和互动性。

五、视听思研融合

所谓"视听思研融合"，就是开放大学学生（学员）要注重"视察、听闻、思考、研究的有机结合和深度融合"。这是开放大学重要的学习模式和学习要略之一，也是开放大学学习文化所凝练所集聚的成果要素之一。

作为开放大学学生（学员），在远程开放教育学习全过程中，一要始终注重视察观察，充分发挥视觉感官在学习知识、吸收信息、了解情况、感识环境中的重要作用；二要始终注重侧耳倾听，充分发挥听觉感官在学习知识、吸收信息、了解情况、感识环境中的重要作用；三要始终注重思考思维，充分发挥思维功能在消化知识、筛选信息、判断情况、分析环境中的重要作用；四要始终注重研究研讨，充分发挥研究方法在占有知识、处理信息、把握情况、驾驭环境中的重要作用；五要始终注重"视察、听闻、思考、研究"的有机结合和深度融合，从而更好地凝练和集聚开放大学学习文化成果。

六、学习训练融合

所谓"学习训练融合"，就是开放大学学生（学员）要注重"课程学习与课程训练的有机结合和深度融合"。这是开放大学重要的学习模式和学习要略之一，也是开放大学学习文化所凝练所集聚的成果要素之一。

国家开放大学学习网是国家开放大学开发的在线学习训练平台，为学生（学员）提供了一个泛在网络学习训练空间。学生（学员）在平台注册后，通过学号和密码即可进入自己的专业课程界面进行学习。国开学习网性能稳定，不用额外付费，学生（学员）每个人都拥有一个账号，可随时随地登录学习。同时，各省级开放大学还有自建资源，不用担心资源丢失，是一个非常稳定的平台。

平台上教学资源非常丰富，可供学生（学员）学习与训练。在已有的课本和网络资源的基础上，课程教学团队成员通过海量筛选、重组、整合，挑选一批优秀的文本、PPT、音频、视频资源等作为教学素材，上传到国开学习网提供给学生（学员）。学生（学员）可通过国开学习网进入任意课程界面，点击直播课程链接，进行统一学习。以学生（学员）为中心的课程教学资源在内容设计上采用即学即用的方式，把一个章节的内容切割成若干小知识点，每个知识点后会布置相应训练任务，每个版块会有相应的形成性考核，学生（学员）完成任务后，马上可以得到辅导教师的评价和其他同学的评价。

这种课程学习与课程训练有机结合、深度融合的学习模式，有助于提高学生（学员）自主学习的积极性，满足学生（学员）个性化学习的需求。不同水平的学生（学员）能够各取所需——基础薄弱的学生（学员）通过多听多练逐步达到课程需要的起点水平；基础较好的学生（学员）可以缩短学习时间，根据各自的特点选择学习时间、学习时长、学习内容、学习频率等，并得到足够的教学帮助，或获得教师团队的反馈，或获得其他学生（学员）的反馈，人人都能学有所获。

七、求知力行融合

所谓"求知力行融合"，就是开放大学学生（学员）要注重"勤奋求知与着力践行的有机结合和深度融合"。这是开放大学重要的学习模式和学习要略之一，也是开放大学学习文化所凝练所集聚的成果要素之一。

为了促进学生（学员）"求知力行融合"，开放大学在制订教学计划时，特别重视实践教学环节。实践教学环节，既是教学过程中极其重要的组成部分，更是将所学理论知识应用于生产、服务、管理等工作实践的重要节点，是帮助学生（学员）把所学知识转化为能力的重要途径。因此，开放大学把人才培养目标定位于"应用型、实用型人才"，把社会实践列为实践性教学的重要内容，注重培养学生（学员）的基本素质，注重培养学生（学员）应用所学知识解决问题的能力和从事实际工作的基本技能，促进学生（学员）"求知力行融合"。

八、增知强能融合

所谓"增知强能融合"，就是开放大学学生（学员）要注重"增加知识积累与强化基本能力的有机结合和深度融合"。这是开放大学一种重要的学习模式和学习要略，也是开放大学学习文化所凝练所集聚的一种成果要素。

作为开放大学学生（学员），在远程开放教育学习全过程中，一方面务必通过勤奋读书、专注上网、积极听课、经常交流、多多实践等努力，不断拓展知识视野，不断扩充知识积累；另一方面务必通过强化思考、强化训练、强化实践、强化反思、强化研究等努力，不断增强专业能力，不断提高职业能力。同时，务必注重"增加知识积累"与"强化基本能力"的有机结合和深度融合，从而更好地凝练和集聚开放大学学习文化成果。

九、读书考试融合

所谓"读书考试融合"，就是开放大学学生（学员）要注重"认认真真读书与扎扎实实考试的有机结合和深度融合"。这是开放大学一种重要的学习模式和学习要略，也是开放大学学习文化所凝练所集聚的一种成果要素。

作为开放大学学生（学员），在远程开放教育学习全过程中，一方面务必通过课前认真读书、同步认真上网、课中认真听课、课后认真训练、兼顾认真实践等努力，认认真真读好每一种书、上好每一门课，为顺利通过课业考试乃至学业考试奠定坚实基础；另一方面务必通过扎扎实实学好课程内容要素、扎扎实实做好章节训练、扎扎实实搞好课程复习、扎扎实实做好课程模拟考卷、扎扎实实做好课程考试答卷等努力，扎扎实实搞好每一门考试、过好每一道"关卡"。同时，务必注重"认认真真读书"与"扎扎实实考试"的有机结合和深度融合，从而更好地凝练和集聚开放大学学习文化成果。

十、拿证升级融合

所谓"拿证升级融合"，就是开放大学学生（学员）要注重"瞄定毕业拿证与谋求素质升级的有机结合和深度融合"。这是开放大学一种重要的学习模式和学习要略，也是开放大学学习文化所凝练所集聚的一种成果要素。

2019年2月国务院印发《国家职业教育改革实施方案》，启动"1+X"证书制度试点，开启了我国深化复合型技术技能人才培养培训模式和评价模式、完善国家职业教育制度体系改革的大幕。在国家深化职业教育改革的大背景下，历经40多年办学探索、积累了面向在职人员开展职业教育丰富经验的开放大学，通过实施"1+X"证书制度，创新办学体制机制，深化人才培养模式改革，推进产教融合、校企合作，对提高复合型技术技能人才培养质量优势独特、大有用武之地。

"1+X"证书制度中，"1"和"X"证书是两个相对独立的个体，在教育目标、课程体系、教学内容、培养模式等方面都有所不同，学历证书既强调人才培养的共性，又注重职业技能的特殊性，"X"证书更加强调的是学生（学员）职业能力养成和职业技能水平的提升。"1+X"证书制度的实施，有助于深化教育教学改革，有效解决开放教育专业脱离职业实际、开放教育教学脱离职场实际、开放教育实训脱离岗位实际的人才培养难题，重构开放大学"工学结合、知行合一"的学习生态。

作为开放大学学生（学员），在远程开放教育学习全过程中，一方面务必通过上述"修德开智""线上线下""自学导学""自助互助""视听思研""学习训练""求知力行""增知强能""读书考试"的有机结合和深度融合，始终瞄定"毕业拿证"的外在目标，顺利圆满地拿到心仪的证书包括"1+X"证书；另一方面务必通过上述"修德开智""线上线下""自学导学""自助互助""视听思研""学习训练""求知力行""增知强能""读书考试"的有机结合和深度融合，始终谋求"素质升级"的内质目标，有力有效地提升自己的综合素质。同时，务必注重"瞄定毕业拿证"与"谋求素质升级"的有机结合和深度融合，从而更好地凝练和集聚开放大学学习文化成果。

第三节　开放大学学习文化的践行要领

作为开放大学师生员工特别是学生（学员），在开放大学学习文化的践行上，应当把握和运用哪些基本要领呢？我们认为，可以在以下"十不"上狠下功夫：

一、志存高远，学而不已

古语云："志当存高远。"荀子在《劝学篇》中说："学不可以已。"这里，我们把"志存高远，学而不已"列为开放大学学习文化践行的首要要领，意在强调：树立高远的人生志向和远大的奋斗目标，坚持勤奋学习不停歇，坚持刻苦学习不止步，异常重要、至关重要！

对学习者来说，立志即树立高远而可行的奋斗目标，是推动学习行为持续不断的动力之源。开放大学学生（学员）学习基础相对薄弱，对自己的学习定位可能有些迷茫。因此，走进开放大学之前或之初，学生（学员）对自己必须有一个准确定位，科学制定学习目标。只有这样，才能增强学习自信心和自我效能感。当然，在攻读开放教育学业的过程中，学生（学员）还可以不断认识自己、认识社会，不断调节专业发展方向，不断寻找自我定位，动态调整奋斗目标。

学习不是一朝一夕的事情，学习中感到枯燥也在所难免，很多人因此半途而废，以至最终一无所获或收益甚少。不少学生（学员）知道学习很重要，但是，学习累了，作业多了，考试难了，就可能失去学习兴趣，就变得懒惰起来。究其根本原因，还是缺乏"高远之志""坚定之志"。因此，开放大学学生（学员）既要"志存高远"搞学习，也要"志当坚定"搞学习。只有这样，才能"学而不已"，才能"学有所成"。总之，坚持"志存高远，学而不已"，是开放大学学生（学员）践行开放大学学习文化的基本而首要的要领。

二、如饥似渴，学而不厌

世界上有那样一批人，对待学习总有"如饥似渴"之感，总有"学而不厌"之状，因而常常"学有所获""学有所成"。其实，开放大学学生（学员）对待学习，也应当始终保持"如饥似渴"之感，始终保持"学而不厌"之状，不断激发学习热情，不断加大学习投入，从而力求"学有所获"，最终达到"学有所成"。可见，坚持"如饥似渴，学而不厌"，是开放大学学生（学员）践行开放大学学习文化的基本要领之一。

当今时代人才竞争更加激烈，职场需要的是高素质、实干型、创新型优秀人才，社会需要的是既有高智商或强能力，又有优化个性或良好心理素质，还有强健体魄或良好体质的全面发展的人才。这就需要广大开放大学学生（学员）"如饥似渴"地学习、热情如常地学习、"不厌其烦"地学习，始终保持积极旺盛的学习热情，始终保持"学而不厌"的学习心态，用一点一滴取得的成果，来激发自己的学习兴趣，回报自己的学习付出。

三、凝神聚焦，学而不泛

古往今来，真正能干事、干成事、成大事、成大器者，无不具有敢担大任的勇气、宽阔如海的胸怀、凝神聚焦的专注和坚如磐石的定力。试看下面这个"案例"：

【案例8-1】 小提琴家吕思清的"专注"

"很多人都诠释过'梁祝'，我自己也诠释过数百次，曲子是同一首，但每一次都会为它注入新的灵感和生命力。"近日，小提琴家吕思清的"梁祝"在林肯中心的成功演出，再度印证了有华人的地方，就会有"梁祝"、就会听"梁祝"。被公认为这首曲子的最杰出演奏者，吕思清丝毫没有放弃过对专业上的要求。"天赋只是一种恩赐、一个开始，除了天赋，还要刻苦、自律、专注。不忘初心，方得始终。"

虽然"梁祝"已经被各国小提琴家演绎过无数次，但吕思清还是坚持不断为这首曲子注入新意。"一个好的作品，不仅需要保留作曲家的风格，也要结合演奏者个人的经历和感受。我20年、10年前和现在演绎得都不同，观众以前听和现在听的感觉也不一样。我常说，有1000个观众就有1000个'梁祝'，每个人的理解各异，我要做的就是把他们带进各自享受的那个音乐世界里。"

8岁就为人所知的吕思清，早就在国际上享誉盛名。谈到从艺，天赋固然重要，"但那只是个开始，怎么去利用好它更重要。"在他看来，专注、自律、刻苦是天赋之外的成功法则。"所有行业最成功的人，一定都是最自律的人，持续不断地努力做成一件事。"如今每天依然坚持练琴2至5小时的他，认为人越是在成功的时候，越容易放松、甚至忘记对自己的要求。"不忘初心，方得始终。"

——摘引自2014年11月11日中国侨网，作者：刘大琪

吕思清的专注，是天才背后的成功密码，更是他个人品牌的一种态度，吕思清以他激情洋溢的演奏以及无可比拟的音乐魅力征服了全世界近40个国家及地区的观众，被西方媒体盛赞为"一个伟大的天才；一个无与伦比的小提琴家"。

上面这个案例以及更多的事实充分证明：学习贵在凝神聚焦，最忌泛泛而学；学习重在专注如一，最忌漫无边际。坚持"凝神聚焦，学而不泛"，是开放大学学生（学员）践行开放大学学习文化的基本要领之一。因此，作为开放大学学生（学员），在远程开放教育学习过程中，应当始终凝神于特定专业，始终聚焦于特定方向，始终专注于特定目标，在学习范围上力戒宽泛，在学习内容上力戒空泛，在学习方法上力戒浮泛，真正做到"凝神聚焦，学而不泛"，真正实现"学有所获""学有所成"！

四、勤于思考，学而不惘

《论语·为政》："子曰：'学而不思则惘，思而不学则殆。'"这句话是孔子提倡的一种读书及学习方法。它指的是一味读书而不思考，就会因为不能深刻理解书本的意义而不能合理有效利用书本的知识，甚至会陷入迷茫；而如果一味空想而不去进行实实在在地学习和钻研，则终究是沙上建塔，一无所得。这就告诫我们：只有把学习和思考结合起来，才能学到切实有用的知识，否则就会收效甚微。这也启发着开放大学学生（学员）：在学习中务必注重思

考、勤于思考，防止出现迷惘、产生迷茫，做到清醒而学、聪慧而学！可见，坚持"勤于思考，学而不惘"，是开放大学学生（学员）践行开放大学学习文化的基本要领之一。

有人说，比聪明更重要的是努力，比努力更重要的是勤奋，比勤奋更重要的是思考问题的能力。理论上，在排除外界因素影响的情况下，通过勤奋努力，人们就能走上成功之路，但最终能否成功，取决于主体是否具备较强的思考能力。勤于思考是一种可贵的学习理念和学习品质，它传承精华，去除糟粕，孕育智慧。开放大学学生（学员）只有注重勤奋思考，不断提高认知能力和思考能力，不断提高思维层次和思维水平，才能慢慢实现心中的梦想，渐渐走向预期的成功。

五、开放多元，学而不闭

身处知识经济时代、信息化时代和后疫情时代，置身于以"开放多元"为主体的开放大学学习环境中，学生（学员）应当始终坚持以"线上线下混合学习""开放多元学习"为学习常态和学习范式。只有坚持"开放多元学习"，力避"封闭性"和"闭环性"，才能无愧于开放大学丰富多元的教学资源，才能践行好开放大学独特合时的学习文化。可见，坚持"开放多元，学而不闭"，是开放大学学生（学员）践行开放大学学习文化的基本要领之一。

后疫情时代，开放大学面临着开放多元教育发展的宝贵契机。其中，有技术赋能：提升师生信息技术运用能力；有共享互惠：形成优质资源共享机制；有多元激趣：激发学生（学员）在线学习的内驱力；有多源共济：培养学生（学员）自主选择、驾驭学习资源的能力；等等。

这个契机，不单是线上和线下教学的简单加法，而是教学模式与学习方式的大变革，是社会、家庭和学校教育有机聚合的高阶运算。这就是多元融合教育的价值所在。人人相联，物物相关，信息倍增，传统课堂与在线教学的优势互补，为学生（学员）提供了自我选择的可能；开放多元的教育理念，使得不同内容、不同形式、不同手段、不同对象、不同需要等交汇融合，整合重构之后产生积极的、质的变化，那就是支持和帮助学生（学员）更加主动、更加智慧地适应社会环境，顺应时代发展。

六、多途并用，学而不偏

坚持"多途并举，学而不偏"，就是要坚持多种学习途径一并使用、多种学习策略综合实施，确保自己的学习不偏颇、不偏斜、不偏向。毫无疑问，这是开放大学学生（学员）践行开放大学学习文化的一条基本要领。

因此，作为开放大学学生（学员），应当坚持线上学习、线下学习、课堂学习、课外学习、互助学习、自主学习、实践学习、科研学习等多种途径一并使用，坚持读书学习、网络学习、交流学习、训练学习、考试学习等多种学习策略综合实施，确保自己的学习不偏颇、不偏斜、不偏向，从而积极主动、卓有成效地践行开放大学学习文化。

七、多法整合，学而不僵

坚持"多法整合，学而不僵"，就是要坚持多种学习方法整合运用、多种学习手段综合使用，确保自己的学习不僵硬、不僵持、不僵化。这是开放大学学生（学员）践行开放大学学习文化的一条基本要领。

因此，作为开放大学学生（学员），应当坚持整合运用聚合学习法、发散学习法、定向学习法、项目学习法、专题学习法、比较学习法、批判学习法、求同学习法、求异学习法、创新学习法等多种学习方法，坚持综合使用政治手段、经济手段、法律手段、科技手段、心理手段等多种学习手段，确保自己的学习不僵硬、不僵持、不僵化，从而积极主动、卓有成效地践行开放大学学习文化。

八、坚韧不拔，学而不懈

坚持"坚韧不拔，学而不懈"，就是要始终坚守不辍、坚定不移、坚韧不拔，确保自己的学习不懈气、不懈劲、不懈怠。这是开放大学学生（学员）践行开放大学学习文化的一条基本要领。

因此，作为开放大学学生（学员），应当始终坚守不辍往前走，确保自己的学习不懈气，一鼓作气搞学习；始终坚定不移向前进，确保自己的学习不懈劲，劲头不减搞学习；始终坚韧不拔奔前程，确保自己的学习不懈怠，初心不忘搞学习，从而积极奋发、有力有效地践行开放大学学习文化。试看下面这个"案例"：

【案例8-2】　左思写作《三都赋》的故事

西晋文学家左思少年时读了张衡的《两京赋》，受到了很大的启发，决心将来撰写《三都赋》。陆机听了不禁抚掌而笑，说像左思这样的粗俗之人，居然想作《三都赋》这样的鸿篇巨著，简直是笑话；即使费力写成，也必定毫无价值，只配用来盖酒坛子而已。

应对这样的羞辱，左思矢志不渝。他听说着作郎张载曾游历岷、邛（今四川），就多次登门求教，以便熟悉当地的山川、物产、风俗。他广泛查访了解，超多搜集资料，然后专心致志，奋力写作。在他的房间里、篱笆旁、厕所里到处放着纸、笔，只要想起好的词句他就随手记录下来，并反复修改。

左思整整花费了十年的心血，最后完成了《三都赋》。陆机在惊异之余，佩服得五体投地，只得甘拜下风。

认准行动目标，不为外人所动，坚持就是胜利，挺住就是一切。

九、乐享成果，学而不苦

坚持"乐享成果，学而不苦"，就是要坚持勤于创造、敏于感受、乐于享受、勤于分享学习的成效、成功和成果，确保在学习过程中不怕苦、不避苦、不言苦。这又是开放大学学生（学员）践行开放大学学习文化的一条基本要领。

因此，作为开放大学学生（学员），应当坚持勤于创造学习的成效、成功和成果，对学习不怕苦、不避苦；坚持敏于感受学习的成效、成功和成果，对学习不计苦、不重苦；坚持乐于享受学习的成效、成功和成果，对学习不言苦、不传苦；坚持甘于分享学习的成效、成功和成果，对学习不拒苦、不念苦，从而更加积极奋发、更加有力有效地践行开放大学学习文化。

十、再接再厉，学而不满

坚持"再接再厉，学而不满"，就是要再接再厉、再上层楼、再创辉煌，确保自己的学习不满足、不止步、不停步、不踏步。这是开放大学学生（学员）践行开放大学学习文化的一条基本要领。试看下面这个"链接"：

【链接8-3】　知识更新日新月异

据有关资料显示，人类的知识在19世纪是每50年翻一番，20世纪初是每10年翻一番，70年代是每5年翻一番，现在是每3年翻一番。有人预计，到2050年左右，人类如今所使用的知识仍在应用的仅为总量的1%。现在全世界每分钟就有一本新书出版，即使一个学科一年的新知识，一人就需阅读45年。过去，一个大学生在大学期间学习和掌握的知识可享用一生，或至少够一生所需知识的70%以上，而现在仅够10%，甚至更少。

还有人说，在农耕时代，一个人读几年书，就可以用一辈子；在工业经济时代，一个人读十几年书，才够用一辈子；到了知识经济时代，一个人必须学习一辈子，才能跟上时代前进的脚步。

可见，作为开放大学学生（学员），应当坚持再接再厉、踔厉奋进，确保自己的学习不满足、不止步；坚持再上层楼、再开新局，确保自己的学习不满足、不停步；坚持再创辉煌、再攀高峰，确保自己的学习不满足、不踏步，从而更有力度、更有效度地践行开放大学学习文化。

第四节　开放大学学习文化集聚与践行的"岳阳特色"

开放大学学习文化集聚与践行的"岳阳特色"，体现在岳阳开放大学（岳阳广播电视大学）多年以来的探索和实践之中。概括起来说，开放大学学习文化集聚与践行的"岳阳特色"主要体现在以下"八个特色品牌"上：

一、凝练学习价值观

学习价值观，是引领和指导学习者作出学习选择、加强学习投入、提高学习水平、增强学习绩效的价值取向、价值准则。可是，在很长一段时间内，市州开放大学（市州广播电视大学）学生（学员）的学习价值观却呈现出五花八门、形形色色的状况。下面这个"案例"正好说明了这一点。

【案例8-3】　"我为什么学习"问卷调查

2011年的某一天，有人在某市州电大学员中，就"我为什么学习"这个问题组织过一次问卷调查。调查结果显示：答案五花八门、形形色色。

有人回答：学习能使人实现个人的抱负和目标；

有人回答：学习能使人的成绩赢得别人的认可；

有人回答：学习能使人施展个人的能力和特长；

有人回答：学习使人觉得更孝顺父母；

有人回答：学习能使人的家庭和睦；

有人回答：学习可锻炼人的个人能力；

有人回答：学习能使人为家人争光；

有人回答：学习能使人获得高地位；

有人回答：学习能使人为社会发展创造高价值；

有人回答：学习能使家人幸福安康；

有人回答：学习能使人为世界和平作出贡献；

有人回答：学习能维护自己在同学中的形象；

有人回答：学习能使人发挥自己的创造性；

有人回答：学习能使人为促进社会发展作出贡献；

有人回答：学习能使人受到他人的尊敬；

……

正是基于市州开放大学（市州广播电视大学）学生（学员）学习价值观的现实状况，借鉴珠海电大等兄弟电大的相关提法，岳阳电大党政领导班子经过精心策划、反复酝酿、慎重研究之后，于2011年5月果断决定把电大开放教育学员的学习价值观凝练为18字："学知识、拿文凭、强能力、交朋友、谋发展、享幸福。"从此，这18个字成为了岳阳电大乃至岳阳开放大学一届届领导班子推崇和倡导，岳阳电大乃至岳阳开放大学一届届学员学习和践行的学习价值观！

二、开发《学习指要》教材与课程

为了指导和帮助开放大学（广播电视大学）系统新学员尽快熟悉开放大学

（广播电视大学）学习环境，切实掌握开放大学（广播电视大学）学习方法，培育和践行"学知识、拿文凭、强能力、交朋友、谋发展、享幸福"的学习价值观，岳阳开放大学（岳阳广播电视大学）党委行政组织精干力量，先后编撰开发、出版发行了2014年版校本教材《开放教育学习导航》和2021年版校本教材《开放大学学习指要》，并在每年每期开放教育新学员中开设了"开放教育学习导航"或"开放大学学习指要"的专门课程。

《开放教育学习导航》由"绪论""入学篇""学习篇""考试篇""毕业篇"等五章和附录组成，《开放大学学习指要》由"绪论""入学篇""学习篇""考试篇""毕业篇""答疑篇"等六章和附录组成。两本教材的内容都紧贴开放大学（广播电视大学）办学实际，紧贴开放大学（广播电视大学）新学员学习实际，对相关的学习内容进行言简意赅的介绍，并运用表格、插图、视频截面、案例予以说明，每章末尾还安排了"思考与训练"，以便于抽查学员阅读学习的效果，训练学员的学习能力。

三、推行助学辅导员制

为了帮助学生（学员）尽快进入学习角色，了解开放大学（广播电视大学）的系统结构、教学特点，熟悉课程注册、报考、免修免考、形成性考核、终结性考核等形式与内容，为顺利完成学业夯实基础，从2011年开始，岳阳开放大学（岳阳广播电视大学）推行助学辅导员制，实施分班管理，对学生（学员）进行思想教育，端正学习态度，培养良好习惯。

此举有助于学生（学员）树立以"学生（学员）为中心"的新教学观、新学习观，掌握学习的主动权，处于积极的学习地位。学生（学员）在教师指导下，可以根据课程的教学要求，合理地选择和使用各种教学资源，开展个别化自主学习。学校在助学辅导员管理下，通过面授、直播课堂、网络辅导、电话答疑等方式为学生（学员）提供学习支持服务，并对教师导学和学生（学员）自主学习的效果与质量进行全方位、全过程监控。

四、试行学业导师制

"学业导师制"是岳阳开放大学（岳阳广播电视大学）为进一步深化教育教学模式改革，落实教学环节，提高教学质量，增强学员的大学归属感及文化认同感，从2012年开始，在开放教育教学中尝试推行的一种教学组织制度。开放教育导师制采用"1+3"的模式全面推行，即"学业导师"+"助学导师""课程导师""专业导师"。开放教育导师制的逐步、全面推行，对岳阳开放大学（岳阳广播电视大学）坚持"质量立校""人才兴校""科研强校"战略，加强开放教育教学管理，发挥开放教育导师的引导、指导、辅导等作用，进一步提升开放教育教学水平，产生了积极而深远的影响。

五、提高面授导学质量

面授辅导是岳阳开放大学（岳阳广播电视大学）开放教育线下教学最具特色的内容之一。它有助于克服网上教学的局限，在引导学生（学员）自主学习、提高学习效率、确保学生（学员）顺利完成学业等方面具有重要作用。在进行面授辅导的过程中，重视对学生（学员）进行一些自学方法的训练，就如何阅读教材，分析归纳知识点，掌握解题技巧等一些重要的自学方法进行引导，促进学生（学员）自主学习能力的提高。

面授辅导课程每个学期分三个阶段进行：在第一阶段，学生（学员）最关心的是课程的难易程度、网络资源、学习方法和考核要求等问题。因此，第一节课的教学内容设计以提高学习兴趣和学习效率为切入点，重点介绍课程的知识体系和框架结构，激发其学习的兴趣；学习方法以及学习媒体的选择，指导学生（学员）使用适合自己的学习媒体；教学进度与考核方法的明确，使学生（学员）明了每次面授辅导课的学习内容，告知形成性考核和期末考核的方式方法以及相关要求等。在第二阶段，主要是解决课程的重点、难点问题。可以通过习题课、案例分析课、专题讲座课、作业评讲课、重点归纳和难点精讲课等形式解决学生（学员）在学习过程中的困难，梳理重点知识体系，提高分析和解决问题的能力。在第三阶段，主要是解决期末复习的问题。期末复习课的目的是帮助学生（学员）理清复习的思路与方法、提出期末复习要求、提高专业课程考试成绩。面授辅导课教师会根据开放教育的特点，制作电子教案和课件，采用多种媒体进行教学，指导和启迪学生（学员）掌握和运用现代远程教育的多种教学媒体进行学习。

在提高面授导学质量方面，岳阳开放大学（岳阳广播电视大学）发挥六网融通的抓手作用，通过制定和实施《推进开放教育"六网融通人才培养改革"实施方案》，全面推进"六网融通"教学改革工作。为此，学校注重精心打造优秀网络教学团队；精心建设优质网络课程资源；精心组织和实践"一导三多"网络学习测评机制；精心建设"岳阳电大开放教育"公众号。

六、开展系列学习支持促进活动

为了支持、促进、助力开放教育学生（学员）的成长进步，岳阳开放大学（岳阳广播电视大学）注重发挥学生（学员）的主体作用，在教育教学模式、技能培养机制、创业发展环境、人才培养举措上积极探索，形成了"有口皆碑"的岳阳办学特色。下面，试以2021年为例，看看岳阳开放大学（岳阳广播电视大学）是怎样开展系列学习支持促进活动的。

【案例8-4】 2021，岳阳开大学习支持服务

助学常规工作精细高效。2021年，岳阳开放大学开放教育学院全年共完成了22593次课程注册、1572次毕业学生审核、1986次毕业生电子摄像、135331科次网络形考作业催查等工作，各个环节实现精细管理、精准操作，呈现零差错、零失误、零投诉的良好局面。

直播形考工作规范有序。2021年，在新冠疫情零星爆发、国开教学改革持续发力的背景下，国开、省校、市校三级直播课和网上学习考试逐步取代面授课、现场约课，发展成为学生学习的主要形式。2021年全年，学生（学员）参加三级直播课1800多堂，网上作业考试13000多科次，涵盖所有专业专本科学员。

班级管理工作严谨务实。开放教育学院2021年在籍学生2877人，共243个班级。每个班级从新生入校开始组建班级、选拔班干部开始，就通过手机电话、班级QQ群、微信群、掌上电大、微信公众号等开展师生联系、沟通、教学、活动和管理，保证学生完成学习任务。

学生活动"别具一格"。2021年，开放教育第四届班长协会协助组织开展了"追寻红色足迹·献礼建党100周年——杨开慧故居参观"活动、"缅怀张超烈士·致敬人民英雄——学习习近平'七一'讲话，见实际行动"和"不忘历史·弘扬伟大抗战精神——新墙河抗战纪念馆参观"等大型主题活动，有力提高了学员的政治思想水平。开放教育学院师生还积极参加各种志愿服务活

动——岳阳市主城区主要交通路口文明劝导、"净化环境·美化城市"王家河沿河拾捡垃圾、健步行志愿服务、北港敬老院"敬老助残·奉献爱心"等。开放教育学员在国开组织的大学生创新创业大赛、省开组织的"建党100周年知识竞赛"、首届财会知识大赛、党史征文、炒股大赛和市开组织的生猪养殖培训、团委知识大赛中，均有不俗表现。2021年，有27人获得国开奖学金、27人获得省开奖学金、3人荣获国开优秀毕业生、3人获省开优秀毕业生。

七、建设实践教学基地体系

为培养适应专业发展以及社会发展需求的高素质应用型人才，多年以来，岳阳开放大学（岳阳广播电视大学）将学生的创新意识与创新精神作为培养重点，不断加强实践教学力度，着力建设实践教学基地体系，满足培养学生的实践能力与职业技能的需要。

学校注重面向社会发展需要，开展学生（学员）实践教育，以学科为教育特征构建符合专业领域发展的实训教学体系；贴近社会发展需求，布局和加强实践教学体系建设；适应社会发展变化，不断调整实践基地布局。同时，学校结合学生（学员）的成长特点、专业实际，引导学生（学员）自主学习、发奋学习、积极参与实践性教学活动，努力培养符合职场发展需求的创新型人才。

八、加强巡教巡学与督教督学

岳阳开放大学（岳阳广播电视大学）每年在全市办学系统开展送教下乡"为大学生送真经，服务乡村振兴"主题巡教巡学活动。巡教巡学讲座定位准，层次高，有的放矢，上下联动，在全市开大（电大）系统反响强烈。巡教巡学讲座在岳阳县电大、华容电大、临湘电大、湘阴电大、汨罗电大、平江电大、校本部分别开展。巡回讲座的主要课程有《乡村振兴与乡村法治》《仰望星空　脚踏实地》《乡村振兴背景下农村生态环境治理与建设》《农村应用文写作》《农村会计实务培训》《农产品电商营销》等。讲座深入浅出地为学生（学员）介绍当前乡村振兴面临的现实问题，有针对性提出切实可行的思路和方法，不仅有助于学生（学员）开拓思维、提高分析和理解问题的能力，而且培养学生（学员）的实际技能。通过开展一系列专题讲座和巡教活动，学生（学员）明确了乡村振兴发展的方向，坚定了以后服务乡村、建设乡村的决心和信念，更加清醒地认识到"实现乡村振兴关键还是要靠技术、靠管理、靠营销"。

　　与此同时，岳阳开放大学（岳阳广播电视大学）每年组织专家力量，在全市办学系统开展专项督教督学督管活动，对各县市区电大的办学发展、教育教学、管理服务等进行督导，并提出整改意见。

第五节　开放大学学习文化集聚与践行的"岳阳效应"

　　多年以来，由于岳阳开放大学（岳阳广播电视大学）历届党政领导班子的正确领导、全校教职员工的不懈奋斗和历届学生（学员）的积极努力，开放大学学习文化的集聚与践行持续产生了积极而强烈的"岳阳效应"。这主要体现在以下六个方面：

　　一、持续吸引大批有志青年走进岳阳开大学习

　　岳阳开放大学（岳阳广播电视大学）创建40多年来，为社会培养了20多万名大中专毕业生，培训了50万人次以上专业技术人员和管理人员，服务了近100万市民的终身学习。特别是最近10多年以来，岳阳开放大学（岳阳广播电视大学）党政领导班子团结和带领全校全系统教职员工凝心聚力抓建设，聚精会神抓办学，倾心尽力抓发展，先后成功创建了"全省示范性电大""全国示范性电大"和"全国最具影响力基层电大"，从2009年至2021年在全省开大（电大）系统连续创造了开放教育招生"十三连冠"、办学综合考评"十三连优"的历史传奇，从而持续吸引着大批有志青年走进岳阳开放大学（岳阳广播电视大学）学习成长、提质升级。据不完全统计，2009年初至2021年底，共有8万多名有志青年走进岳阳开放大学（岳阳广播电视大学）及其系统，攻读开放教育学业。

　　二、持续支持广大在读学员快乐学习健康成长

　　多年以来特别是近10多年来，岳阳开放大学（岳阳广播电视大学）加强推进内涵建设包括专业建设、课程建设、教材建设、学术科研建设和教师队伍建设，改革创新人才培养机制、教育教学模式、支持服务模式和质量管理机制，注重发挥学生（学员）学习成长的主体性、主动性、积极性，打造了"越来越好"的办学形象"有口皆碑"的办学品牌，持续支持和促进着广大在读学生（学员）快乐学习、健康成长、良性发展。比如，平江县农民大学生陈雪林一边攻读开放教育学业，一边坚持因地制宜、致力精准扶贫，带领群众在100余亩干旱田栽上高山云雾有机茶。又比如，市校本部大学生张咏辉一边攻读开放教育学业，一边全身心投入社区工作，牵头筹集资金建设社区一站式服务大厅，精心组织社区居民各类竞赛活动，2016年被评为岳阳市星级文化志愿者。当然，在岳阳开放大学（岳阳广播电视大学）的学生（学员）中，还有许许多多的"陈雪林""张咏辉"。

三、持续培养一批批扎根本土的高素质应用型人才

办学40多年来，岳阳开放大学（岳阳广播电视大学）主动适应岳阳经济社会发展，先后开办普通高等教育、成人高等学历教育、以社会化培训考试为主的非学历教育、中小学教师培训、职业教育、社区教育和干部网络教育，持续培养了一批批扎根本土的高素质应用型人才，为岳阳市培养了20多万名大学本专科毕业生包括10万多名各类管理和专业技术人才，支持服务了近200万人次的社会化考试和培训。其中，仅2009年以来，就培养了近8万名大学本专科毕业生包括近4万名各类管理和专业技术人才，支持服务了近100万人次的社会化考试和培训。下面，大家再看看这个"案例"：

【案例8-4】　"农民大学生培养计划"在岳阳

"农民大学生培养计划"，是各级党政高度重视的农村人才培养工程，也是一项服务于农村建设的政治工程和民心工程。该计划实施以来，岳阳市3000多名扎根基层的新农村建设者，获得了圆梦大学、重返课堂的机会，其中500多名农民大学生受到组织的重用和提拔，1000多名农民大学生受到了创业致富的洗涤与熏陶，1000多名农民大学生得到了农村实用实践技能的提升。这些都极大地鼓舞了数百万巴陵百姓投身于社会主义建设事业的士气和民心。

岳阳开放大学（岳阳广播电视大学）始终坚持把服务全市精准扶贫工作作为指引，实施农民大学生人才培养，有500多名农民大学生成长为致力扶贫、带富一方的致富带头人，1000多人成长为挑战命运、自强不息的自主创业者。平

江农民大学生张万春带动村民植树造林和发展养殖，全村5年植树造林2500亩，建设生态公益林2000亩，发展规模养猪3户500头，养牛10户300头，养羊20户400头。2015年，更是带动村民发展绿色食品（水稻）2000亩，创立"张奇品"大米品牌，获中国绿色食品发展中心绿色食品认证，带动百余村民致富。

岳阳开放大学（岳阳广播电视大学）紧扣人才培养目标，为岳阳市新农村建设培养了一大批"留得住、用得上、懂技术、会经营"的农村本土人才，有500多人成长为甘当绿叶、情系乡土的村支两委干部，成为了全市乡村发展的中坚力量。

四、持续谱写全省开大系统"招生第一"的历史传奇

自2009以来，岳阳开放大学（岳阳广播电视大学）高度重视、切实加强、不断创新、持续推进招生工作，不断健全招生工作管理机构，不断健全招生管理考评制度，不断健全"全员招生""全年招生""全方位招生"等工作机制，始终把招生工作作为学校办学发展的基础工程、优先工程来抓，开放教育招生规模连续13年稳居全省14个市州开大（市州电大）之首，实现开放教育招生"十三连冠"，持续谱写了全省开大（电大）系统"招生第一"的历史传奇。

五、持续创造全省开大系统综合评估领先的骄人佳绩

近10多年以来，岳阳开放大学（岳阳广播电视大学）始终聚焦内涵建设和人才培养，始终突出教学中心和德育首位，全面深化教育教学改革与创新，不断提高教育教学质量与水平，持续增强办学吸引力、竞争力、影响力，先后成功创建了"全省示范性电大""全国示范性电大"和"全国最具影响力基层电大"，从2009年至2021年，在全省开大（电大）系统办学综合考评中创造了"十三连优"的骄人佳绩。

六、持续打造全国开大系统教育教学科研的罕见奇迹

近10多年以来，岳阳开放大学（岳阳广播电视大学）始终把学术科研工作作为学校建设改革发展的引领工程、支撑工程、保障工程来抓，持续在建章建制上用力，持续在资源投入上发力，持续在项目驱动上聚力，持续在成果获取上尽力，不断健全教育教学科研机制，不断优化教育教学科研环境，持续提高教育教学科研水平，持续收获教育教学科研硕果，在全省开放大学（广播电视

大学）系统牢固处于科研领先地位，在全国开放大学（广播电视大学）系统逐渐进入科研第一方阵，从而持续打造了全国开放大学（广播电视大学）系统教育教学科研的罕见奇迹。下面这个"案例"可以印证这一点。

【案例8-5】　2021，岳阳开放大学科研成绩单

一、课题立项实现新突破。2021年，全校立项各级各类课题19项，其中省教科规划课题3项，省职业院校教育教学改革研究项目2项，省社会科学成果评审委员会课题3项。

二、项目申报验收实现新突破。学校狠抓项目申报、验收、应用，成功组织教育信息化专项试点项目10万专项检查工作和"湖南省教育信息化创新应用十百千万工程中小学网络联校"项目成功立项，并获资助经费50万元；组织申报了教育信息化典型案例，完成了教育信息化试点项目总结，组织撰写了一份教育信息化创新应用典型案例材料，获得了教育行政部门的交口称赞。

三、项目成果实现新突破。去年，学校申报的市科技局"校企合作的中小企业公共服务云平台系统建设与应用"项目荣获全市科技进步奖，这是学校在科技领域的首次获奖；组织申报省教育信息化优秀论文征集活动，荣获二等奖1篇；组织申报2021年度"湖南省教育改革发展研究优秀论文"评选活动，提交论文18篇，其中荣获二等奖4篇、三等奖2篇；7名老师为推荐科技局科技创新专家库人选，塑造了学校教师队伍的"靓丽名片"。

【思考与训练】

一、什么是开放大学学习文化？它的重要价值有哪些？

二、开放大学学习文化的集聚成果有哪些？

三、开放大学学习文化的践行要领有哪些？

四、岳阳开放大学在"开放大学学习文化的集聚与践行"方面具有怎样的特色？请你结合自己的所见所闻所学所历谈一谈。

五、作为市州开放大学学员，在"开放大学学习文化的集聚与践行"中应当怎样努力和作为？请自选题目和角度，撰写一篇学习小论文，字数在1000字左右，要求主题鲜明，内容充实，条理清楚，论述有力，语言通畅。

附录 1

中共中央办公厅
关于培育和践行社会主义核心价值观的意见

（中办发〔2013〕24 号）

社会主义核心价值观是社会主义核心价值体系的内核，体现社会主义核心价值体系的根本性质和基本特征，反映社会主义核心价值体系的丰富内涵和实践要求，是社会主义核心价值体系的高度凝练和集中表达。为深入贯彻落实党的十八大和十八届三中全会精神，积极培育和践行社会主义核心价值观，现提出如下意见。

一、培育和践行社会主义核心价值观的重要意义和指导思想

（一）培育和践行社会主义核心价值观，是推进中国特色社会主义伟大事业、实现中华民族伟大复兴中国梦的战略任务。党的十八大提出，倡导富强、民主、文明、和谐，倡导自由、平等、公正、法治，倡导爱国、敬业、诚信、友善，积极培育和践行社会主义核心价值观。这与中国特色社会主义发展要求相契合，与中华优秀传统文化和人类文明优秀成果相承接，是我们党凝聚全党全社会价值共识作出的重要论断。富强、民主、文明、和谐是国家层面的价值目标，自由、平等、公正、法治是社会层面的价值取向，爱国、敬业、诚信、友善是公民个人层面的价值准则，这 24 个字是社会主义核心价值观的基本内容，为培育和践行社会主义核心价值观提供了基本遵循。面对世界范围思想文化交流交融交锋形势下价值观较量的新态势，面对改革开放和发展社会主义市场经济条件下思想意识多元多样多变的新特点，积极培育和践行社会主义核心价值观，对于巩固马克思主义在意识形态领域的指导地位、巩固全党全国人民团结奋斗的共同思想基础，对于促进人的全面发展、引领社会全面进步，对于集聚全面建成小康社会、实现中华民族伟大复兴中国梦的强大正能量，具有重要现实意义和深远历史意义。

（二）培育和践行社会主义核心价值观的指导思想是：高举中国特色社会主义伟大旗帜，以邓小平理论、"三个代表"重要思想、科学发展观为指导，深入学习贯彻党的十八大精神和习近平同志系列讲话精神，紧紧围绕坚持和发展中国特色社会主义这一主题，紧紧围绕实现中华民族伟大复兴中国梦这一目标，紧紧围绕"三个倡导"这一基本内容，注重宣传教育、示范引领、实践养成相统一，注重政策保障、制度规范、法律约束相衔接，使社会主义核心价值观融入人们生产生活和精神世界，激励全体人民为夺取中国特色社会主义新胜利而不懈奋斗。

（三）培育和践行社会主义核心价值观要坚持以下原则：坚持以人为本，尊重群众主体地位，关注人们利益诉求和价值愿望，促进人的全面发展；坚持以理想信念为核心，抓住世界观、人生观、价值观这个总开关，在全社会牢固树立中国特色社会主义共同理想，着力铸牢人们的精神支柱；坚持联系实际，区分层次和对象，加强分类指导，找准与人们思想的共鸣点、与群众利益的交汇点，做到贴近性、对象化、接地气；坚持改进创新，善于运用群众喜闻乐见的方式，搭建群众便于参与的平台，开辟群众乐于参与的渠道，积极推进理念创新、手段创新和基层工作创新，增强工作的吸引力感染力。

二、把培育和践行社会主义核心价值观融入国民教育全过程

（四）培育和践行社会主义核心价值观要从小抓起、从学校抓起。坚持育人为本、德育为先，围绕立德树人的根本任务，把社会主义核心价值观纳入国民教育总体规划，贯穿于基础教育、高等教育、职业技术教育、成人教育各领域，落实到教育教学和管理服务各环节，覆盖到所有学校和受教育者，形成课堂教学、社会实践、校园文化多位一体的育人平台，不断完善中华优秀传统文化教育，形成爱学习、爱劳动、爱祖国活动的有效形式和长效机制，努力培养德智体美全面发展的社会主义建设者和接班人。适应青少年身心特点和成长规律，深化未成年人思想道德建设和大学生思想政治教育，构建大中小学有效衔接的德育课程体系和教材体系，创新中小学德育课和高校思想政治理论课教育教学，推动社会主义核心价值观进教材、进课堂、进学生头脑。完善学校、家庭、社会三结合的教育网络，引导广大家庭和社会各方面主动配合学校教育，以良好的家庭氛围和社会风气巩固学校教育成果，形成家庭、社会与学校携手育人的强大合力。

（五）拓展青少年培育和践行社会主义核心价值观的有效途径。注重发挥社会实践的养成作用，完善实践教育教学体系，开发实践课程和活动课程，加强实践育人基地建设，打造大学生校外实践教育基地、高职实训基地、青少年社会实践活动基地，组织青少年参加力所能及的生产劳动和爱心公益活动、益德益智的科研发明和创新创造活动、形式多样的志愿服务和勤工俭学活动。注重发挥校园文化的熏陶作用，加强学校报刊、广播电视、网络建设，完善校园文化活动设施，重视校园人文环境培育和周边环境整治，建设体现社会主义特点、时代特征、学校特色的校园文化。

（六）建设师德高尚、业务精湛的高素质教师队伍。实施师德师风建设工程，坚持师德为上，完善教师职业道德规范，健全教师任职资格准入制度，将师德表现作为教师考核、聘任和评价的首要内容，形成师德师风建设长效机制。着重抓好学校党政干部和共青团干部，思想品德课、思想政治理论课和哲学社会科学课教师，辅导员和班主任队伍建设。引导广大教师自觉增强教书育人的荣誉感和责任感，学为人师、行为世范，做学生健康成长的指导者和引路人。

三、把培育和践行社会主义核心价值观落实到经济发展实践和社会治理中

（七）确立经济发展目标和发展规划，出台经济社会政策和重大改革措施，开展各项生产经营活动，要遵循社会主义核心价值观要求，做到讲社会责任、讲社会效益，讲守法经营、讲公平竞争、讲诚信守约，形成有利于弘扬社会主义核心价值观的良好政策导向、利益机制和社会环境。与人们生产生活和现实利益密切相关的具体政策措施，要注重经济行为和价值导向有机统一，经济效益和社会效益有机统一，实现市场经济和道德建设良性互动。建立完善相应的政策评估和纠偏机制，防止出现具体政策措施与社会主义核心价值观相背离的现象。

（八）法律法规是推广社会主流价值的重要保证。要把社会主义核心价值观贯彻到依法治国、依法执政、依法行政实践中，落实到立法、执法、司法、普法和依法治理各个方面，用法律的权威来增强人们培育和践行社会主义核心价值观的自觉性。厉行法治，严格执法，公正司法，捍卫宪法和法律尊严，维护社会公平正义。加强法制宣传教育，培育社会主义法治文化，弘扬社会主义法治精神，增强全社会学法尊法守法用法意识。注重把社会主义核心价值观相关要求上升为具体法律规定，充分发挥法律的规范、引导、保障、促进作用，形成有利于培育和践行社会主义核心价值观的良好法治环境。

（九）要把践行社会主义核心价值观作为社会治理的重要内容，融入制度建设和治理工作中，形成科学有效的诉求表达机制、利益协调机制、矛盾调处机制、权益保障机制，最大限度增进社会和谐。创新社会治理，完善激励机制，褒奖善行义举，实现治理效能与道德提升相互促进，形成好人好报、恩将德报的正向效应。完善市民公约、村规民约、学生守则、行业规范，强化规章制度实施力度，在日常治理中鲜明彰显社会主流价值，使正确行为得到鼓励、错误行为受到谴责。

四、加强社会主义核心价值观宣传教育

（十）用社会主义核心价值观引领社会思潮、凝聚社会共识。深入开展中国特色社会主义和中国梦宣传教育，不断增强人们的道路自信、理论自信、制度自信，坚定全社会全面深化改革的意志和决心。把社会主义核心价值观学习教育纳入各级党委（党组）中心组学习计划，纳入各级党委讲师团经常性宣讲内容。深入研究社会主义核心价值观的理论和实际问题，深刻解读社会主义核心价值观的丰富内涵和实践要求，为实践发展提供学理支撑。深入推进马克思主义理论研究和建设工程，发挥国家社科基金的导向带动作用，推出更多有分量有价值的研究成果。加强社会思潮动态分析，强化社会热点难点问题的正面引导，在尊重差异中扩大社会认同，在包容多样中形成思想共识。严格社团、讲座、论坛、研讨会、报告会的管理。

（十一）新闻媒体要发挥传播社会主流价值的主渠道作用。坚持团结稳定鼓劲、正面宣传为主，牢牢把握正确舆论导向，把社会主义核心价值观贯穿到日常形势宣传、成就宣传、主题宣传、典型宣传、热点引导和舆论监督中，弘扬主旋律，传播正能量，不断巩固壮大积极健康向上的主流思想舆论。党报党刊、通讯社、电台电视台要拿出重要版面时段、推出专栏专题，出版社要推出专项出版，运用新闻报道、言论评论、访谈节目、专题节目和各类出版物等形式传播社会主义核心价值观。都市类、行业类媒体要增强传播主流价值的社会责任，积极发挥自身优势，适应分众化特点，多联系群众身边事例，多运用大众化语言，在生动活泼的宣传报道中引导人们培育和践行社会主义核心价值观。强化传播媒介管理，不为错误观点提供传播渠道。新闻出版单位和从业人员要强化行业自律，切实增强传播社会主义核心价值观的责任意识和能力，将个人道德修养作为从业资格考评重要内容。

（十二）建设社会主义核心价值观的网上传播阵地。适应互联网快速发展形势，善于运用网络传播规律，把社会主义核心价值观体现到网络宣传、网络文化、网络服务中，用正面声音和先进文化占领网络阵地。做大做强重点新闻网站，发挥主要商业网站建设性作用，形成良好的网上舆论环境，集聚网上舆论引导合力。做好重大信息网上发布，回应网民关切，主动有效进行网上引导。推动中华优秀传统文化和当代文化精品网络化传播，创作适于新兴媒体传播、格调健康的网络文化作品。依法加强网络社会管理，加强对网络新技术新应用的管理，推进网络法制建设，规范网上信息传播秩序，整治网络淫秽色情和低俗信息，打击网络谣言和违法犯罪，使网络空间清朗起来。

（十三）发挥精神文化产品育人化人的重要功能。一切文化产品、文化服务和文化活动，都要弘扬社会主义核心价值观，传递积极人生追求、高尚思想境界和健康生活情趣。提升文化产品的思想品格和艺术品位，用思想性艺术性观赏性相统一的优秀作品，弘扬真善美，贬斥假恶丑。加强对新型文化业态、文化样式的引导，让不同类型文化产品都成为弘扬社会主流价值的生动载体。加大对优秀文化产品的推广力度，开展优秀文化产品展演展映展播活动、经典作品阅读观看活动。完善文化产品评价体系，坚持文艺评论评奖的正确价值取向。完善公共文化服务体系，提供均等优质的文化产品，开展多姿多彩的文化活动，丰富群众精神文化生活。

五、开展涵养社会主义核心价值观的实践活动

（十四）广泛开展道德实践活动。以诚信建设为重点，加强社会公德、职业道德、家庭美德、个人品德教育，形成修身律己、崇德向善、礼让宽容的道德风尚。大力宣传先进典型，评选表彰道德模范，形成学习先进、争当先进的浓厚风气。在国家博物馆设立英模陈列馆。深化公民道德宣传日活动，组织道德论坛、道德讲堂、道德修身等活动。加强政务诚信、商务诚信、社会诚信和司法公信建设，开展道德领域突出问题专项教育和治理，完善企业和个人信用记录，健全覆盖全社会的征信系统，加大对失信行为的约束和惩戒力度，在全社会广泛形成守信光荣、失信可耻的氛围。把开展道德实践活动与培育廉洁价值理念相结合，营造崇尚廉洁、鄙弃贪腐的良好社会风尚。

（十五）深化学雷锋志愿服务活动。大力弘扬雷锋精神，广泛开展形式多样的学雷锋实践活动，采取措施推动学雷锋活动常态化。以城乡社区为重点，以相互关爱、服务社会为主题，围绕扶贫济困、应急救援、大型活动、环境保护等方面，围绕空巢老人、留守妇女儿童、困难职工、残疾人等群体，组织开展各类形式的志愿服务活动，形成我为人人、人人为我的社会风气。把学雷锋和志愿服务结合起来，建立健全志愿服务制度，完善激励机制和政策法规保障机制，把学雷锋志愿服务活动做到基层、做到社区、做进家庭。

（十六）深化群众性精神文明创建活动。各类精神文明创建活动要在突出社会主义核心价值观的思想内涵上求实效。推进文明城市、文明村镇、文明单位、文明家庭等创建活动，开展全民阅读活动，不断提升公民文明素质和社会文明程度。广泛开展美丽中国建设宣传教育。开展礼节礼仪教育，在重要场所和重要活动中升挂国旗、奏唱国歌，在学校开学、学生毕业时举行庄重简朴的典礼，完善重大灾难哀悼纪念活动，使礼节礼仪成为培育社会主流价值的重要方式。加强对公民文明旅游的宣传教育、规范约束和社会监督，增强公民旅游的文明意识。

（十七）发挥优秀传统文化怡情养志、涵育文明的重要作用。中华优秀传统文化积淀着中华民族最深沉的精神追求，包含着中华民族最根本的精神基因，代表着中华民族独特的精神标识，是中华民族生生不息、发展壮大的丰厚滋养。

建设优秀传统文化传承体系，加大文物保护和非物质文化遗产保护力度，加强对优秀传统文化思想价值的挖掘，梳理和萃取中华文化中的思想精华，作出通俗易懂的当代表达，赋予新的时代内涵，使之与中国特色社会主义相适应，让优秀传统文化在新的时代条件下不断发扬光大。重视民族传统节日的思想熏陶和文化教育功能，丰富民族传统节日的文化内涵，开展优秀传统文化教育普及活动，培育特色鲜明、气氛浓郁的节日文化。增加国民教育中优秀传统文化课程内容，分阶段有序推进学校优秀传统文化教育。开展移风易俗，创新民俗文化样式，形成与历史文化传统相承接、与时代发展相一致的新民俗。

（十八）发挥重要节庆日传播社会主流价值的独特优势。开展革命传统教育，加强对革命传统文化时代价值的阐发，发扬党领导人民在革命、建设、改革中形成的优良传统，弘扬民族精神和时代精神。挖掘各种重要节庆日、纪念日蕴藏的丰富教育资源，利用五四、七一、八一、十一等政治性节日，三八、五一、六一等国际性节日，党史国史上重大事件、重要人物纪念日等，举办庄严庄重、内涵丰富的群众性庆祝和纪念活动。利用党和国家成功举办大事、妥善应对难事的时机，因势利导地开展各类教育活动。加强爱国主义教育基地建设，形成实体展馆与网上展馆相结合、涵盖各个历史时期的爱国主义教育基地体系。推进公共博物馆、纪念馆、爱国主义教育基地和文化馆、图书馆、美术馆、科技馆等免费开放，积极发展红色旅游。

（十九）运用公益广告传播社会主流价值、引领文明风尚。围绕社会主义核心价值观，加强公益广告的选题规划和内容创意，形成公益广告传播先进文化、传扬新风正气的强大声势。加大公益广告刊播力度，广播电视、报纸期刊要拿出黄金时段、重要版面和显著位置，持续刊播公益广告。互联网和手机媒体要发挥传输快捷、覆盖广泛的优势，运用多种方式扩大公益广告的影响力。社会公共场所、公共交通工具要在适当位置悬挂张贴公益广告。各类公益广告要注重导向鲜明、富有内涵、引人向上，注重形式多样、品位高雅、创意新颖，体现时代感厚重感，增强传播力感染力。

六、加强对培育和践行社会主义核心价值观的组织领导

（二十）各级党委和政府要充分认识培育和践行社会主义核心价值观的重要

性，把这项任务摆上重要位置，把握方向，制定政策，营造环境，切实负起政
治责任和领导责任。把社会主义核心价值观要求体现到经济建设、政治建设、
文化建设、社会建设、生态文明建设和党的建设各领域，推动培育和践行社会
主义核心价值观同实际工作融为一体、相互促进。建立健全培育和践行社会主
义核心价值观的领导体制和工作机制，加强统筹协调，加强组织实施，加强督
促落实，提高工作科学化水平。党的基层组织要在推动社会主义核心价值观培
育和践行方面，发挥政治核心作用和战斗堡垒作用，筑牢社会和谐的精神纽带，
打牢党执政的思想基础。

（二十一）党员、干部要做培育和践行社会主义核心价值观的模范。党员、
干部特别是领导干部要在培育和践行社会主义核心价值观方面带好头，以身作
则、率先垂范，讲党性、重品行、作表率，为民、务实、清廉，以人格力量感
召群众、引领风尚。加强理想信念教育，引导党员、干部着力增强走中国特色
社会主义道路、为党和人民事业不懈奋斗的自觉性和坚定性，做共产主义远大
理想和中国特色社会主义共同理想的坚定信仰者。加强党性教育，引导党员、
干部贯彻党的群众路线，弘扬党的优良传统和作风，以优良党风促政风带民风。
加强道德建设，引导党员、干部始终保持高洁生活情趣，坚守共产党人精神追求。

（二十二）培育和践行社会主义核心价值观是全社会的共同责任。坚持全党
动手、全社会参与，把培育和践行社会主义核心价值观同各领域的行政管理、
行业管理和社会管理结合起来，形成齐抓共管的工作格局。党政各部门，工会、
共青团、妇联等人民团体，要在党委统一领导下，加强沟通、密切配合，形成
共同推进社会主义核心价值观培育和践行的良好局面。各地区各部门各单位要
制定实施方案，落实工作责任制，明确任务分工，完善工作措施。重视发挥民
主党派和工商联的重要作用，支持民主党派和工商联开展培育和践行社会主义
核心价值观的各项工作。加强同知识界的联系，引导知识分子用正确观点阐释
和传播社会主义核心价值观。党委宣传部门要切实担负起组织指导、协调推进
的重要职责，积极会同有关部门采取有力措施，推动各项任务落到实处。

（二十三）把培育和践行社会主义核心价值观的任务落实到基层。城乡基层
是培育和践行社会主流价值的重要依托，农村、企业、社区、机关、学校等基

层单位要重视社会主义核心价值观的培育和践行，使之融入基层党组织建设、基层政权建设中，融入城乡居民自治中，融入人们生产生活和工作学习中，努力实现全覆盖，推动社会主义核心价值观不断转化为社会群体意识和人们自觉行动。充分发挥工人、农民、知识分子的主力军作用，发挥党员、干部的模范带头作用，发挥青少年的生力军作用，发挥社会公众人物的示范作用，发挥非公有制经济组织和新社会组织从业人员的积极作用，形成人人践行社会主义核心价值观的生动景象。

中共中央办公厅

2013 年 12 月 23 日

附录 2

中共中央办公厅　国务院办公厅
《关于实施中华优秀传统文化传承发展工程的意见》

（中办发〔2017〕3 号）

　　文化是民族的血脉，是人民的精神家园。文化自信是更基本、更深层、更持久的力量。中华文化独一无二的理念、智慧、气度、神韵，增添了中国人民和中华民族内心深处的自信和自豪。为建设社会主义文化强国，增强国家文化软实力，实现中华民族伟大复兴的中国梦，现就实施中华优秀传统文化传承发展工程提出如下意见。

　　一、重要意义和总体要求

　　1. 重要意义。中华文化源远流长、灿烂辉煌。在 5000 多年文明发展中孕育的中华优秀传统文化，积淀着中华民族最深沉的精神追求，代表着中华民族独特的精神标识，是中华民族生生不息、发展壮大的丰厚滋养，是中国特色社会主义植根的文化沃土，是当代中国发展的突出优势，对延续和发展中华文明、促进人类文明进步，发挥着重要作用。

　　中国共产党在领导人民进行革命、建设、改革伟大实践中，自觉肩负起传承发展中华优秀传统文化的历史责任，是中华优秀传统文化的忠实继承者、弘扬者和建设者。党的十八大以来，在以习近平同志为核心的党中央领导下，各级党委和政府更加自觉、更加主动推动中华优秀传统文化的传承与发展，开展了一系列富有创新、富有成效的工作，有力增强了中华优秀传统文化的凝聚力、影响力、创造力。同时要看到，随着我国经济社会深刻变革、对外开放日益扩大、互联网技术和新媒体快速发展，各种思想文化交流交融交锋更加频繁，迫切需要深化对中华优秀传统文化重要性的认识，进一步增强文化自觉和文化自信；迫切需要深入挖掘中华优秀传统文化价值内涵，进一步激发中华优秀传统文化的生机与活力；迫切需要加强政策支持，着力构建中华优秀传统文化传承发展体系。实施中华优秀传统文化传承发展工程，是建设社会主义文化强国的重大战略任务，对于传承中华文脉、全面提升人民群众文化素养、维护国家文化安全、增强国家文化软实力、推进国家治理体系和治理能力现代化，具有重要意义。

2. 指导思想。高举中国特色社会主义伟大旗帜，全面贯彻党的十八大和十八届三中、四中、五中、六中全会精神，坚持以马克思列宁主义、毛泽东思想、邓小平理论、"三个代表"重要思想、科学发展观为指导，深入贯彻习近平总书记系列重要讲话精神和治国理政新理念新思想新战略，紧紧围绕实现中华民族伟大复兴的中国梦，深入贯彻新发展理念，坚持以人民为中心的工作导向，坚持以社会主义核心价值观为引领，坚持创造性转化、创新性发展，坚守中华文化立场、传承中华文化基因，不忘本来、吸收外来、面向未来，汲取中国智慧、弘扬中国精神、传播中国价值，不断增强中华优秀传统文化的生命力和影响力，创造中华文化新辉煌。

3. 基本原则

——牢牢把握社会主义先进文化前进方向。坚持中国特色社会主义文化发展道路，立足于巩固马克思主义在意识形态领域的指导地位、巩固全党全国人民团结奋斗的共同思想基础，弘扬社会主义核心价值观，培育民族精神和时代精神，解决现实问题、助推社会发展。

——坚持以人民为中心的工作导向。坚持为了人民、依靠人民、共建共享，注重文化熏陶和实践养成，把跨越时空的思想理念、价值标准、审美风范转化为人们的精神追求和行为习惯，不断增强人民群众的文化参与感、获得感和认同感，形成向上向善的社会风尚。

——坚持创造性转化和创新性发展。坚持辩证唯物主义和历史唯物主义，秉持客观、科学、礼敬的态度，取其精华、去其糟粕，扬弃继承、转化创新，不复古泥古，不简单否定，不断赋予新的时代内涵和现代表达形式，不断补充、拓展、完善，使中华民族最基本的文化基因与当代文化相适应、与现代社会相协调。

　　——坚持交流互鉴、开放包容。以我为主、为我所用，取长补短、择善而从，既不简单拿来，也不盲目排外，吸收借鉴国外优秀文明成果，积极参与世界文化的对话交流，不断丰富和发展中华文化。

　　——坚持统筹协调、形成合力。加强党的领导，充分发挥政府主导作用和市场积极作用，鼓励和引导社会力量广泛参与，推动形成有利于传承发展中华优秀传统文化的体制机制和社会环境。

　　4. 总体目标。到 2025 年，中华优秀传统文化传承发展体系基本形成，研究阐发、教育普及、保护传承、创新发展、传播交流等方面协同推进并取得重要成果，具有中国特色、中国风格、中国气派的文化产品更加丰富，文化自觉和文化自信显著增强，国家文化软实力的根基更为坚实，中华文化的国际影响力明显提升。

　　二、主要内容

　　5. 核心思想理念。中华民族和中国人民在修齐治平、尊时守位、知常达变、开物成务、建功立业过程中培育和形成的基本思想理念，如革故鼎新、与时俱进的思想，脚踏实地、实事求是的思想，惠民利民、安民富民的思想，道法自然、天人合一的思想等，可以为人们认识和改造世界提供有益启迪，可以为治国理政提供有益借鉴。传承发展中华优秀传统文化，就要大力弘扬讲仁爱、重民本、守诚信、崇正义、尚和合、求大同等核心思想理念。

　　6. 中华传统美德。中华优秀传统文化蕴含着丰富的道德理念和规范，如天下兴亡、匹夫有责的担当意识，精忠报国、振兴中华的爱国情怀，崇德向善、见贤思齐的社会风尚，孝悌忠信、礼义廉耻的荣辱观念，体现着评判是非曲直的价值标准，潜移默化地影响着中国人的行为方式。传承发展中华优秀传统文化，就要大力弘扬自强不息、敬业乐群、扶危济困、见义勇为、孝老爱亲等中华传统美德。

　　7. 中华人文精神。中华优秀传统文化积淀着多样、珍贵的精神财富，如求同存异、和而不同的处世方法，文以载道、以文化人的教化思想，形神兼备、情景交融的美学追求，俭约自守、中和泰和的生活理念等，是中国人民思想观念、风俗习惯、生活方式、情感样式的集中表达，滋养了独特丰富的文学艺术、科学技术、人文学术，至今仍然具有深刻影响。传承发展中华优秀传统文化，就要大力弘扬有利于促进社会和谐、鼓励人们向上向善的思想文化内容。

三、重点任务

8. 深入阐发文化精髓。加强中华文化研究阐释工作，深入研究阐释中华文化的历史渊源、发展脉络、基本走向，深刻阐明中华优秀传统文化是发展当代中国马克思主义的丰厚滋养，深刻阐明传承发展中华优秀传统文化是建设中国特色社会主义事业的实践之需，深刻阐明丰富多彩的多民族文化是中华文化的基本构成，深刻阐明中华文明是在与其他文明不断交流互鉴中丰富发展的，着力构建有中国底蕴、中国特色的思想体系、学术体系和话语体系。加强党史国史及相关档案编修，做好地方史志编纂工作，巩固中华文明探源成果，正确反映中华民族文明史，推出一批研究成果。实施中华文化资源普查工程，构建准确权威、开放共享的中华文化资源公共数据平台。建立国家文物登录制度。建设国家文献战略储备库、革命文物资源目录和大数据库。实施国家古籍保护工程，完善国家珍贵古籍名录和全国古籍重点保护单位评定制度，加强中华文化典籍整理编纂出版工作。完善非物质文化遗产、馆藏革命文物普查建档制度。

9. 贯穿国民教育始终。围绕立德树人根本任务，遵循学生认知规律和教育教学规律，按照一体化、分学段、有序推进的原则，把中华优秀传统文化全方位融入思想道德教育、文化知识教育、艺术体育教育、社会实践教育各环节，贯穿于启蒙教育、基础教育、职业教育、高等教育、继续教育各领域。以幼儿、小学、中学教材为重点，构建中华文化课程和教材体系。编写中华文化幼儿读物，开展"少年传承中华传统美德"系列教育活动，创作系列绘本、童谣、儿歌、动画等。修订中小学道德与法治、语文、历史等课程教材。推动高校开设中华优秀传统文化必修课，在哲学社会科学及相关学科专业和课程中增加中华优秀传统文化的内容。加强中华优秀传统文化相关学科建设，重视保护和发展具有重要文化价值和传承意义的"绝学"、冷门学科。推进职业院校民族文化传承与创新示范专业点建设。丰富拓展校园文化，推进戏曲、书法、高雅艺术、传统体育等进校园，实施中华经典诵读工程，开设中华文化公开课，抓好传统文化教育成果展示活动。研究制定国民语言教育大纲，开展好国民语言教育。加强面向全体教师的中华文化教育培训，全面提升师资队伍水平。

10. 保护传承文化遗产。坚持保护为主、抢救第一、合理利用、加强管理的方针，做好文物保护工作，抢救保护濒危文物，实施馆藏文物修复计划，加强新型城镇化和新农村建设中的文物保护。加强历史文化名城名镇名村、历史文化街区、名人故居保护和城市特色风貌管理，实施中国传统村落保护工程，做好传统民居、历史建筑、革命文化纪念地、农业遗产、工业遗产保护工作。规划建设一批国家文化公园，成为中华文化重要标识。推进地名文化遗产保护。实施非物质文化遗产传承发展工程，进一步完善非物质文化遗产保护制度。实施传统工艺振兴计划。大力推广和规范使用国家通用语言文字，保护传承方言文化。开展少数民族特色文化保护工作，加强少数民族语言文字和经典文献的保护和传播，做好少数民族经典文献和汉族经典文献互译出版工作。实施中华民族音乐传承出版工程、中国民间文学大系出版工程。推动民族传统体育项目的整理研究和保护传承。

11. 滋养文艺创作。善于从中华文化资源宝库中提炼题材、获取灵感、汲取养分，把中华优秀传统文化的有益思想、艺术价值与时代特点和要求相结合，运用丰富多样的艺术形式进行当代表达，推出一大批底蕴深厚、涵育人心的优秀文艺作品。科学编制重大革命和历史题材、现实题材、爱国主义题材、青少年题材等专项创作规划，提高创作生产组织化程度，彰显中华文化的精神内涵和审美风范。加强对中华诗词、音乐舞蹈、书法绘画、曲艺杂技和历史文化纪录片、动画片、出版物等的扶持。实施戏曲振兴工程，做好戏曲"像音像"工作，挖掘整理优秀传统剧目，推进数字化保存和传播。实施网络文艺创作传播计划，推动网络文学、网络音乐、网络剧、微电影等传承发展中华优秀传统文化。实施中国经典民间故事动漫创作工程、中华文化电视传播工程，组织创作生产一批传承中华文化基因、具有大众亲和力的动画片、纪录片和节目栏目。大力加强文艺评论，改革完善文艺评奖，建立有中国特色的文艺研究评论体系，倡导中华美学精神，推动美学、美德、美文相结合。

12. 融入生产生活。注重实践与养成、需求与供给、形式与内容相结合，把中华优秀传统文化内涵更好更多地融入生产生活各方面。深入挖掘城市历史文化价值，提炼精选一批凸显文化特色的经典性元素和标志性符号，纳入城镇化建设、城市规划设计，合理应用于城市雕塑、广场园林等公共空间，避免千篇一律、千城一面。挖掘整理传统建筑文化，鼓励建筑设计继承创新，推进城市修补、生态修复工作，延续城市文脉。加强"美丽乡村"文化建设，发掘和保护一批处处有历史、步步有文化的小镇和村庄。用中华优秀传统文化的精髓涵养企业精神，培育现代企业文化。实施中华老字号保护发展工程，支持一批文化特色浓、品牌信誉高、有市场竞争力的中华老字号做精做强。深入开展"我们的节日"主题活动，实施中国传统节日振兴工程，丰富春节、元宵、清明、端午、七夕、中秋、重阳等传统节日文化内涵，形成新的节日习俗。加强对传统历法、节气、生肖和饮食、医药等的研究阐释、活态利用，使其有益的文化价值深度嵌入百姓生活。实施中华节庆礼仪服装服饰计划，设计制作展现中华民族独特文化魅力的系列服装服饰。大力发展文化旅游，充分利用历史文化资源优势，规划设计推出一批专题研学旅游线路，引导游客在文化旅游中感知中华文化。推动休闲生活与传统文化融合发展，培育符合现代人需求的传统休闲文化。发展传统体育，抢救濒危传统体育项目，把传统体育项目纳入全民健身工程。

13. 加大宣传教育力度。综合运用报纸、书刊、电台、电视台、互联网站等各类载体，融通多媒体资源，统筹宣传、文化、文物等各方力量，创新表达方式，大力彰显中华文化魅力。实施中华文化新媒体传播工程。充分发挥图书馆、文化馆、博物馆、群艺馆、美术馆等公共文化机构在传承发展中华优秀传统文化中的作用。编纂出版系列文化经典。加强革命文物工作，实施革命文物保护利用工程，做好革命遗址、遗迹、烈士纪念设施的保护和利用。推动红色旅游持续健康发展。深入开展"爱我中华"主题教育活动，充分利用重大历史事件和中华历史名人纪念活动、国家公祭仪式、烈士纪念日，充分利用各类爱国主义教育基地、历史遗迹等，展示爱国主义深刻内涵，培育爱国主义精神。加强国民礼仪教育。加大对国家重要礼仪的普及教育与宣传力度，在国家重大节庆活动中体现仪式感、庄重感、荣誉感，彰显中华传统礼仪文化的时代价值，树立文明古国、礼仪之邦的良好形象。研究提出承接传统习俗、符合现代文明要求的社会礼仪、服装服饰、文明用语规范，建立健全各类公共场所和网络公共空间的礼仪、礼节、礼貌规范，推动形成良好的言行举止和礼让宽容的社会风尚。把优秀传统文化思想理念体现在社会规范中，与制定市民公约、乡规民约、学生守则、行业规章、团体章程相结合。弘扬孝敬文化、慈善文化、诚信文化等，开展节俭养德全民行动和学雷锋志愿服务。广泛开展文明家庭创建活动，挖掘和整理家训、家书文化，用优良的家风家教培育青少年。挖掘和保护乡土文化资源，建设新乡贤文化，培育和扶持乡村文化骨干，提升乡土文化内涵，形成良性乡村文化生态，让子孙后代记得住乡愁。加强港澳台中华文化普及和交流，积极举办以中华文化为主题的青少年夏令营、冬令营以及诵读和书写中华经典等交流活动，鼓励港澳台艺术家参与国家在海外举办的感知中国、中国文化年（节）、欢乐春节等品牌活动，增强国家认同、民族认同、文化认同。

14. 推动中外文化交流互鉴。加强对外文化交流合作，创新人文交流方式，丰富文化交流内容，不断提高文化交流水平。充分运用海外中国文化中心、孔子学院，文化节展、文物展览、博览会、书展、电影节、体育活动、旅游推介和各类品牌活动，助推中华优秀传统文化的国际传播。支持中华医药、中华烹饪、中华武术、中华典籍、中国文物、中国园林、中国节日等中华传统文化代表性项目走出去。积极宣传推介戏曲、民乐、书法、国画等我国优秀传统文化艺术，让国外民众在审美过程中获得愉悦、感受魅力。加强"一带一路"沿线国家文化交流合作。鼓励发展对外文化贸易，让更多体现中华文化特色、具有较强竞争力的文化产品走向国际市场。探索中华文化国际传播与交流新模式，综合运用大众传播、群体传播、人际传播等方式，构建全方位、多层次、宽领域的中华文化传播格局。推进国际汉学交流和中外智库合作，加强中国出版物国际推广与传播，扶持汉学家和海外出版机构翻译出版中国图书，通过华侨华人、文化体育名人、各方面出境人员，依托我国驻外机构、中资企业、与我友好合作机构和世界各地的中餐馆等，讲好中国故事、传播好中国声音、阐释好中国特色、展示好中国形象。

四、组织实施和保障措施

15. 加强组织领导。各级党委和政府要从坚定文化自信、坚持和发展中国特色社会主义、实现中华民族伟大复兴的高度，切实把中华优秀传统文化传承发展工作摆上重要日程，加强宏观指导，提高组织化程度，纳入经济社会发展总体规划，纳入考核评价体系，纳入各级党校、行政学院教学的重要内容。各级党委宣传部门要发挥综合协调作用，整合各类资源，调动各方力量，推动形成党委统一领导、党政群协同推进、有关部门各负其责、全社会共同参与的中华优秀传统文化传承发展工作新格局。各有关部门和群团组织要按照责任分工，制定实施方案，完善工作机制，把各项任务落到实处。

16. 加强政策保障。加强中华优秀传统文化传承发展相关扶持政策的制定与实施，注重政策措施的系统性协同性操作性。加大中央和地方各级财政支持力度，同时统筹整合现有相关资金，支持中华优秀传统文化传承发展重点项目。制定和完善惠及中华优秀传统文化传承发展工程项目的金融支持政策。加大对国家重要文化和自然遗产、国家级非物质文化遗产等珍贵遗产资源保护利用设施建设的支持力度。建立中华优秀传统文化传承发展相关领域和部门合作共建机制。制定文物保护和非物质文化遗产保护专项规划。制定和完善历史文化名城名镇名村和历史文化街区保护的相关政策。完善相关奖励、补贴政策，落实税收优惠政策，引导和鼓励企业、社会组织及个人捐赠或共建相关文化项目。建立健全中华优秀传统文化传承发展重大项目首席专家制度，培养造就一批人民喜爱、有国际影响的中华文化代表人物。完善中华优秀传统文化传承发展的激励表彰制度，对为中华优秀传统文化传承发展和传播交流作出贡献、建立功勋、享有盛誉的杰出海内外人士按规定授予功勋荣誉或进行表彰奖励。有关部门要研究出台入学、住房保障等方面的倾斜政策和措施，用以倡导和鼓励自强不息、敬业乐群、扶正扬善、扶危济困、见义勇为、孝老爱亲等传统美德。

17. 加强文化法治环境建设。修订文物保护法。制定文化产业促进法、公共图书馆法等相关法律，对中华优秀传统文化传承发展有关工作作出制度性安排。在教育、科技、卫生、体育、城乡建设、互联网、交通、旅游、语言文字等领域相关法律法规的制定修订中，增加中华优秀传统文化传承发展内容。加大涉及保护传承弘扬中华优秀传统文化法律法规施行力度，加强对法律法规实施情况的监督检查。充分发挥各行政主管部门在传承发展中华优秀传统文化中的重要作用，建立完善联动机制，严厉打击违法经营行为。加强法治宣传教育，增强全社会依法传承发展中华优秀传统文化的自觉意识，形成礼敬守护和传承发展中华优秀传统文化的良好法治环境。各地要根据本地传统文化传承保护的现状，制定完善地方性法规和政府规章。

18.充分调动全社会积极性创造性。传承发展中华优秀传统文化是全体中华儿女的共同责任。坚持全党动手、全社会参与，把中华优秀传统文化传承发展的各项任务落实到农村、企业、社区、机关、学校等城乡基层。各类文化单位机构、各级文化阵地平台，都要担负起守护、传播和弘扬中华优秀传统文化的职责。各类企业和社会组织要积极参与文化资源的开发、保护与利用，生产丰富多样、社会价值和市场价值相统一、人民喜闻乐见的优质文化产品，扩大中高端文化产品和服务的供给。充分尊重工人、农民、知识分子的主体地位，发挥领导干部的带头作用，发挥公众人物的示范作用，发挥青少年的生力军作用，发挥先进模范的表率作用，发挥非公有制经济组织和社会组织从业人员的积极作用，发挥文化志愿者、文化辅导员、文艺骨干、文化经营者的重要作用，形成人人传承发展中华优秀传统文化的生动局面。

附录 3

中共中央办公厅　国务院办公厅
关于深化新时代学校思想政治理论课
改革创新的若干意见

（2019 年 8 月 14 日）

为深入贯彻落实习近平新时代中国特色社会主义思想和党的十九大精神，贯彻落实习近平总书记关于教育的重要论述，特别是在学校思想政治理论课教师座谈会上的重要讲话精神，全面贯彻党的教育方针，解决好培养什么人、怎样培养人、为谁培养人这个根本问题，坚持不懈用习近平新时代中国特色社会主义思想铸魂育人，现就深化新时代学校思想政治理论课（以下简称思政课）改革创新提出如下意见。

一、重要意义和总体要求

1. 重要意义。教育是国之大计、党之大计，承担着立德树人的根本任务。思政课是落实立德树人根本任务的关键课程，发挥着不可替代的作用。党的十八大以来，以习近平同志为核心的党中央高度重视思政课建设，作出一系列重大决策部署，各地区各部门和各级各类学校采取有力措施认真贯彻落实，思政课建设取得显著成效。同时也要看到，面对新形势新任务新挑战，有的地方和学校对思政课重要性认识还不够到位，课堂教学效果还需提升，教材内容不够鲜活，教师选配和培养工作存在短板，体制机制有待完善，评价和支持体系有待健全，大中小学思政课一体化建设需要深化，民办学校、中外合作办学思政课建设相对薄弱，各类课程同思政课建设的协同效应有待增强，学校、家庭、社会协同推动思政课建设的合力没有完全形成，全党全社会关心支持思政课建设的氛围不够浓厚。办好思政课，要放在世界百年未有之大变局、党和国家事业发展全局中来看待，要从坚持和发展中国特色社会主义、建设社会主义现代化强国、实现中华民族伟大复兴的高度来对待。思政课建设只能加强、不能削弱，必须切实增强办好思政课的信心，全面提高思政课质量和水平。

2. 指导思想。全面贯彻党的教育方针，坚持马克思主义指导地位，贯彻落实习近平新时代中国特色社会主义思想，坚持社会主义办学方向，落实立德树人根本任务，坚持教育为人民服务、为中国共产党治国理政服务、为巩固和发展中国特色社会主义制度服务、为改革开放和社会主义现代化建设服务，扎根中国大地办教育，同生产劳动和社会实践相结合，加快推进教育现代化、建设教育强国、办好人民满意的教育，努力培养担当民族复兴大任的时代新人，培养德智体美劳全面发展的社会主义建设者和接班人。

3. 基本原则。一是坚持党对思政课建设的全面领导，把加强和改进思政课建设摆在突出位置。二是坚持思政课建设与党的创新理论武装同步推进，全面推动习近平新时代中国特色社会主义思想进教材进课堂进学生头脑，把社会主义核心价值观贯穿国民教育全过程。三是坚持守正和创新相统一，落实新时代思政课改革创新要求，不断增强思政课的思想性、理论性和亲和力、针对性。四是坚持思政课在课程体系中的政治引领和价值引领作用，统筹大中小学思政课一体化建设，推动各类课程与思政课建设形成协同效应。五是坚持培养高素质专业化思政课教师队伍，积极为这支队伍成长发展搭建平台、创造条件。六是坚持问题导向和目标导向相结合，注重推动思政课建设内涵式发展，全面提升学生思想政治理论素养，实现知、情、意、行的统一。

二、完善思政课课程教材体系

4. 整体规划思政课课程目标。在大中小学循序渐进、螺旋上升地开设思政课，引导学生立德成人、立志成才，树立正确世界观、人生观、价值观，坚定对马克思主义的信仰，坚定对社会主义和共产主义的信念，增强中国特色社会主义道路自信、理论自信、制度自信、文化自信，厚植爱国主义情怀，把爱国情、强国志、报国行自觉融入坚持和发展中国特色社会主义事业、建设社会主

义现代化强国、实现中华民族伟大复兴的奋斗之中。大学阶段重在增强使命担
当,引导学生矢志不渝听党话跟党走,争做社会主义合格建设者和可靠接班人。
高中阶段重在提升政治素养,引导学生衷心拥护党的领导和我国社会主义制度,
形成做社会主义建设者和接班人的政治认同。初中阶段重在打牢思想基础,引
导学生把党、祖国、人民装在心中,强化做社会主义建设者和接班人的思想意识。
小学阶段重在启蒙道德情感,引导学生形成爱党、爱国、爱社会主义、爱人民、
爱集体的情感,具有做社会主义建设者和接班人的美好愿望。

　　5. 调整创新思政课课程体系。加强以习近平新时代中国特色社会主义思想
为核心内容的思政课课程群建设。在保持思政课必修课程设置相对稳定基础上,
结合大中小各学段特点构建形成必修课加选修课的课程体系。全国重点马克
思主义学院率先全面开设"习近平新时代中国特色社会主义思想概论"课。博
士阶段开设"中国马克思主义与当代",硕士阶段开设"中国特色社会主义理
论与实践研究",本科阶段开设"马克思主义基本原理概论""毛泽东思想和中
国特色社会主义理论体系概论""中国近现代史纲要""思想道德修养与法律基
础""形势与政策",专科阶段开设"毛泽东思想和中国特色社会主义理论体系
概论""思想道德修养与法律基础""形势与政策"等必修课。各高校要重点围
绕习近平新时代中国特色社会主义思想,党史、国史、改革开放史、社会主义
发展史,宪法法律,中华优秀传统文化等设定课程模块,开设系列选择性必修
课程。高中阶段开设"思想政治"必修课程,围绕学习习近平总书记最新重要
讲话精神开设"思想政治"选择性必修课程。初中、小学阶段开设"道德与法治"
必修课程,可结合校本课程、兴趣班开设思政类选修课程。

　　6. 统筹推进思政课课程内容建设。坚持用习近平新时代中国特色社会主义
思想铸魂育人,以政治认同、家国情怀、道德修养、法治意识、文化素养为重
点,以爱党、爱国、爱社会主义、爱人民、爱集体为主线,坚持爱国和爱党爱
社会主义相统一,系统开展马克思主义理论教育,系统进行中国特色社会主义
和中国梦教育、社会主义核心价值观教育、法治教育、劳动教育、心理健康教育、
中华优秀传统文化教育。遵循学生认知规律设计课程内容,体现不同学段特点,
研究生阶段重在开展探究性学习,本专科阶段重在开展理论性学习,高中阶段

重在开展常识性学习，初中阶段重在开展体验性学习，小学阶段重在开展启蒙性学习。

7. 加强思政课教材体系建设。国家教材委员会统筹大中小学思政课教材建设，科学制定教材建设规划，注重提升思政课教材的政治性、时代性、科学性、可读性。国家统一开设的大中小学思政课教材全部由国家教材委员会组织统编统审统用，在教材中及时融入马克思主义中国化最新成果、坚持和发展中国特色社会主义最新经验、马克思主义理论学科最新研究进展。地方或学校开设的思政课选修课教材，由各地负责组织审定。研究编制习近平新时代中国特色社会主义思想进课程教材指导纲要，研究编制中华优秀传统文化、革命文化、社会主义先进文化、科技创新文化及总体国家安全观等进课程教材指南，编制中华民族古代历史和革命建设改革时期英雄人物、先进模范进课程教材图谱，分课程组织编写高校思政课专题教学指南，组织专家编写深度解读教材体系的示范教案，实施思政课优秀讲义出版工程，开列马克思主义经典著作、当代中国马克思主义理论著作、中华优秀传统文化典籍书单，建设思政课网络教学资源库。

三、建设一支政治强、情怀深、思维新、视野广、自律严、人格正的思政课教师队伍

8. 加快壮大学校思政课教师队伍。各地在核定编制时要充分考虑思政课教师配备要求。高校要严格按照师生比不低于 1∶350 的比例核定专职思政课教师岗位，在编制内配足，且不得挪作他用，并尽快配备到位。制定关于加强新时代中小学思政课教师队伍建设的意见，加强中小学专职思政课教师配备。各地要统筹解决好思政课教师缺口问题。各高校可在与思政课教学内容相关的学科选择优秀教师进行培训后充实思政课教师队伍，可探索胜任思政课教学的党政管理干部转岗为专职思政课教师机制和办法，积极推动符合条件的辅导员参与思政课教学。高校要积极动员政治素质过硬的相关学科专家转任思政课教师。采取兼职的办法遴选相关单位的骨干支援高校思政课建设。各地应对民办学校指派思政课教师或组建专门讲师团。制定新时代高校思政课教师队伍建设规定。

9. 切实提高思政课教师综合素质。以培育一大批优秀马克思主义理论教育家为目标，制定思政课教师队伍培养培训规划，在中央党校（国家行政学院）

及地方党校（行政学院）面向思政课教师举办学习习近平新时代中国特色社会主义思想专题研修班，办好"周末理论大讲堂"、骨干教师研修班，实施好思政课教师在职攻读马克思主义理论博士学位专项计划。建强高校思政课教师研修基地，依托首批全国重点马克思主义学院所在高校重点开展理论研修，依托高水平师范类院校重点开展教学研修，全面提升每一位思政课教师的理论功底、知识素养。建立一批"新时代高校思想政治理论课教师研学基地"，组织思政课教师在国内考察调研，在深入了解党和人民伟大实践中汲取养分、丰富思想。组织思政课骨干教师赴国外调研，拓宽国际视野，在比较分析中坚定"四个自信"。完善国家、省（自治区、直辖市）、学校三级培训体系。本科院校按在校生总数每生每年不低于40元，专科院校按每生每年不低于30元的标准提取专项经费，用于思政课教师的学术交流、实践研修等，并逐步加大支持力度。中央和地方主流媒体的政论、时政节目要积极推出优秀思政课教师传播理论成果，展示综合素质，增强社会影响力。

10.切实改革思政课教师评价机制。严把政治关、师德关、业务关，明确与思政课教师教学科研特点相匹配的评价标准，进一步提高评价中教学和教学研究占比。各高校在专业技术职务（职称）评聘工作中，要单独设立马克思主义理论类别，校级专业技术职务（职称）评聘委员会要有同比例的马克思主义理论学科专家。按教师比例核定思政课教师专业技术职务（职称）各类岗位占比，高级专业技术职务（职称）岗位比例不低于学校平均水平，指标不得挪作他用。要将思政课教师在中央和地方主要媒体上发表的理论文章纳入学术成果范畴。实行不合格思政课教师退出机制。

11.加大思政课教师激励力度。增强教师的职业认同感、荣誉感、责任感，把思政课教师和辅导员中的优秀分子纳入各类高层次人才项目，在"万人计划""长江学者奖励计划""四个一批"等人才项目中加大倾斜支持力度。各地要因地制宜设立思政课教师和辅导员岗位津贴，纳入绩效工资管理，相应核增学校绩效工资总量。要把思政课教师作为学校干部队伍重要来源，学校党政管理干部原则上应有思政课教师、辅导员或班主任工作经历。党和国家设立的荣誉称号要注重表彰优秀思政课教师，教育部门要大力推选思政课教师年度影响力人物等先进典型。对立场坚定、学养深厚、联系实际、成果突出的思政课教师优秀代表加大宣传力度，发挥示范引领作用。

12. 大力加强思政课教师队伍后备人才培养工作。注重选拔培养高素质人才从事马克思主义理论学习研究和教育教学，统筹推进马克思主义理论学科本硕博一体化人才培养，构建完善马克思主义理论学科本硕博学科体系和课程体系。全国重点马克思主义学院通过提前批次录取或综合考核招生等方式招收马克思主义理论专业本科生，给予推免政策倾斜鼓励优秀马克思主义理论专业本科生攻读硕士学位，采取硕博连读或直接攻读博士学位的方式加强培养。深入实施"高校思想政治理论课教师队伍后备人才培养专项支持计划"，专门招收马克思主义理论学科研究生，并逐步按需增加招生培养指标。加强思政课教师队伍后备人才思想政治工作，加大发展党员力度，提高党员发展质量。

四、不断增强思政课的思想性、理论性和亲和力、针对性

13. 加大思想性、理论性资源供给。进一步建强马克思主义理论学科，进入世界一流大学建设的高校应将马克思主义理论学科设为重点建设学科，为思政课建设提供坚实学科支撑。深入研究坚持和发展中国特色社会主义的重大理论和实践问题，为增强思政课的思想性、理论性提供多角度学术支持。充分发挥马克思主义理论学科的领航作用，大力推进中国特色社会主义学科体系建设。根据需求逐步增加马克思主义理论学科博士学位授权点，支持有关高校联合申报马克思主义理论学科博士学位授权点。组织思政课教师及时学习习近平总书记最新重要讲话精神，及时学习相关文件精神，全面理解和准确把握党中央重大决策部署。

14. 加大思政课教研工作力度。建立健全大中小学思政课教师一体化备课机制，普遍实行思政课教师集体备课制度，全面提升教研水平。遴选学科带头人担任各门课集体备课牵头人，学校领导干部要积极支持和主动参与。建立思政课教师"手拉手"备课机制，发挥思政课建设强校和高水平思政课专家示范带动作用。加强"全国高校思想政治理论课教师网络集体备课平台"建设，完善思政课教师网络备课服务支撑系统。建立纵向跨学段、横向跨学科的交流研修机制，深入开展相邻学段思政课教师教学交流研讨。推动建立思政课教师与其他学科专业教师交流机制。大力推进思政课教学方法改革，提升思政课教师信息化能力素养，推动人工智能等现代信息技术在思政课教学中应用，建设一批国家级虚拟仿真思政课体验教学中心。

15.切实加强思政课课题研究和成果交流。国家社科基金规划项目、教育部人文社科研究项目等设立思政课教师研究专项，开展思政课教学重点难点问题和教学方法改革创新等研究，逐步加大对相关课题研究的支持力度。各地要参照设立相关项目并给予经费投入。加强马克思主义理论教学科研成果学术阵地建设，首批重点建设10家学术期刊和若干学术网站，支持新创办一定数量的思政课研究学术期刊。制定思政课教师发表文章的重点报刊目录，将《人民日报》《求是》《解放军报》《光明日报》《经济日报》等中央媒体及地方党报党刊列入其中。委托高校马克思主义学院分片建立高校思政课教学创新中心，设立一批思政课教学质量监测基地。在国家级教学成果奖中单列思政课专项，每2年开展1次全国思政课教学展示活动，定期开展优秀思政课示范课巡讲活动。打造一批思政课国家精品在线开放课程，探索建设融媒体思政公开课，推动优质教学资源共享。

16.全面提升高校马克思主义学院建设水平。强化"马院姓马、在马言马"的鲜明导向，把思政课教学作为高校马克思主义学院基本职责，将马克思主义学院作为重点学院、马克思主义理论学科作为重点学科、思政课作为重点课程加强建设，在发展规划、人才引进、公共资源使用等方面给予马克思主义学院优先保障。建好建强一批全国重点马克思主义学院和示范性马克思主义学院，依托有条件的高校马克思主义学院建设一批习近平新时代中国特色社会主义思想研究院。建立和完善马克思主义理论学科体系，实施马克思主义理论学科领航工程，在马克思主义理论学习研究宣传上发挥引领带动作用。全面推动各地宣传、教育等部门共建所在地区高校马克思主义学院。实施马克思主义学院院长培养工程，加强马克思主义学院领导班子建设。

17.整体推进高校课程思政和中小学学科德育。深度挖掘高校各学科门类专业课程和中小学语文、历史、地理、体育、艺术等所有课程蕴含的思想政治教育资源，解决好各类课程与思政课相互配合的问题，发挥所有课程育人功能，构建全面覆盖、类型丰富、层次递进、相互支撑的课程体系，使各类课程与思政课同向同行，形成协同效应。建成一批课程思政示范高校，推出一批课程思政示范课程，选树一批课程思政教学名师和团队，建设一批高校课程思政教学研究示范中心。

五、加强党对思政课建设的领导

18. *严格落实地方党委思政课建设主体责任。* 地方各级党委要把思政课建设作为党的建设和意识形态工作的标志性工程摆上重要议程，党委常委会每年至少召开1次专题会议研究思政课建设，抓住制约思政课建设的突出问题，在工作格局、队伍建设、支持保障等方面采取有效措施。建立和完善省（自治区、直辖市）党委领导班子成员联系高校和讲思政课特别是"形势与政策"课制度，各省（自治区、直辖市）党委和政府主要负责同志每学期结合学习和工作至少讲1次课。各地要把民办学校、中外合作办学院校纳入思政课建设整体布局。思政课建设情况纳入各级党委领导班子考核和政治巡视。

19. *推动建立高校党委书记、校长带头抓思政课机制。* 加强和改进高校领导干部深入基层联系学生工作，推动高校领导干部兼任班主任等工作，建立健全高校党委书记、校长及职能部门力量深入一线了解学生思想动态、服务学生发展的制度性安排。高校党委书记、校长作为思政课建设第一责任人，要结合自身学科背景和工作经历，带头走进课堂听课讲课，带头推动思政课建设，带头联系思政课教师。高校党委常委会每学期至少召开1次会议专题研究思政课建设，高校党委书记、校长每学期至少给学生讲授4个课时思政课，高校领导班子其他成员每学期至少给学生讲授2个课时思政课，可重点讲授"形势与政策"课。开学典礼、毕业典礼讲话等要鲜明体现党的教育方针、积极传播马克思主义科学理论、弘扬社会主义核心价值观。要把思政课建设情况纳入学校党的建设工作考核、办学质量和学科建设评估标准体系。

20. *积极拓展思政课建设格局。* 中央教育工作领导小组要把思政课建设纳入重要议事日程，教育部、中央宣传部等部门要牵头抓好思政课建设，中央军委政治工作部要指导抓好军队院校思政课建设。教育部成立大中小学思政课一体化建设指导委员会，加强对不同类型思政课建设分类指导。有关部门和各地要保证思政课管理人员配备，确保事有人干、责有人负。强化中考、高考、研究生招生考试对学生学习思政课的指挥棒作用，将思政课学习实践情况等作为重要内容纳入综合素质评价体系，探索记入本人档案，作为学生评奖评优重要标准，作为加入中国少年先锋队、中国共产主义青年团、中国共产党的重要参考。坚持开门办思政课，推动思政课实践教学与学生社会实践活动、志愿服务活动结合，思政小课堂和社会大课堂结合，鼓励党政机关、企事业单位等就近与高校对接，挂牌建立思政课实践教学基地，完善思政课实践教学机制。制定关于加快构建高校思想政治工作体系的意见，汇聚办好思政课合力。加大正面宣传和舆论引导力度，推动形成全党全社会努力办好思政课、教师认真讲好思政课、学生积极学好思政课的良好氛围。

（原载《人民日报》2019 年 8 月 15 日第 1 版）

附录4

中共中央宣传部 教育部
关于印发《新时代学校思想政治理论课
改革创新实施方案》的通知

（教材〔2020〕6号）

各省、自治区、直辖市党委宣传部、党委教育工作部门、教育厅（教委），新疆
生产建设兵团党委宣传部、教育局，有关部门（单位）教育司（局），部属各高
等学校、部省合建各高等学校：

为深入贯彻中共中央办公厅、国务院办公厅《关于深化新时代学校思想政
治理论课改革创新的若干意见》精神，中央宣传部、教育部制定了《新时代学
校思想政治理论课改革创新实施方案》，现印发给你们，请认真贯彻执行，贯彻
落实情况请及时报教育部。

中共中央宣传部 教育部

2020 年 12 月 18 日

新时代学校思想政治理论课改革创新实施方案

为全面贯彻党的教育方针，深入落实中共中央办公厅、国务院办公厅《关
于深化新时代学校思想政治理论课改革创新的若干意见》精神，充分发挥思想
政治理论课（以下简称思政课）在立德树人中的关键课程作用，循序渐进、螺

旋上升地开设好大中小学思政课，现就新时代学校思政课课程教材改革创新提出如下实施方案。

一、基本要求

一是把握新时代。坚持用习近平新时代中国特色社会主义思想铸魂育人，加强"四个自信"教育，将学习贯彻习近平新时代中国特色社会主义思想体现在大中小学各学段的课程目标、课程设置和课程教材内容中，实现全覆盖、贯穿全过程。

二是推进一体化。建立纵向各学段层层递进、横向各课程密切配合、必修课选修课相互协调的课程教材体系，实现课程目标、课程设置、课程教材内容的有效贯通。

三是突出创新性。完善课程教材建设机制，优化教材内容，创新教学方法，推动思政课在改进中加强、在创新中提高。四是增强针对性。遵循思想政治工作规律、教书育人规律、学生成长规律，编写适用不同类型高校的教材，进一步增强思政课的思想性、理论性和亲和力、针对性。五是注重统筹性。总体推进，分类指导，分步实施，积极稳妥地做好各项工作。

二、课程目标体系

按照循序渐进、螺旋上升的原则，立足于思政课的政治性属性，对大中小学思政课课程目标进行一体化设计，以了解学习、理解把握习近平新时代中国特色社会主义思想为课程主线，在政治认同、家国情怀、道德修养、法治意识、文化修养等方面提出明确要求，引导学生坚定"四个自信"，做德智体美劳全面发展的社会主义建设者和接班人。

（一）小学阶段重在培养学生的道德情感。重点引导学生知晓基本国情，尊敬国旗国徽，会唱国歌；了解革命领袖和民族英雄的生平故事，培养学生对习近平新时代中国特色社会主义思想的情感认同；知道社会主义核心价值观，初步形成规则意识，知道宪法有关常识，初步具有依据法律维护自身权益的意识；讲礼貌、守纪律、知对错;形成爱党、爱国、爱社会主义、爱人民、爱集体的情感，具有做社会主义建设者和接班人的美好愿望。

（二）初中阶段重在打牢学生的思想基础。重点引导学生初步了解习近平新时代中国特色社会主义思想，感知马克思主义的思想力量和中国特色社会主义的实践成就；增强国家意识和国情观念，树立民族自尊心、自信心、自豪感；加深理解社会主义核心价值观，了解与学生日常生活密切相关的法律常识，具有初步的宪法意识、法治观念等；明是非、讲规则、辨善恶；把党、祖国、人民装在心中，强化做社会主义建设者和接班人的思想意识。

（三）高中阶段重在提升学生的政治素养。重点引导学生初步掌握马克思主义基本原理，了解马克思主义中国化历史进程及其理论成果，理解习近平新时代中国特色社会主义思想；树立正确的历史观、民族观、国家观、文化观，认同伟大祖国、中华民族、中华文化、中国共产党、中国特色社会主义，积极践行社会主义核心价值观，树立宪法法律至上、法律面前人人平等观念，进一步增强法治意识；有序参与公共事务，勇于承担社会责任，积极行使人民当家作主的政治权利，明方向、遵法纪、知荣辱；衷心拥护党的领导和我国社会主义制度，形成做社会主义建设者和接班人的政治认同。中等职业学校（含技工学校）课程要体现职业教育特色。

（四）大学阶段重在增强学生的使命担当。重点引导学生系统掌握马克思主义基本原理和马克思主义中国化理论成果，了解党史、新中国史、改革开放史、社会主义发展史，认识世情、国情、党情，深刻领会习近平新时代中国特色社会主义思想，培养运用马克思主义立场观点方法分析和解决问题的能力；自觉践行社会主义核心价值观，尊重和维护宪法法律权威，识大局、尊法治、修美德；矢志不渝听党话跟党走，争做社会主义合格建设者和可靠接班人。本科及高等职业学校专科课程重在加强理论教育和学习，高等职业学校课程还要体现职业教育特色。研究生课程重在探究式教育和学习。

三、课程体系

根据学生成长规律，结合不同年龄段学生的认知特点，构建大中小学一体化思政课课程体系。在小学及初中阶段"道德与法治"、高中阶段"思想政治"、大学阶段"思想政治理论课"中落实课程目标要求，重点推进习近平新时代中国特色社会主义思想融入课程，实现整体设计、循序渐进、逐步深化，切实提高课程设置的针对性实效性。

（一）小学、初中阶段

小学、初中阶段开设"道德与法治"必修课程，课程教学内容主要包括中国特色社会主义、品德、法律常识、中华文化、心理健康等，课时占小学、初中阶段九年总课时的 6% ～ 8%。

（二）高中阶段

1.普通高中课程设置

立足学习习近平总书记最新重要讲话精神，普通高中开设"思想政治"必修课程和选择性必修课程。

必修课程教学内容包括中国特色社会主义、经济与社会、政治与法治、哲学与文化，共 6 学分。

选择性必修课程围绕当代国际政治与经济、法律与生活、逻辑与思维等开展教学，共 6 学分。

2.中等职业学校课程设置

中等职业学校（含技工学校）开设"思想政治"必修课程和选修课程。

必修课程教学内容包括中国特色社会主义、心理健康与职业生涯、哲学与人生、职业道德与法治，共 144 学时。

围绕时事政策教育，中华优秀传统文化、革命文化、社会主义先进文化教育，法律与职业教育，国家安全教育，民族团结进步教育，就业创业创新教育，公共卫生安全教育等教学内容，开设选修课程，不少于 36 学时。

（三）大学阶段

大学阶段开设"思想政治理论课"必修课程和选择性必修课程。

1.大学阶段必修课程

本科课程设置：

（1）马克思主义基本原理 3 学分

（2）毛泽东思想和中国特色社会主义理论体系概论 5 学分

（3）中国近现代史纲要 3 学分

（4）思想道德与法治 3 学分

（5）形势与政策 2 学分

在全国重点马克思主义学院率先全面开设"习近平新时代中国特色社会主义思想概论"课，学分按有关要求执行。

高等职业学校专科课程设置：

（1）毛泽东思想和中国特色社会主义理论体系概论 4 学分

（2）思想道德与法治 3 学分

（3）形势与政策 1 学分

硕士研究生课程设置：

新时代中国特色社会主义理论与实践 2 学分

博士研究生课程设置：

中国马克思主义与当代 2 学分

2. 大学阶段选择性必修课程

各高校结合本校实际，统筹校内通识类课程，围绕马克思主义经典著作、党史、新中国史、改革开放史、社会主义发展史，中华优秀传统文化、革命文化、社会主义先进文化，宪法法律等，开设本科及高等职业学校专科选择性必修课程，确保学生至少从"四史"中选修 1 门课程；围绕习近平新时代中国特色社会主义思想专题研究、马克思恩格斯列宁经典著作选读、马克思主义与社会科学方法论、自然辩证法概论等，开设硕士、博士研究生选择性必修课程，硕士研究生至少选择 1 学分课程。各高校要安排选择性必修课程必要学时，充分发挥马克思主义学院统筹审核把关作用。

各高校要规范实践教学，把思想政治教育有机融入社会实践、志愿服务、实习实训等活动中，切实提高实践教学实效。

四、课程内容

在各学段现有课程内容基础上，重点强化习近平新时代中国特色社会主义思想进课程进教材，培育和践行社会主义核心价值观，推进法治教育、劳动教育、总体国家安全观教育、公共卫生安全教育等方面内容的全面融入，实现学段纵向衔接、逐层递进，学科、课程协同联动。

（一）小学课程。以学生的生活为基础，主要讲授学生与自我、家庭、班级、社会、国家、世界、自然等的关系，结合"看到什么""听到什么"，了解中国特色社会主义的由来与发展，懂得当代中国怎样从站起来、富起来到强起来的奋斗历程，初步了解新时代"两步走"战略安排，帮助小学生从情感上认同伟大祖国、中华民族、中华文化、中国共产党、中国特色社会主义。

（二）初中课程。以学生的体验为基础，主要讲授个人和集体、自我和时代、社会规则和社会秩序、社会责任和社会担当、宪法和法律、国家利益和国家目标、中国和世界等内容，通过呈现党和国家事业在各方面取得的历史性成就，引导学生明确"是什么"，树立"四个自信"。

（三）高中课程。以学生的认知为基础，讲授中国特色社会主义的开创与发展，习近平新时代中国特色社会主义思想的丰富内涵、思想精髓和理论意义，帮助学生理解社会主义基本经济制度、中国特色社会主义政治发展道路、中华优秀传统文化、革命文化和社会主义先进文化等内容，引导学生理解"为什么"，坚定"四个自信"。中等职业学校（含技工学校）课程还要体现职业教育特色，加强对学生的心理健康与职业道德教育。

（四）本科及高等职业学校专科课程

本科及高等职业学校专科要围绕以下课程内容，根据不同类型学校和不同层次人才培养要求，进一步增强教学的针对性和实效性。

"马克思主义基本原理"，主要讲授反映马克思主义世界观和方法论的最基本的原理，帮助学生深刻领会、准确把握马克思主义的根本性质和整体特征，学习掌握贯穿其中的马克思主义立场观点方法，提升运用马克思主义基本原理分析世界的能力，增强对人类社会发展规律、特别是中国特色社会主义发展规律的认识和把握，树立共产主义远大理想和中国特色社会主义共同理想。

"毛泽东思想和中国特色社会主义理论体系概论"，主要讲授中国共产党把马克思主义基本原理同中国具体实际相结合产生的马克思主义中国化的两大理论成果，帮助学生理解毛泽东思想、邓小平理论、"三个代表"重要思想、科学发展观、习近平新时代中国特色社会主义思想是一脉相承又与时俱进的科学体系，引导学生深刻理解中国共产党为什么能、马克思主义为什么行、中国特色社会主义为什么好，坚定"四个自信"。

"中国近现代史纲要"，主要讲授中国近代以来争取民族独立、人民解放和实现国家富强、人民幸福的历史，帮助学生了解党史、国史、国情，深刻领会历史和人民选择马克思主义、选择中国共产党、选择社会主义道路、选择改革开放的必然性。

"思想道德与法治"，主要讲授马克思主义的人生观、价值观、道德观、法治观、社会主义核心价值观与社会主义法治建设的关系，帮助学生筑牢理想信念之基，培育和践行社会主义核心价值观，传承中华传统美德，弘扬中国精神，尊重和维护宪法法律权威，提升思想道德素质和法治素养。高等职业学校结合自身特点，注重加强对学生的职业道德教育。

"形势与政策"，主要讲授党的理论创新最新成果，新时代坚持和发展中国特色社会主义的生动实践，马克思主义形势观政策观、党的路线方针政策、基本国情、国内外形势及其热点难点问题，帮助学生准确理解当代中国马克思主义，深刻领会党和国家事业取得的历史性成就、面临的历史性机遇和挑战，引导大学生正确认识世界和中国发展大势，正确认识中国特色和国际比较，正确认识时代责任和历史使命，正确认识远大抱负和脚踏实地。

（五）研究生课程

"新时代中国特色社会主义理论与实践"，专题讲授新时代中国特色社会主义理论和实践的重大问题，帮助学生进一步掌握中国特色社会主义理论体系，深化对习近平新时代中国特色社会主义思想的认识，坚定对马克思主义的信仰、对中国特色社会主义的信念、对实现中华民族伟大复兴中国梦的信心。

"中国马克思主义与当代"，运用当代中国马克思主义的基本观点，深入分析当代世界重大社会问题和国际经济、政治、文化、生态环境等热点问题、全球治理问题、当代科学技术前沿问题、当代重大社会思潮和理论热点等，提高学生正确分析、研判当代世界问题的能力和水平。

五、教材体系建设

（一）完善教材编审制度。在党中央集中统一领导下，国家教材委员会指导和统筹大中小学思政课课程标准、教学大纲和教材的统编统审统用。依据小学、初中、高中阶段思政课课程标准，教材实行"一标一本"，由教育部负责组织编写。大学阶段必修课教材实行"一纲一本"。由中央宣传部会同教育部组织编写本科、高等职业学校专科、研究生必修课教材，按程序审核后报中央审定，适时推出。适时组织编写"习近平新时代中国特色社会主义思想概论"课教材，规范"形势与政策"课教学资料编写使用。由教育部根据教学实际情况组织编写选择性必修课教学大纲或教材。地方或高校开设的思政课选修课教材，由地方或高校负责组织审核选用。

（二）健全一体化教材建设机制。建立大中小学思政课教材主编和主要编写人员联席沟通制度，定期研究各学段教材编写内容。健全一体化教材建设的编审专家库，加强编写人员与审核专家的沟通交流，发挥审核专家的指导作用。建立一体化教材建设监测反馈机制，跟踪研判评估教材使用情况，为加强教材研究和修订完善提供支撑。

（三）加强教材研究。重视和加强思政课课程教材建设的基础理论、基本概念、基本规律、重大问题研究。持续开展课程教材一体化研究，每门思政课教材内容、不同学段及同一学段各门思政课教材内容的相互关系研究，教材文献资料、学术话语、表述方式、呈现形式研究，以及思政课课程与教材、教学评价之间的互动研究等，促进思政课教材的科学性、权威性与针对性、生动性有机结合。

（四）构建立体化教材体系。加强大中小学思政课教材配套用书的建设和管理，依规进行编审工作。国家统编的中小学思政课教材的配套用书，按现行要求组织编写。高校思政课必修课教材的配套用书，根据需要由国家统一组织编写审核、推荐使用。支持、鼓励研制优秀教案、课件和案例等，推进数字资源和网络信息资源库建设，构建大中小学思政课立体化教材体系。

六、组织领导

（一）加强领导。各地各级教育部门和学校要从坚持马克思主义在意识形态领域指导地位的根本制度的高度，切实加强领导，认真组织实施，作出具体的实施工作安排，确保取得实效。省级教育部门要统筹推进大中小学思政课课程教材一体化建设，做好组织领导和督促检查，落实大中小学思政课建设专项经费。省级宣传部门要从落实意识形态工作责任制的高度推进实施。各学校要加强党组织对学校思政课的统一领导，落实党组织书记、校长带头抓思政课机制。

（二）组织好教学。开齐开足课程，大中小学都要高度重视思政课教学，确保学时学分和教学质量。健全教学机构，小学应配备一定数量的专职思政课教师，中学应配齐专职思政课教师，高校要根据课程设立教研室（部）。鼓励有条件的高校和中小学组建思政课一体化教学改革创新联合体。充分挖掘各学科专业课程蕴含的思想政治教育资源，推进各类课程与思政课同向同行。在教学中注重多样化评价方式，综合考核学生的思想政治素质。

（三）培训好教师。针对教材重点内容和难点问题，组织开展大中小学思政课教师全员培训、专题研修，确保实现全覆盖。围绕教材使用，分课程、跨课程、跨学段组织大中小学思政课教师集体备课，每年至少一次。结合教学实践，组织大中小学思政课教师开展交流研讨，共同探讨思政课一体化教学规律。

（四）使用好教材。统一使用国家统编教材，把教材使用情况作为教学监测、评估、检查的重要内容和主要指标。组织教师加强教材重点难点的研究，准确把握教材的基本精神和主要内容。做好教材内容向教学内容的转化，组织教师编写教案、制作课件、整理案例，切实把教材体系转化为教学体系。

本方案从 2021 年秋季入学的新生开始，在全国大中小学普遍实施。

主要参考文献

[1] 习近平. 谈治国理政（第一卷）[M]. 北京：外文出版社，2014.

[2] 习近平. 谈治国理政（第二卷）[M]. 北京：外文出版社，2017.

[3] 习近平. 谈治国理政（第三卷）[M]. 北京：外文出版社，2020.

[4] 党的十九大报告辅导读本 [M]. 北京：人民出版社，2017.

[5] 教育部课题组. 深入学习习近平关于教育的重要论述 [M]. 北京：人民出版社，2019.

[6] 本书编写组. 中国共产党简史 [M]. 北京：人民出版社，中共党史出版社，2021.

[7] 本书编写组. 社会主义发展简史 [M]. 北京：人民出版社，学习出版社，2021.

[8] 本书编写组. 改革开放简史 [M]. 北京：人民出版社，中共党史出版社，2021.

[9] 当代中国研究所. 中华人民共和国简史（1949–2019）[M]. 北京：当代中国出版社，2019.

[10] 徐厚道. 心理学概论 [M]. 北京：北京工业大学出版社，2003.

[11] 陈文博，韩绍祥. 教师职业道德 [M]. 北京：新华出版社，2003.

[12] 黄湖滨. 成功管理学概论 [M]. 北京：海潮出版社，2004.

[13] 李家祥，王雯主. 职业道德教育 [M]. 昆明：云南大学出版社，2006.

[14] 黄湖滨. 学会成功 [M]. 北京：中央文献出版社，2007.

[15] 黄湖滨. 成功高职管理 [M]. 北京：中央文献出版社，2008.

[16] 黄湖滨. 成功教育 [M]. 北京：中央文献出版社，2008.

[17] 陈彬，黄湖滨. 职业素质教育读本 [M]. 武汉：武汉出版社，2009.

[18] 杜纯梓 . 湖湘文化要略 [M]. 北京：北京大学出版社，2011.

[19] 陈美中，黄湖滨 . 市州开放大学构建研究 [M]. 北京：团结出版社，2012.

[20] 陈美中 . 市州电大教育管理探索 [M]. 北京：团结出版社，2012.

[21] 黄湖滨 . 职业教育论集 [M]. 北京：团结出版社，2012.

[22] 黄湖滨 . 袁武 . 企业发展新论 [M]. 北京：团结出版社，2012.

[23] 陈美中 . 市州电大教育管理探索 [M]. 北京：团结出版社，2014.

[24] 黄湖滨 . 创新创业简论 [M]. 北京：团结出版社，2014.

[24] 黄湖滨 . 创新创业简论 [M]. 北京：团结出版社，2014.

[25] 黄湖滨 . 市州电大向市州开放大学转型升级研究 [M]. 北京：团结出版社，2015.

[26] 黄湖滨 . 成功管理新论 [M]. 北京：团结出版社，2017.

[27] 寇伟 . 职业规划与管理 [M]. 长春：吉林大学出版社，2019.

[28] 寇伟 . 职业院校文化建设指要 [M]. 北京：团结出版社，2019.

[29] 乐艳华 . 市州开放大学发展研究 [M]. 北京：团结出版社，2021.

[30] 乐艳华 . 开放大学学习指要 [M]. 北京：团结出版社，2021.

后　记

　　为了促进校本教材开发、推进办学内涵建设、提高学员基本文化素养，岳阳开放大学组织校内有关专家和骨干力量，经过近一年的酝酿、研究与磨砺，编撰《文化教育导读》一书作为校本教材予以出版，从 2022 年下学期开始作为岳阳开放大学学员省开课程"地域文化"的替代课程"文化修养"的基本教材使用。

　　参与本书编撰的人员及分工如下：黄湖滨先生负责编撰第一、二章，魏来先生负责编撰第三章，易蕾女士负责编撰第四章，荣媛女士负责编撰第五章，余莉女士负责编撰第六章，邹欣欣女士负责编撰第七章，刘涛先生负责编撰第八章。全书由李有根先生负责统稿，黄湖滨教授负责策划、编审，晓青先生负责终校。

　　《文化教育导读》一书的编撰和出版，得到了团结出版社、岳阳开放大学、岳阳市成功职业素质教育研究所、岳阳鑫容印刷有限公司等单位领导、专家、同事、朋友的关心、支持和帮助。在此，一并表示衷心感谢！

　　本书在编撰过程中，参考、借鉴、引用了一批公开出版的学术专著和公开发表的文献资料，除绝大多数已经在书中标明或在"主要参考文献"中列出外，尚有个别的未能注明交代。在此，谨向这些文献的作者表示崇高的敬意、诚挚的谢意和深深的歉意！

由于时间仓促，加上水平有限，书中难免有不当之处，敬请大家谅解和指正。

李有根

2022 年 8 月 28 日于岳阳开放大学